スポーツで地域を拓く

木田 悟／髙橋義雄／藤口光紀［編］

東京大学出版会

Community Building Using Sports 2

Satoru KIDA, Yoshio TAKAHASHI and Mitsunori FUJIGUCHI, Editors
University of Tokyo Press, 2013
ISBN 978-4-13-053020-0

はじめに

　30年近く，シンクタンクで都市計画から地域計画，地域政策，あるいは国土政策の立案などに資する調査研究を行ってきましたが，20年ほど前に，当時の国土庁からの委託による「スポーツを核とした地域活性化に関する調査」の実施がきっかけで，この「地域づくりとスポーツ」とを関連づける分野の調査研究，あるいは論文発表を行ってきました．

　地域の活性化には，経済的視点が重要であることは言うまでもないことですが，まちづくりや地域づくりには，人材や住民組織等の育成，地域アイデンティティやコミュニティの醸成・形成，各種交流の促進，あるいは地域情報の発信等の視点が重要となっています．

　そして，まちづくりや地域づくりの視点からスポーツを捉えると，スポーツがもつ多様な効果を活用していくことが可能となるのでは，と考えてきました．

　このようなことから我々は，スポーツをまちづくりや地域づくりの1つのツールとして捉え，その多様な効果を活用した地域の活性化に資することを目的として2007年に『スポーツで地域をつくる』を東京大学出版会から出版し，2008年には新潟県の十日町市において地元関係者による「十日町市スポーツコミッション地域再生協議会」の設立支援を行いました．

　また，2009年5月には，「一般財団法人日本スポーツコミッション」を設立し，スポーツをまちづくり，地域づくりの一手段としていくことの必要性を，調査研究やシンポジウムなどによって人々に知らしめるなどの活動を行ってきています．さらに，2011年には，総合型地域スポーツクラブではありますが，「地域づくり」をも視野に入れた活動を行っている全国組織である「クラブリンクJAPAN」とのネットワークを形成し，スポー

ツと地域づくりに資する活動を共に行ってきています．

　まちづくりや地域づくりの視点から日本におけるスポーツを捉えると，教育的要素が強く，多くは体育として展開されています．行政においてもスポーツを所掌する部局は，教育委員会にある場合が多く，その目的は，青少年の健全育成やスポーツの振興であって，多様な効果を発揮できる態勢や施策展開が実現できない状況です．
　このような中で，1993年にはJリーグが「地域との連携」を提唱して開幕し，2010年には文部科学省が「スポーツ立国戦略」を示し，「スポーツは社会を形成する上で欠かすことのできない存在」とし，めざす姿では「スポーツは多様な意義を有する」と明記するに至っています．
　さらに，地域と連携したスポーツ大会が開催され，地域コミュニティやアイデンティティの醸成，交流促進，地域情報の発信などの社会的効果も発揮されつつあります．その一例として，2002年に日韓共催で行われたFIFAのワールドカップでは，その後に幾つかの社会的効果が発揮され，「近くて遠い国」と言われた日本と韓国との関係が大きく改善されました．また，この大会がもたらした社会的効果として，参加チームのキャンプ地では，その後にキャンプ国との交流が進んだり，地域のアイデンティティの醸成や地域づくりの核となったりしています．新潟県の十日町市では，スポーツを新しい地域経済の柱にしようと活動していますし（スポーツキャンプ拠点の形成），キャンプを張ったクロアチアとの交流も盛んになっています．また，大分県日田市の一部となった中津江村とカメルーンとの関係，和歌山市とデンマークとの関係，出雲市や千葉市とアイルランドとの関係など，その後の地域社会への影響は計り知れないものがあります．
　これらの背景には，社会・生活環境の変化やマスメディアの発達，あるいは情報手段の発展などがあり，スポーツがこれまでの自ら行うスポーツから，観るスポーツ，支援するスポーツなどにも展開してきていることがありますし，スポーツやスポーツ大会の開催などの意義や目的なども多様化してきていることがあげられます．

本書は，以上のようなことからスポーツをまちづくり，地域づくり，さらには地域の活性化の一手段として捉え，如何にしてそれらを展開していくかについて，多様な視点からそれぞれの専門家や地域で活動している方々の考えを取りまとめたものです．

また，サッカー解説者として著名なセルジオ越後氏との座談会を行い，欧米におけるスポーツの捉え方や社会におけるスポーツの位置づけ，あるいは日本への鋭い指摘などを，よりわかりやすい形で示しています．

なお，編者や執筆者は，「一般財団法人日本スポーツコミッション」とかかわったり，ネットワークで交流した方々で，自らが携わったスポーツを活かしたまちづくり，地域づくりの実例や状況の紹介を試みています．

このようなことから，地域でスポーツを活かしたまちづくりや地域づくり，ひいては地域の活性化を図ろうとする方々にお読みいただきたいと願っています．

実は，本書の出版は，数年早い時期をめざしており，各執筆者もその目算で作業にかかっておりました．しかし，その途中の2011年3月11日に未曾有の大震災に遭遇しました．

大きな被害を受けた方々にスポーツやスポーツイベントを通して元気になっていただきたい，あるいは地域の人々の絆の再生や心の活性化に資するものとなっていただきたいとの思いから，当初執筆した内容に変更を試みる執筆者が現れました．

一方，当初のままで収録したものもあるため，一部に期を外れた表現があるかもしれませんが，お許しいただきたいと思います．

2012年7月に堀田哲爾氏が逝去されました．氏はサッカー王国静岡の基礎を築き，清水のサッカーを創出した中心人物でした．

筆者は，小学校時代に堀田先生（多くの人からこのように呼ばれていました）からサッカーを教えていただき，その後のスポーツを活かしたまちづくり，地域づくりに関する論文を執筆するにあたって，年に何回もご自宅に伺い，数々のお話をお聞きしました．筆者の調査・研究に大きな影響を与えて下さいました．また，セルジオ越後氏や他の何人もの執筆者が堀

田先生との交流を深めておりました．清水のみならず，日本のサッカーの発展，そして清水の活性化に尽力された堀田先生に本書を捧げたいと思います．

2013年6月

編者および執筆者を代表して
木田　悟

目　次

はじめに　i

Ⅰ　座談会　なぜ地域づくりにスポーツが求められているのか
セルジオ越後　髙橋義雄　藤口光紀
堀 繁　御園慎一郎　木田 悟［司会］

Ⅱ　地域づくりを支えるもの

第1章　地域社会を活かす　　　　　　　　　　　　　　　木田 悟　51
スポーツによる社会的効果とは

1. はじめに ─────────────────────── 51
2. 社会的効果とは ─────────────────── 54
3. スポーツイベント開催による社会的効果 ─────── 55
    3.1　スポーツイベント開催による社会的効果とは　55
    3.2　海外におけるスポーツイベント開催による社会的効果の研究事例　58
    3.3　スポーツイベント開催による社会的効果のまとめ　63
4. 社会的効果の検証 ───────────────── 64
5. 社会的効果のまとめ ──────────────── 66

第2章　プロジェクトをつくる　　　　　　　　　　　　鈴木直文　71
スポーツを活用した地域課題の解決

1. はじめに──スポーツは地域をつくるのか？ ───── 71
2. スポーツと地域づくりの2つのアプローチ ───── 72
    2.1　「観る」スポーツによる都市の活性化　72
    2.2　「する」スポーツによる地域課題解決　75

    3. アーセナルFCによる都市開発 ──────── 78
        3.1 プロジェクトの概要　78
        3.2 移転計画の経緯と地域課題　80
        3.3 前提条件としての「歴史」　82
    4. アーバン・フォックス・プログラムと地域課題解決 ──────── 83
        4.1 グラスゴーの剥奪地域と若者をめぐる問題　83
        4.2 UFPの活動の発展　85
        4.3 UFPの「成功」と「限界」　86
        4.4 プロジェクトの成立条件　88
        4.5 UFPの発展の方向性　90
    5. むすびにかえて──スポーツ，地域，文化 ──────── 91
    ［コラム］スポーツ・体育・健康の垣根を越えた"運動"と
    　　　　　地域づくり（大平利久）──────── 99

第3章　組織をつくる　　　　　　　　　　　　　　木田 悟　103
　　　　　　まちづくり，地域づくり推進のための組織の必要性

   1. はじめに ──────── 103
   2. 日本におけるスポーツ，スポーツイベントの経緯 ──────── 105
   3. 今求められるまちづくり，地域づくりとは ──────── 106
        3.1 東日本大震災を経験して　106
        3.2 スポーツ，健康，まちづくりの関係とは　107
   4. スポーツによる効果を活かしたまちづくり，地域づくりに
      向けて ──────── 108
        4.1 スポーツを活かしたまちづくり，地域づくりの課題　108
        4.2 スポーツコミッションの必要性　109
        4.3 日本におけるスポーツコミッションの役割と意義　110
   5. 日本におけるスポーツコミッション形成の可能性 ──────── 111
        5.1 スポーツコミッションの基本的考え方　111
        5.2 島根県出雲市におけるスポーツコミッションの形成　112
        5.3 新潟県十日町市における取組事例　115
        5.4 その他の事例概要　116
   6. 今後に向けて ──────── 118

[コラム]出雲スポーツ振興21によるスポーツコミッションの
　　　　形成（白枝淳一） ———————————————— 122

第4章　人と組織を繋ぐ　　　　　　　　　　　　　　福崎勝幸　125
　　　　十日町市の活性化事例から

1. はじめに ———————————————————————— 125
2. 新潟県十日町市の紹介 —————————————————— 126
　2.1　雪と着物とコシヒカリのまち　126
　2.2　地域活性化の試み　127
　2.3　十日町市の転換期：2002年FIFAワールドカップ日韓大会　129
3. スポーツによる地域活性化の可能性 ————————————— 130
　3.1　施設の充実　130
　3.2　ボランティアと熱き人たち　131
　3.3　新たなアソシエーションの誕生　132
4. スポーツコミッションによるまちづくり ——————————— 133
　4.1　十日町市スポーツコミッション地域再生協議会の発足　133
　4.2　協議会の活動　134
　4.3　スポーツコミッションによる地域づくりへの展開　135
5. おわりに ———————————————————————— 142

第5章　人を育てる　　　　　　　　　　　　　　　　丸田藤子　143
　　　　スポーツイベントによる人材育成と地域づくり

1. はじめに ———————————————————————— 143
2. 長野オリンピックにおけるボランティア活動 ————————— 144
　2.1　長野オリンピックの開催　144
　2.2　長野オリンピック後の住民参加活動　146
3. 長野オリンピックにおけるボランティア参加者の意識 ————— 147
　3.1　アンケート調査の概要　147
　3.2　単純集計結果　149
4. 長野オリンピックのボランティアの財産を根づかせるために ——— 153
　4.1　官民でのボランティア関連組織の設立　153
　4.2　官民のボランティア組織が協働して実施している主たる活動　155
5. 長野オリンピックの財産——成果の先に見出したもの ————— 159

5.1 ボランティアイメージの変化　159
  5.2 NAGANOホスピタリティの高揚　159
  5.3 新しい行政と住民とのパートナーシップの構築　160
 6. 長野オリンピックにおける成果を活かして ———— 161
  6.1 プレオリンピック，ポストオリンピック活動の課題と現状　161
  6.2 東京オリンピック開催に向けた期待　162
 7. おわりに——そして次なる目標は ———— 163
 [コラム]マイナースポーツの協力から生まれた協働事業
　　（新居彩子）———— 165

第6章　クラブをつくる　　　　　　　　　　藤口光紀　169
Jクラブをつくるところから考える地域づくり

 1. スポーツでまちづくり　スポーツで人づくり
   スポーツで家づくり ———— 169
 2. Jリーグの貢献 ———— 170
 3. Jクラブをまちにつくる——浦和レッズの事例 ———— 173
 4. 地域づくりに必要な「参画」と「三角」———— 178
 5. 市民・行政・企業の三位一体のJクラブ経営の核心 ———— 179
 [コラム]Jクラブと地域との連携（池田健一）———— 181

第7章　地域を変える　　　　　　　　　　　高畠靖明　183
プロバスケットボールチーム誕生と地域社会

 1. 秋田にプロバスケットボールチームができるまで ———— 183
  1.1 秋田県とバスケットボール　183
  1.2 プロバスケットボールチーム結成への動き　184
  1.3 リーダーは「よそ者・若者・ばか者」　185
  1.4 プレシーズンゲーム：参入2年前　185
  1.5 法人設立，そしてリーグ参入へ　186
 2. bjリーグとは ———— 187
  2.1 bjリーグの理念　188
  2.2 bjリーグとJBL　189
 3. 参入承認から開幕まで ———— 190
  3.1 チーム名の公募　191

3.2　チームロゴ・チームカラー・チームキャラクター　191
　　3.3　チーム編成：秋田ゆかりのバスケットボール選手を大切に　192
　　3.4　開幕直前と開幕戦　193
　　3.5　チアダンスで仲間になる　193
4.　プロバスケットボールチームの経営 ──────────────── 194
　　4.1　チーム経営のベンチマーク　194
　　4.2　事業の規模　195
　　4.3　選手の年俸　196
　　4.4　チーム経営と強化のバランス　197
　　4.5　自治体からの支援　198
　　4.6　秋田SV－ハピネッツ　199
　　4.7　他の競技との連携：トップスポーツコンソーシアム秋田　200
5.　秋田ノーザンハピネッツの地域に与えた効果 ──────────── 201
　　5.1　ブースターを増やす方法　201
　　5.2　秋田NHの地域への波及効果　202
6.　今後に向けて ──────────────────────────── 204
［コラム］地域政策推進の担い手となるプロサッカークラブ
　　　　（北村　俊）──────────────────────── 206

第8章　政策を定める　　　　　　　　　　　　御園慎一郎　209
　　　　　　日本のスポーツ政策と地域活性化

1.　はじめに ───────────────────────────── 209
2.　スポーツ振興法時代のスポーツ施策と地域活性化 ─────────── 210
3.　スポーツ大会による地域活性化 ──────────────────── 212
4.　スポーツ基本法と地域活性化 ───────────────────── 214
5.　これまでの地方自治体のスポーツ政策 ───────────────── 215
6.　地方自治体のスポーツ政策の策定過程 ───────────────── 216
7.　サッカーワールドカップと地方自治体の地域活性化 ──────────── 217
8.　まとめ ───────────────────────────────── 219
［コラム］組織委員会から見えるまちづくりや地域活性化への
　　　　ヒント（大前圭一）──────────────────── 222

第9章　経済が活きる　　　　　　　　　　　　　髙橋義雄　225
　　　　スポーツイベントと地域経済の活性化

1. スポーツイベントと地域経済 ─────────────── 225
2. 国際的なメガ・スポーツイベントの招致と都市開発 ─────── 226
3. 地域経済とプロスポーツ興行 ──────────────── 228
　3.1　プロスポーツと地域密着　229
　3.2　アマチュアのトップレベルスポーツと地域の関係　230
　3.3　地方でのトップスポーツチームの経営　232
　3.4　地域のトップチームの経営を支える仕組み：　234
　　　　フランチャイズとホームタウン
　3.5　地方自治体の支援　236
4. スポーツと地域の新たな視点──スポーツツーリズム ─────── 237
　4.1　スポーツツーリズムと地域経済の活性化　237
　4.2　ジョギング・マラソン需要に応える　238
5. まとめ ───────────────────────── 239
[コラム]スポーツと文化による地域活性化
　　　（ギジェルモ・エギャルテ）──────────────── 243

おわりに　251

執筆者一覧

I

座談会

なぜ地域づくりにスポーツが求められているのか

セルジオ越後　髙橋義雄　藤口光紀
堀 繁　御園慎一郎　木田 悟［司会］

木田　スポーツを活かしたまちづくり，地域づくりに資する，ということで『スポーツで地域をつくる』という本を出したのは，もう6年も前になります．

　それ以降，東日本大震災などが発生し，スポーツの位置づけや役割も大きく変わってきました．そこで，第2弾として，新たな視点を追加したスポーツを活用したまちづくり，地域づくりの指南書とでも言えるような本を企画しました．

　この新たな視点を加えた本の出版にあたって，サッカー解説者であり，H.C.栃木日光アイスバックスのシニアディレクターも務めておられるセルジオ越後さんを中心に座談会を開催することにしました．この座談にあたって，まず筑波大学の髙橋義雄先生から日本におけるスポーツについて，その経緯をお話しいただき，議論を進めていこうと思います．

日本におけるスポーツの歴史と今日的課題

髙橋　日本の近代スポーツは，日本で生まれたものではなくて，基本的に西洋の文化としてつくられたスポーツが日本に渡ってきたという歴史があります．弓道，柔道，剣道，相撲といったものは別にいたしますが，一般的には西洋の文化です．

　明治日本の富国強兵政策のもとで列強に追いつけというなか，日本は高等教育機関をつくり，そこへお雇い外国人を動員し，そのお雇い外国人がスポーツというものを日本に伝えたということが分かっています．

　例えば，海軍兵学寮においてダグラス少佐はサッカーを教えた．彼は，ヨーロッパのスポーツ競技を日本に紹介し，海軍兵学寮の中で，日本で初めてのスポーツ大会を開いています．競闘遊戯会というのを1874年に開いていて，海軍の幹部候補生たちがそこでサッカーを経験しているということが分かっています．

　同じ時期に，ストレンジという英国人が，余暇としてのスポーツというものがある，ということを東大の学生に教えて，高等教育機関で学ぶ一部のエリートたちが近代のスポーツに触れたということがあります．

　一方で，もう1つの流れがあります．それは国民の「強兵」の部分で，

人々の体づくりという観点から，明治政府は体操伝習所を1878年につくりました．これは日本全国の体操の教師を育てるための教員養成所です．後に東京体育学校，それから東京高等師範になり，文理大，東京教育大となって，いま私が勤めている筑波大になっています．そこではアメリカ人のリーランドという人が教えていて，いわゆる徒手体操で，鉄アレイを持って体操をする．それから，歩いて遠足をするような行軍遠足運動会というようなものを行っていました．これが一般の子供たちの体をつくり，体の動かし方を統一し，権力が推奨すべき体づくりをしていった，という機能を担っていました．

　スポーツは，もともと「遊戯」と訳しました．遊戯と体操はちょっと違っていて，今でいうとエクササイズとかフィジカルトレーニングを「体操」といって，サッカーや野球などは「遊戯」というふうに訳されていました．

　1896年にオリンピックが始まって，世界的なスポーツ大会というのが当時組織され始めていて，日本もそれに参加しようということで，1912年のストックホルムオリンピックに初めて参加しました．その前年に大日本体育協会がつくられ，これが今の日本の体育協会に繋がっていて，日本体育協会は100周年を迎えています．この辺からも，ずっと続いてきたものが今にも残っているということが言えると思います．

　それから，戦前の明治神宮競技大会，これが後の国民体育大会（国体）に変化していくものなのですが，明治神宮に日本全国の優秀な選手たちが集まって大会をするというのが始まり，富国強兵と天皇を中心とした国づくりという中で戦争動員への道を開くことに機能したと言われている大会です．

　一般的に，地域の祭りというのは日本全国ばらばらにあって，楽しみ方だとか，コミュニケーションとか，それぞれ違う機能であった身体活動が体操を通じて全国統一化されていくという流れで見た方がいいというのが一般的です．それこそが日本人の身体の近代化であると．

　大げさな例で言いますと，日本人は行軍ができないと言われていて，手と足が一緒に動いてしまう「なんば歩き」が中心であって，行軍を教えら

れたのもこの近代の体育のなかであると言われています．

　同時に，大正になると，産業が発達し，例えば新聞などのメディアや鉄道会社が大きくなっていくなかで，スポーツをイベントとして利用するという流れが出てきます．現在の高等学校野球大会，甲子園の大会ですが，もともと旧制の中学校の大会として1915年に行われていますし，ラジオの放送開始が1925年ですから，それより10年ほど前から新聞を通じてスポーツというものが広がっていきました．

　戦前の最後ですが，戦時中，国民総動員体制ということで，いろいろな競技大会，それから競技連盟などはすべて総動員され，報国会，報国団というような形で，最後は1943年，44年だったと思いますが，統一されて，いったん終戦まではスポーツ界が消えるという時代があります．それをもってして，スポーツ活動がなくても日本人はやっていけるのだ，ということを極端に言う研究者や教員もいるくらいです．「2年間スポーツがない時代があったじゃないか」と．実際なかったのです．

　2番目ですが，戦後です．戦後はいち早く国体が復活しました．これがおそらく地域づくりにかかわる大会だと思います．これもさまざまな意見が言われていますが，スポーツの世界においては，国の税金を使って日本全国にスポーツ施設を整備していったのが一巡目の国体の役割であったと言われています．現在は二巡目になっていますので，その役割はあるのかという議論になっていますが，日本のスポーツ施設が日本全国に等しくあるというのは，国体のおかげだと言われています．

　それと同時に，スポーツ界の子供たちへの影響というのは，やはり運動部活動が戦前からの引き継ぎでありまして，運動部活動を核に，学校を中心とした大会というのがメインになります．セルジオさんはもう実体験されていると思いますが，企業のスポーツ，実業団スポーツというのは日本サッカーリーグが最初で，東京オリンピック以降です．各企業は，チームは持っていましたが，リーグ戦を広く日本全国でやるようになったのは1965年からです．それにバレーボールやバスケットボールが続いていくということになり，企業も企業ごとに社員の福利厚生や士気高揚のためにチームを持って社内対抗戦は行っていましたが，実業団として動いていく

のは東京オリンピック以降で，例えば新幹線の開業により長距離の移動が日帰りでできるなど，インフラの発達というのも影響しているのではないかと思います．

そういう意味で，政治，経済，文化，科学技術とのリンクで，スポーツが形づくられてきた，というのが研究ベースの認識としてあります．

政治でいいますと，例えばアジアにおける日本の，いわゆる植民地政策の謝罪という意味も兼ねて，プロボクシングの東洋太平洋チャンピオンシップの開催という例があります．岸内閣あたりが，わざわざ日本円を持ち出せない時代にボクシングだけにはある程度の外貨持ち出しを認めていた．それは完全にフィリピンなど，アジアのための施策だったというふうに言われています．

あとは，経済で言うと，東京オリンピック，高度経済成長も含めて，それにリンクしてスポーツは盛んになってきますし，その後のバブル期ですね．1985年から91年のバブル期に日本の余暇・スポーツが拡大した．いわゆるリゾート法ができ，日本全国でお金を持った日本人たちが遊ぶ．それから，大学生が日帰りスキーに行くようになるのも，1980年代に入ってから大いにレジャースポーツがはやっていった，という流れのなかにあります．

その辺で，スポーツの生涯教育とか生涯スポーツといった，「生涯何とか」という言葉が80年代以降に広がっていきました．

ちなみに，ジェンダーによって差別されているところを，スポーツでも議論が盛んになったのは大体1970年代で，75年が国際婦人年，76年のモントリオールオリンピックでは女性の競技種目が急激に増えます．国際的に女性の役割というのが認知されてきたのが70年代．あとは，黒人差別問題とかが60年代から70年代ぐらいの間ですから，人種や性別に対する差別が60年から70年に変わり，80年に生涯スポーツという形で，多くの人たちがスポーツにかかわるようになったと捉えています．

3番目ですが，現在の課題は，これはまさしくセルジオさんが実感しているところだと思います．よく言われるのは，これまでのスポーツは，20世紀型の「追いつけ追い越せ」型の近代工業化の仕組みとしての社会シス

テムの中の一部として存在してきた．だから，スポーツ自身は自律しておらず手段としてスポーツが使われているので，あくまでも20世紀型の社会システムが揺らいでしまうと，スポーツ自体も揺らいでしまう．スポーツシステムは全く自律していないというのが現状であって，企業と学校中心のスポーツがいま破綻しかけている．それに挑戦するJリーグなどは，クラブ化ということを言っているのですが，Jリーグ自身も企業スポーツの延長ではないのかという議論もあり，明確な展望が見えない．

　現状破綻という認識は国レベルでも考えられており，新たな仕組みづくりの必要性が言われています．

変われない日本のシステム
木田　今，高橋先生から問題提起というか，過去の歴史と現在の話をされました．先日，セルジオさんとお話ししたときに「社会システムは変わっていないんだよ」ということを言われたのですが，その辺をセルジオさんにお話しいただければと思います．
セルジオ　社会主義っぽいのです，つくりが．民主主義っぽくないのです．たぶん日本も戦前は軍事国家であったためか，結局，組織的に学校の中に全部つくっちゃったのです．社会主義的なところにスポーツの発展がない．外国人と接触した中で種目のルールとかいろいろ入ってきたのですが，環境は入らなかった．それは入るはずがないんです．日本と外国，特にヨーロッパ中心の社会はもう基本的に違う．

　例えば，僕が生まれ育ったブラジルは，ヨーロッパの影響がすごく大きい．ほとんどヨーロッパ中心でいく．ということは，ヨーロッパのすべての文化がスポーツも含めてそこに入っているんですよ．宗教も入っている．

　ブラジルで主流になった宗教はカトリックです．日本人は気がついていないかもしれないですが，カトリックというのは，日曜日には商業が全部休むんです．ということは行くところがない．だから，受け皿として公園を開放したり，スポーツクラブがどうしても必要になってくる．

　日本の場合は仏教が中心で，日曜日が一番商業が活発な日です．だから，週末に受け皿は要らないんですよ．そこで，やはり大きく環境の中でのス

ポーツのあり方，あるいはスポーツの発展というのはその部分で社会的にどうしても日本は遅れているのではないでしょうか．

　学校の中でやっているから，文部科学省のもとでスポーツをやっているんですね．100%そう言えます．最近ちょっと変わってきましたが，最終的に「協会」という組織は全部そのもとでやっています．

　私が日本に来て一番驚いたのは，補欠制度があることです．そこにもスポーツ文化がないということがみてとれます．スポーツに補欠があってはいけない．日本の社会で「補欠」とは，スポーツのなかだけだと思っています．

　日本は補欠をほめるんです．矛盾している．例えば，私が日本に来たときに，強豪校のサッカー部は30人ほどでしたが，今は，120人を超えるところも多い．試合に出られない人が増えているわけです．どうしてそれを改善しないのか．要するに，学校という体制の中では，部活動はサービスです．やらなくてはいけないという義務はない．それは体育があるからですね．だから，この日本のスポーツの歴史を見たら，体育のためにできた社会なのです．

髙橋　体育はやらなきゃいけないけれども，部活動は教科課程外なんです．
セルジオ　もちろん海外でも，学校の中に体育はあるのですが，体育ではなく，スポーツは部活動に活かされるものにならなくてはいけない．だけどその部活動が全然変わっていない．逆に盛んになるほど貧しくなっていく．こんなに優秀な国で，こんなに矛盾していてそれがどうして分からないのかな，という感じがします．もう40年以上前から，補欠が増える一方で，そこに行き詰まる社会にビジネスも何もあり得ないのです．

　だから，現代社会をどう変えていくか．例えば国体が活発な時期がありましたが，まだやっている．だから，時計が止まっている．例えば，週末の過ごし方として，サッカーばかりやっても，野球ばかりやっても飽きるんですね．いろんなことをやるから長くできるのです．ブラジル人がサッカーを大好きなのは，サッカーばかりやらないからですよ．日本の場合は，サッカーしかできない，野球しかできない，バスケットしかできない．学校以外のところでスポーツをやろうとしてもグラウンドがない．最近，水

泳とか体操とか，個人種目は意外に学校から独立しだした．でも，団体種目ってどうしようもなく，そこに拘束される．これがジレンマなのです．

　私がいつも思うのは，日本でスポーツが活発になって，プロとかいろいろ言葉は出てくるのですが，本当にそれがうまくいくためにどうすればいいのか，というディスカッションが全然ない．このままでできると思っている．

　社会的にも人材のレベルを上げなかったら，社会って発展しませんよね．だから，まずプロというのは，イコール，人材のレベルをいかに上げるか．国際的に競争できるというところまで頑張らなかったら，そこにプロという言葉はあり得ない．それは格好つけているだけ．ビジネスに繋がらない．やっぱり日本の個人レベルをいろいろな分野で上げているから，プロフェッショナルという社会の中で日本は生きているんですね．世界を制覇している部分もいっぱいあります．だから，スポーツでもそれをやるためには同じことが必要なのです．

スポーツの本質とは

髙橋　でも，日本のスポーツはそうやってお金が回らないので，コストを下げるために大勢の人を教えるということがまかり通っていて，本来，ビジネスをしようと思えば，コストがかかってでもレベルを上げればお金が回ってくるところができたはずなのです．

セルジオ　プロっていうのはそこに産業を発生させるということですよね．スポーツクラブはプロですよ．例えば，ジムはプロです．でも，参加する人はアマチュアです．そこに踊りに来る人がいたり，体を鍛えに来る人がいるし，泳ぎに来る人がいて，いろんな人が来ますよね．だから，外国のスポーツクラブというのはいろんなメニューを与えているのです．文化の中に，スポーツだけじゃなくて，音楽とか，いろんなものを地域のためにメニューをつくって，私自身が何でも参加できるのです．スポーツばかりやっていないのです．地域の人がエンジョイするために，いろんなプログラムをつくっている．もしかしたら，これは日本では行政がそれをやらなくてはいけないかもしれないですけれども．

髙橋　行政がやっているようなところはあるのですが，それは効率を考えていないし，集まった人たちに対してのビジネスを展開しない．例えば，教育委員会主催の子供の大会に，企業がスポンサーには入りづらかったり．クラブであれば入れられますけれども，次から次へと車の車輪が回るような仕組みを押さえているのですね．やっぱり教育行政を中心としてプログラムができちゃっている．

セルジオ　ディズニーランドも僕から見れば立派なスポーツ施設です，あそこは．

堀　そうですか．そういう感覚は我々にはないですね．

セルジオ　体を使いますよ，あそこに行けば．歩きますよ．エンジョイしてお金も払う．例えば，千葉ロッテマリーンズもあそこの横で試合をやって，ジェフユナイテッド千葉も試合をやったりすると，そういうのがスポーツクラブにはなりますよね．でも全部別々につくっているんです．

髙橋　今言われた感覚が非常に大きく違っていて，スポーツというと学校体育の近代スポーツの種目と思いがちなのですが，体を動かして余暇の間に楽しむというのもヨーロッパ的にはスポーツですよね．

セルジオ　それが日曜日の受け皿というものなの．

髙橋　そうです．その差は大きいですね．

セルジオ　試合で「戦う」というのは，それはもうわずかな，小さい部分ですよ．

髙橋　それはある一部の競技のスポーツなんですね．

セルジオ　一部だけです．これは東大に入るのと一緒ですよ．確率としたら一部だけですよ．

堀　スペインでもフランスでも英国でも，何日もかけてウォーキングで，ずっと歩くことをします．あるいはドイツだったらヴァンデリング，しょっちゅう歩くでしょう？　あれもスポーツですか？

セルジオ　はい，体を動かすということでは．ロンドンの公園っていうのは，公園に行くだけでも，あれが早足になったらランニング，走ったらマラソンに変わるんです．

堀　東大のそばに不忍池があります．デートで，学生が彼女を乗せてボー

トを漕ぐと，それもスポーツ？

セルジオ　スポーツです．

堀　なるほどね．

セルジオ　同じところにいろんなものが入ってスポーツクラブというんです．

髙橋　でも，これまでのスポーツ振興法によると，スポーツは，心身の健全な発達を図るものと法律上決まっていたので，文科省は，デートでボートを漕ぐのをスポーツとは認め難かったのです．

木田　文科省が言うからそうであって，文科省から離れればいいわけです．

堀　今の日本のスポーツの問題点って，いろいろたくさんあると思うのですが，体を動かすのはすべてスポーツで，固く考える必要はないというセルジオさんの話はものすごく重要な話ですね．

セルジオ　すごく大事なのは，学校でやった場合，どうしても1校1チームになります．そうしたら，その学校は選手を拘束しますよね．スポーツで，どの時点で拘束したらよいかということを考えなくてはいけない．選手になれない人を拘束するというのは気の毒です．だから，やっぱりいろんな種目ができるという社会をつくるのが組織の役割であって，1種目で拘束するというのは，その人にすごいダメージを与えます．

堀　教えてもらいたいのですが，プロのサッカー選手もスポーツでいいですか？

セルジオ　はい．

堀　それから，遊んで，全然才能がないので選手にもなれないから，すこしボールを蹴ってみたり，球を投げてみたり，ボートを漕いでみたり，それもスポーツ，全部同じ言葉ですか？

セルジオ　私達には同じですよ．

堀　そこが少し分かりにくいのかもしれないですね．概念があまりにも広過ぎて．

髙橋　日本に来たときに「体育」で来ちゃったから，競技の部分しかスポーツでなくなっちゃったんです．

セルジオ　例えば，プロゴルファーと一般ゴルファーって，同じ施設で同

じ生活したらスポーツでしょう？

堀 そう．18ホールでハンディが30幾つとかね．それはうまいへたはあっても，1つの基準であれば同じスポーツですね，それは．

　ちょっと話がずれるかもしれないのですが，今お話をずっと伺っていて，日本に最初にゴルフが誕生したときに，それはゴルフ発祥の英国がそうであるように，ゴルフに向いている場所を選んだんですよ．六甲山という神戸の山があって，そこは，今は国立公園の特別保護地区になって森が豊かなんだけれども，当時ははげ山だったんです．何も木がないからボールを飛ばすのに非常に向いているんです．そのときは，だから何ホールということじゃなくて，やれるところでやったみたいですね．

セルジオ あれはたしか9ホールですね．

堀 そうですね．雲仙やその他でも，8ホールとか，7ホールとか，13ホールとか，今考えると極めて中途半端なんです．でも，それは別に，今みたいにハンディが幾つだとかっていうのを競う必要がないから，自分が楽しくてやるわけだから何ホールでもいいわけですよ．

　そのときの昔の写真がたくさん残っていますが，ゴルフをやっているだけじゃなくて，ゴルフをやっている横で奥さんたちがお茶を飲んで会話しているわけね．あるいは，そこのゴルフコースの横のところに乗馬でパカパカやって，ゴルフをやっているのを見ているとかね．つまり，先ほどセルジオさんがおっしゃった，いろんなスポーツの形があっていいと．不忍池でボートを漕ぐのもスポーツであっていい．まさにそういう非常に何か豊かなものだったのです．

セルジオ 例えば外国で，別荘じゃないけれども，アメリカ合衆国（以下，「アメリカ」という）はどこへ行っても自分の家の庭にプールとテニスコートがあるっていうのはわりと普通ですね．そこで日曜日にみんな集まってパーティをやったら，子供らはもう適当にいろいろやっています．

堀 泳いだり，何かしてね．それもスポーツですね．

セルジオ そうです．

髙橋 英国だとカントリークラブがやっぱり郊外にある，そういう施設ですね．

セルジオ　だから，日本ではスポーツはさせられるものと思っている．それが結局，文科省の中でスポーツは学校単位でやっていることに繋がる．

堀　何か，スポーツっていうと身構える感じ？　だから，しっかり準備して，「よし，やるぞ」って始めるのがスポーツでね．

セルジオ　それは選手生活ですよ．

髙橋　一部の選手ですね．

堀　彼女とデートしていてボートに乗る，別に身構えていないですよね．そういうのをスポーツという感覚は日本ではあまりない．だから，その辺の意識改革なんかは，この「地域をつくる」っていうのに大いに関係してくるかもしれない．でも，やっぱりなかなか地域にスポーツが入っていかないのは，地域側の方でもスポーツというと身構えるところがあるからでしょう？　何か，すごいものじゃないとスポーツじゃないっていうような．

髙橋　逆に認めてあげて，掘り起こしてあげたほうが気が楽になるかもしれないですね．

「体育」と「スポーツ」

木田　セルジオさんがおっしゃっているようなことも日本ではスポーツだと．体育じゃない，スポーツだっていうことをもっと知らしめていく必要があります．

セルジオ　「滑り台へ行こうかな」，「ブランコへ行こうかな」，「何しようかな」って，こういうふうに子供が言うのはディズニーランドに入っても同じ．例えば，ジムに入ってどの器具を使おうかということも．だから，結局目標はそこで体を動かしちゃうことです．スポーツというのは，施設，場所が環境をつくって，人にそういうよさをもたらす．プラス，そこで交流ができるという，これが社会で一番大きい．

髙橋　それがクラブになったんですね．

堀　その交流というのも本当に重要だけれども，なかなか日本のスポーツにはない．

髙橋　ないんですよ．試合が終わったら，あいさつもせずに帰って行くっていう（笑）．

セルジオ　ジムの光景でおもしろいのは，隣同士でも会話も何もしないで黙々と自転車を漕いで帰っちゃうのね．

御園　学校体育の仕組みから離れていないですね．その意味では，Ｊリーグは早過ぎたのかなと思ったりすることもあります．総合型地域スポーツクラブっていうことを打ち出したって，受ける側の国民が，スポーツクラブのなんたるかを理解できていなくて．そこに行ったらちゃんとメニューがあって，授業があって，ちゃんとスポーツウェアに着替えて，誰かインストラクターが来て，45分やったら終わりっていうふうに思ってしまっている．

セルジオ　ブラジルの学校と比べたら，日本の学校って立派なスポーツクラブです．体育館があって，プールがあって，もう全部あって．

髙橋　そう．ここまで学校施設の中にスポーツ施設があるっていうのはすごいって言いますよ，日本は．しかも，都心部でも校庭があるっていうのはすごいって言いますね．

セルジオ　例えば100年ぐらいの歴史がある学校っていうのは，その地元のまちの人たちがみんな先輩後輩になっていて，学校を中心に地域ができている．Ｊリーグじゃないのです．学校の方がその文化をつくっている．それで，結構スポーツを通してOB会をやったり，そういういろんな交流をしていますよね．だから，結局，学校っていうのは立派なスポーツクラブなのです．

髙橋　そうなっていますね．

セルジオ　一番人との触れ合いをしているのは，中心は部活動のチームじゃないですか．同好会とか，サークルとか，そういうのが一番スポーツの理念を活かしています．

御園　1つに限定されずに，やりたいときにやるという感じからすると，そうかもしれませんね．

生活のなかのスポーツ

藤口　堀先生がおっしゃったように，普通の人は，やはり，スポーツって何かということを分からないんですよ．結局，今まで髙橋先生がおっしゃ

ったように，サッカーは遊戯，だから体育ではないじゃないですか．
髙橋　そう，遊戯なんです．
藤口　だけどいま，スポーツというと，「体育イコールスポーツ」というのが一般的な人たちの認識ですから．
堀　ちょっとそこを教えて欲しいんだけど，スポーツは遊戯って言っていたでしょう？　フィジカルトレーニングは体操って言っていたでしょう？　体育っていうのは両方，そのスポーツもフィジカルトレーニングも両方やるわけですよね．
髙橋　合わせた教科科目として体育です．
堀　科目だよね．
セルジオ　例えば，堀先生，私が例えばプロ選手という生活をしながらも，一般人だということも忘れちゃいけない．特別じゃない．1つの職場として，僕はそれで生活をしている．けれども自然の中では，私はプロ選手じゃない，普通のサラリーマンと同じ生活をしている．市民として．
堀　子供がいて，奥さんがいて．
セルジオ　そのとおりです．だから，そういう，「ゴルフに行きましょう」，「今度ちょっと泳ぎに行こう」，「海に行きましょう」とか，そういう，みんなと同じ生活をする．職場が違うだけで．たまたま選手という職場ですけれども．だから，そこは知らないところで，外国ではそこでみんな似た生活をしているんです．例えば自分の子供が2人いるとして，1人は野球やって，1人はサッカーやっている．2人とも遊びの中でつき合わなくちゃいけない．結構くたくたになる．だから，よく外国では子供が生まれるたびに「新しいフィジカルコーチができた」って大人が言う．子供とつき合って鍛えられるから，「おれのフィジカルコーチはあいつだ」ってね．もう動き回ってかき回して，親がそれを追いかけて，くたくたになっていると．自分の健康のために犬の散歩をさせるというから，犬も人に運動させているのです．明らかに人がそれでやせている．1人で歩けって言ったら歩かない．けれども，犬を飼ったら歩くんだってね．だから，スポーツというのは体の健康のため，体を鍛える，プラス，人と出会う．よく犬の散歩の途中で足が止まって，愛好者の中で会話しだす．そのことは，まさ

にコースとか，公園とかが立派なスポーツクラブに変わっている．そう考えれば，もっとみんなスポーツに興味を持つんじゃないかな．

堀 先ほど言ったように，最初に日本にスポーツが入ってきたときは，すごく柔軟だし，当然，最初は何も知らないわけだから，向こうのやっているようにやるから，それは生活の一部であったり，文化であったでしょう．でも，何でもそうで，スポーツだけじゃないんだけれども，日本って最初は一生懸命何とかコピーしようとするんだけど，いったん入れてしまうと，どんどん自分で違う形に微妙に変容させていくじゃないですか．その変容の1つの典型的なパターンは価値の一元化．どんどん純粋に何かして1つにしていっちゃう．だから，奥さんが横にいるのは，それはスポーツではおかしいとか言ってね（笑）．

スポーツを支えるもの

セルジオ 例えば音楽ってスポーツです．ルンバってスポーツだよ．踊ってごらん，ものすごくきついんだから．実際，美容のため，やせるためにそういうプログラムが入っている．Jリーグを見てくださいよ，サポーターが90分間スタンドでジャンプしている．みんなコンディションがよくなってる．強くなってる．だから，音楽とスポーツって別に考えちゃいけない．人が交流して体を動かして，エンジョイしてストレス解消して友達になったら，これはスポーツの基本じゃないですか．だから，全部別々にするとパワーも出てこない．最終的なテーマとして地域でスポーツが育たないというのは，分裂しているからですよ．

もっとシンプルに考えて，音楽といろいろジョイントしたら，どんどん人とひとが繋がる習慣がついて，それが外国でいうスポーツというところに結びついてくるんじゃないかな．

私がアイスホッケーにかかわったら，日本の新聞記者が「何でアイスホッケーですか？」って聞くのね．だから，日本は種目文化なのよ．違う種目を言ったら珍しがる．

日本では学校単位でスポーツをやったから結局種目別の習慣がついてしまった．野球やっている子がサッカーに来たら「君は邪魔だから来るな」

ってなるから，大人になっても行かない．だから，みんなが接触できる社会があったら，それがイコール地域になったら，みんながスポーツを通して社会に貢献できて，社会の人が繋がってくると．

　私は，アイスホッケーのつぶれそうなチームからお手伝いを頼まれたときに，サポーターの一言が今まで一番大きかった．「先生，お願いします」，「つぶれたらみんな会えなくなるから」って．それだけですよ．チーム，団体があるから，みんなそこに足を運んで会えるようになって友達になった．そのチームがなくなった瞬間に会うきっかけがなくなってしまう．

髙橋　でも，ヨーロッパとかって，解散っていうか，トップが倒産してもクラブは残りますよね．

セルジオ　絶対つぶれない．

髙橋　リーグでは戦えないけれども，クラブは残っているんですよね．

御園　日本だと，なくなると本当に会えなくなっちゃうっていうのも分かっているんですよね．辛いなあ．

セルジオ　私が日本に来てから41年で，もう50団体以上のチームがなくなっているんです．ただ，企業スポーツの場合は，企業の都合なので仕方がないんです．

髙橋　事業をやめたんですから．

セルジオ　だから，例えばJALの女子のバスケットボールチームの廃部はやむを得ない．それはお金じゃなくて，人を切って給料を減らしているなかで，スポーツはしていられない．

髙橋　そうなりますね．

セルジオ　だから，飲み代とスポーツは似ている．日本の企業スポーツは，もうかっているときにやっておけと．結局，そういう文化になっていくじゃない．外国は企業とかに頼らない．自分たちで払うからなくならない．

髙橋　自分で何かに繋がろうだとか，自主的に動くっていうことが，自分でお金を払うということと同時なんです．だから，お金を払うという経験がスポーツにないというのと，日本人はすべて用意されたところで，ただパフォーマンスをしていただけだと．そこを変えないとだめですよ．

木田　日本は，体育で入ってきたから，アマチュア．教育だから．なので，

お金を払ってやるとかっていったことがだめだ，という話になるんですね．

セルジオ 僕は栃木に行って勝手にスローガンをつくってね，「日本の皆さん，もう1種目に興味を持って，もう1人友達をつくってみませんか」っていうね．

御園 セルジオさんから見て，本当に日本の社会って，変わらなきゃいけないんでしょうけれども，要するに僕らは当たり前だと思っていたけど，なぜほかのスポーツをやらないのだろうかと思われました？　野球なら野球だけしかやらない，やらせないっていうことについてですが．

セルジオ これは結局授業なのよ．学校の中ではいっぱいできないんですよ．社会の中でこそできるんです．

御園 文科省のメニューの中だといっぱいいろいろあって，冬はサッカー，夏はソフトボール，バレーボールもやるとなっていたんですが．

セルジオ でも，それはどの国に行っても，学校の中は企業と一緒で，組織です．それはもうぐちゃぐちゃには遊べないんですよ．学校が終わってから，仕事が終わってから遊ぶんです．

御園 やっぱりそれは，もう少しゆとりのある中でスポーツというのは展開されるべきだということなんですかね．

セルジオ そうです．だから，そこがやっぱりスポーツの一番必要な人の出会いを与えるという場，そこから将来の選手も出てくる．だけど，日本は人を分けることに無自覚になっている．

御園 「何で君はあっちに行くの？」と，「それだったら明日から来るな」みたいな話になるわけですね．

セルジオ 僕が野球のキャンプに行ったらスポーツ紙の記者が「セルジオさん，あなたは会場間違ってない？」って（笑）．

藤口 結局，遊びの中に大人が入ってきちゃっているわけです，今は．昔は，遊びっていうのは子供同士で遊んでいたわけ．だから，好きなことをやっていた．野球やりたかったらやればいいし，取っ組み合いや相撲をやりたければやるし，騎馬戦とか，それぞれやっていたから，ある意味じゃいろいろなスポーツを昔はやっていたと思う．

セルジオ 三角ベースとリトルリーグは野球です．けれども，環境が違う．

髙橋　そのまま大人になっちゃった大人は，社会に認めてもらえなかった．大人が本当は遊べていれば，クラブはできたはずなんです．自分のお金を使っていろんな遊びが．でも，社会としては，ちょっとヤクザものに見られちゃったんですよ．

セルジオ　今，市民マラソンがすごいはやっている．全国にものすごく増えている．なぜかというと，あれは個人種目だけれども，みんな1泊するんですよ．その1泊の中に意味がある．

　みんなどこかに集まって話をするという．1つの趣旨で来たら相手の名前を知らなくても会話できる．けれども，スポーツの趣旨がなくて交差点で話をしたら「何ですか？」って言われるよね．だから，スポーツって共通の旗になるから，ものすごく人を繋ぐのね．スポーツは社会にはすごく重要で必要だと．

髙橋　非常にシンプルだから共有できるんです．しかも，動作だから，言葉を交わさずに分かるんです．

スポーツビジネスの現状

木田　社会におけるスポーツの重要性，役割を共有したところで，次に再び髙橋先生のほうから，スポーツビジネスについて簡単に整理してもらいましょう．

髙橋　今までの話で既にオーバーラップして繋がってきていますが，日本のプロスポーツというとプロ野球だというふうに思われています．ただ，個人種目型のプロというのは，相撲やボクシング，ギャンブルスポーツ，プロゴルフというような形で，ツアー型では，いろいろなところを興業して回るというような，プロレスもそうかもしれませんが，ほかにもいくつかあります．チーム型となると，大きな組織と大きなお金が必要になってくる関係で，プロ野球以降，ほかの団体競技種目でのプロはなかったというのが日本の現状です．

　1993年のJリーグ，それから昨今のバスケットボールのbjリーグというような形で，やっと最近になって団体競技でもプロ化するというところが出てきました．この場合でのプロ化というのは，選手が興業収入によっ

て給料の分配を得るというような意味で使っています．

　それから，スポーツビジネスの抱える課題についてです．世界的に見てスポーツビジネスが昔からあったかというと，実際にクラブとしていろいろなものが取り引きされているというのをスポーツビジネスと考えればありましたし，スポーツ用品をつくって売り買いしたりする，それをスポーツビジネスと考えればスポーツビジネスはあったわけですが，大会を中心とした興業ビジネスという大きな流れをつくったのは1984年のロサンゼルスオリンピックだと言われています．それまでオリンピックも税金を使ってやっていたんですが，このロス五輪以降はスポンサーをつけて，商業的な活動の中で行われるようになってきました．FIFAのワールドカップも，そういった大きな大会も今では税金でやるということではなくて，商業化しているというのが現状です．

　世界的に共通しているのが景気の後退で，スポンサーだとかテレビ放映権に頼っていたような大きなレベルでのスポーツ興業が今は苦しいと言われています．

　あとはグローバル化．国を越えてクラブが試合をやったほうがもうかると．クラブのほうがもう国を越えてビジネスになってしまっています．国が中心となってやるという仕組みも時代遅れなのかもしれません．あとはもう企業が国を越えて移動してしまっていますので，日本の企業だからといって日本人のチームを応援しているわけじゃない，ということがあるのが現状です．逆に日本の方は，海外の企業が例えばJリーグのチームを持つということで拒絶的だったりとか，非常にドメスティックで，日本人というのは国際的な企業のグローバル化についていけない可能性があります．

　日本における課題は，スポーツビジネスの理解不足があって，そもそもスポーツでお金をもうけるのは悪いみたいな発想があるところが前提．ある意味，マーケットとして考えていないのが日本では中心だと思います．

　あとは商業化させない既存の構造があります．例えば日本のスポーツ施設というのは6割が学校の体育施設で，残った4割のうちの7割が公共のスポーツ施設なんです．だから，民間レベルでというのは，残った4割の3割ですから12％ぐらいしかない．

公共のスポーツ施設というのは基本的にビジネスをさせない体制になっています．ビジネスをすると，べらぼうに高い利用料を取ったりとか，そもそも予約は1カ月前じゃないとだめ，というような施設が多くて，そうしたらシーズンのリーグ戦なんか組めないじゃないか，というのがあります．Jリーグをやるようなところは，おそらく1年前から予約をさせてくれるようなところが確保できているからできるわけで，バスケットボールやバレーボール界の人に聞くと，大概が体育館は1カ月前予約だからチケットも売れなければ，宣伝もできないという状況にあるのが日本の既存の構造だ，と言えると思います．ビジネスをさせないというのが前提だと思います．

　それから，スポーツによる経済的効果は，昨今，スポーツビジネスやスポーツ経済の拡大で注目されるようになっていますが，まだまだ調査に対しての疑問が研究者レベルでは言われています．経済波及効果もそうですし，雇用効果も一時的であったりとか，実はその効果というのは疑問が残っているというのが現状です．

　そのあたりは，原田宗彦先生（早稲田大学）が研究されているような「スポーツ経済学」という分野もありますけれども，まだまだエビデンスベースではないというのが現状です．

企業スポーツの構造

木田　髙橋先生がおっしゃったような，この商業化させない基本の構造というのは，まさに今の体育の世界，スポーツの世界の話ですね．

髙橋　公共施設でビジネスをさせないという，その辺の環境とか堀先生の分野かもしれないですが，公共施設に行って，ある団体がお金を，収益を得ていいのかという発想です．

セルジオ　何年か前までは，体育協会そのものが，やっぱりプロというものを，どういう意味か分かんないけれども，すごく嫌っていたという時代ですね．今はものすごく変わりましたね，その辺は．

　やはり環境が変わることによってスポーツが変化しています．日本の場合のプロと，アメリカ，あるいは南米，ヨーロッパ，中東も形は全部違う

んです．中東といったら王様が全部お金を出すから，一応プロですね，ギャラが発生するし，いろいろあるんですけれども．

髙橋 チケットはタダだと言いますね，中東の試合なんかは．

セルジオ 日本の場合は，何て言うんですかね，私が来日した時はそうでもなかったのですが，私の後に元プロは半年出られないルールができてね．どんどんプロが来たらだめだという，何かそういう規制があったんですよ．

髙橋 そうですね．

セルジオ 今考えたら当たり前のことで，国によって，どう考えているか分からないんですが，今はオリンピックもプロが出場できる，でも当時は出られなかったんですね．世界が変わることによって，やっぱり国内も変わってきているということですね．ただ，日本の場合は，やっぱりどうしても企業から離れられない文化ですから，本当の独立したプロじゃない．要するに，日本の企業の還元事業の一環としてやっていると．だから，景気が悪いからだめになるというのも，まさにそれを印象づけていることで，ヨーロッパとかアメリカは景気が悪くなってもプロスポーツはものすごく華やかにやっているんですよね．

髙橋 協賛が得られなくなるみたいですね．

セルジオ そうなんです．だから，構造的に企業以外のところに入りにくい．「社内」というのは勝手に入れないんですよ．だから，ほとんど出向で親会社から来ている．野球も全部そうだよね．要するに，独立性がない．経営できない社長ばっかりだよね．昔の野球部長，サッカー部長が今，社長になっている．彼らは年間予算を管理する人であって，経営する権利はオーナーが持っている．

髙橋 収入を得る構造がなくて，学校も企業もチケットを売ったり，スポーツでお金が得られる本業以外の収入を重視しないんです．

セルジオ 一番分かりやすいのは，日本一だったサッカーチームのヴェルディが，読売新聞がやめる，日本テレビがやめると言ったらつぶれそうになった．

御園 何で経営させないのでしょうか？

髙橋 企業は可能であっても，定款に載っていないことを理由にしますが，

御園　定款をつくって，ちゃんとそれを組織化させて，もうちょっと自由に経営できる．ある意味で放し飼いにした子会社という形を，なぜ日本の企業はつくろうとしないのだろうかと思います．別にスポーツ会社だけじゃないですけれども．

セルジオ　村上ファンドの村上世影さんが阪神にそれをやろうとしたら，その中で反対される．要するに，雇用として今勤めているチームの人がみんないなくなっちゃう．

御園　やっぱりチャレンジ精神を持っている人がいなくて，子会社の社長になったほうがいいじゃないかと思う人が多いっていうことなのでしょうかね．

セルジオ　Jリーグの社長も，景気が悪いと親会社から「赤字減らせ」って言われるんですね．そしたら，就任した社長が行って高額選手を全部出してしまう．そしたらチームが弱くなって，今度はサポーターが怒る．「何で勝たないか」ってね．けれども，その社長は会社の命令に従って動く．サポーターじゃないのです．

　日本人選手が大リーグに流れると，彼らのおかげでアメリカの野球は日本からどんどんお金を引っ張っていける．放映権利からスポンサーから．日本のプロ野球が一番すごい大リーガーを連れて来ても，アメリカから1円も引っ張ってこられない．これは構造的な問題じゃないかな．だから，いろいろなプロがある，あの中にはね．そこがやっぱり世界と全部同じだとみんな勘違いしているんじゃないかなと思います．

御園　朝青龍を連れてきて，モンゴルからちゃんとお金が流れるようにすべきだったんですよね，本当に（笑）．

髙橋　そう，放映権を売ってね．

セルジオ　例えば観光庁は，テレビのニュースなどで，「ようこそジャパン」キャンペーンのために大きなお金を使っている．これはものすごい経済効果があるから観光客の人数を増やしたいと．一時期，銀座へ行ったら韓国，中国，台湾からの観光客でもうすごかった．

　サッカーには，ACL（アジアチャンピオンズリーグ）というのがあります．ここの出場チームが海外に客を連れていくのです．韓国や中国で試

合があるときに．だとしたら，向こうからも来させたら，大きな効果があるじゃないですか．でも，日本のサッカー協会は外国と組んで一緒にやろうとする意識が全然ない．彼らの立場としたら国は営業していない．

髙橋　アウェーに冷たいですよね．アウェーでもうけようという気がないですね．アウェー客からね．

セルジオ　でも，チャンピオンズリーグとか，ああいうのはビッグビジネスになっていて，もう何万人が行ったり来たりする．今，国で「スポーツツーリズム」というテーマがある．行って，スポーツを観て1泊して帰る．マラソンがそうなっているのね．だから，敏感にそういうところにかかわるのが「プロ」ですよね．けれども，今年の予算を獲得しているから別にいいよってなっている．

髙橋　使い切るのを考えるんです．

セルジオ　それで景気悪い，景気悪い，企業が今お金がないからって．だから，いろんな発言を聞いたら，ああ，まだ「プロじゃない」っていうところがいっぱいあると思うんです．

木田　セルジオさんが今おっしゃっていたのは「スポーツツーリズム」の話でしょうけれども，以前，例えば藤口先生はACLで決勝をやったときなんかも言ってましたけれども，例えば韓国とかほかのチームのサポーターは日本にはあまり来ない，アジアでは向こうから来ないですよね，まだ．

セルジオ　だから，それを働きかけなくちゃいけない．

木田　それは分かりますけれども，普通の形でいくと全然来ない．そこを何とかしようという話はあると思いますけれども，ただ，日本からいっぱい行くのは，やっぱり日本はアジアの中ではそれなりに経済的に豊かである，ということが背景にあると思います．ほかは，例えば韓国でさえ来ない．

セルジオ　ただ，ヨーロッパへ行ったら，泊まるホテルにコンサートのチケットからスポーツのチケットから全部，いっぱい置いてあるんです．日本のホテルには，銀座方面に外国から来ているお客さんはいるけれども，日本のスポーツのPRは何もされていない，そこではね．チケットも売っていないし．彼らがもしサッカーが好きだったら行くかもしれないじゃな

い．そういう営業とかそういう準備にプロらしさを感じない．
髙橋　大相撲のホームページも，チケットのところは日本語だって言いますよね．海外で買おうと思って入っていくと，チケットのところだけ日本語で，買えないんです．
セルジオ　けれども，駅に行ったら韓国語で書いてある，英語で書いてある，随分変わってきています．

地域の意識の確立

木田　スポーツツーリズムについて，サポーターは日本の国内だけでもアウェーにみんなお金を使って行っているんだから，そういうことをもっとしっかり社会実験みたいなのをして，それを海外の話も含めてやるシステムをつくったらいいんじゃないかっていう話を提言したんですが．
セルジオ　御園さんは今，愛知でしょう？　アイディアがあります．国体をやめて「関ヶ原杯」をつくるんですよ．そして，スポーツに限らず文化，音楽から全部，西と東が1年間争って，そして西が勝った，東が勝ったっていう判定を出すんですよ，毎年．そしたら国が活性化しますよ．

　西と東のいろんな分野，365日違うイベントでそこで争って，点数で，今年は西が勝った，東が勝ったっていったらものすごい競争心が生まれる．

　国体のほかに地域と地域を争わすというものが日本の文化にないよね．国を活性化させるのにスポーツもお手伝いできる．バルセロナ，マドリッドに負けない，リオ，サンパウロに負けない，ボストン，ニューヨークにも，もう絶対何をやっても負けないっていう，スポーツの種目を超えて地域同士のライバル意識っていうのがスポーツでつくれるんですね．これで国が活性化していく．

　例えば日産とトヨタが争っても，パナソニックと日立が争っても，それだけでは小さい話じゃないですか．やっぱり自分の県は絶対隣の県には負けないっていう，そういう文化をつくっていったら，国は活性化しますよね．
御園　国体を今のままやっていてもしようがないんです．県対抗という意識がもうなくなった中での県対抗をやっているからです．セルジオさんの

提案されているのは，本当の意味での県対抗っていうか，地域の意識をもっと前面に出した戦いっていうか，みんなの注目を集めたイベントをすることが必要ですね．

セルジオ だから，スポーツは戦争ごっこをやっているのね．要するにライバル意識が強くて，勝った負けたという喜びと悔しさがあるんです．まさにいいライバル意識の中で刺激したら，負けたら今度は巻き返すという，そういう習慣をつけたらもっと国が活性しますよ．今はみんな，変に仲良くない？

堀 それは地域の話に入っていますけれども，日本の地域の人たちっていうのは，地域に対する帰属意識がヨーロッパとかアメリカとかに比べると，だいぶ弱いですよ．だから先ほどの，クラブが経済的に傾いたらヨーロッパとかはみんなサポートするじゃないですか．それはやっぱりおれたちのクラブ，地域の一員であるという自覚がものすごく強いでしょう．日本人は，今現在の社会は，それが希薄になっている．

セルジオ 昔，よく東西対抗がありました．名古屋あたりで分かれて．結構あれで関東と関西とかライバル意識があったんじゃないですか．

堀 あった．だから，国体を始めたころとかね，甲子園の野球が始まったころは，やっぱり地域の代表，おれたちの代表っていうような印象．今は非常に希薄になっちゃいましたよね．それは地域の問題でもあって，そういう話もここに入れなきゃいけないと思うんだけどね．

御園 難しいですね．大会のあり方っていうか，選手育成のあり方からしてね．要するに大阪弁しゃべる青森の高校生とか，そういうふうに，もう何かスポーツのチーム構成のあり方自体から何か日本社会の構造が変わってきちゃっているところもあるから．

セルジオ 僕は一度，甲子園の大会を観てから高校サッカーにアイディアを出して，試合の前に両チームの校歌を流したらっていう提案をしました．OB・OGもみんな来ているから，足し算になるんじゃないかってね．甲子園の真似して，勝ったチームだけ残って校歌を流すのならば，一回戦で負けたら，みんな一度も校歌を聞かないで帰っちゃうんですよ．ナショナルチーム同士の試合は，始まる前に盛り上げる意味でも両国国歌を流すじ

ゃないですか．そういうことは，戦う学生だけじゃなくて，OB・OG も応援に来て結構うれしいよ，一緒に校歌を歌うのは．

髙橋 後で歌って，おれは勝ったってやるんじゃなくて，後はノーサイドで握手したほうがいいですよね．負けている相手の前で歌うのはないですよ．

セルジオ そういうことがちょっとしたことで雪だるまになっていって，現役と OB・OG を繋いでいく．さらに地域も．でもスポーツでそういうものをつくっていかなかったら，何かいつも同じことをやって，全然足し算にならない．

堀 その辺も，日本におけるスポーツの変容というか，最初はもう一生懸命コピーしようとしたのだけれども，だんだん自分でやっていくと．ヨーロッパに行ったら試合の始まる前に地域の歌を歌い合って，それはもうものすごく一緒に団結していたでしょう．日本でそういう意識，スポーツのときに地域を代表しているとか，ある組織を代表しているというのがなくて，試合をやることが重要なんだっていうふうに，スポーツ自体が小さくなっちゃっている．多様な価値をどんどん削いで，削いで，純粋培養して，試合をしさえすればいいんだと，その周りについているものをみんな削ぎ落としてきちゃった．

そこを指摘してね，もう一回意識を改革していかないと豊かなスポーツが生まれてこないと思うんです．

セルジオ 浦和レッズはすごくいい環境をつくっている．でも，隣の大宮アルディージャはつくれていない．あれは不思議でしようがない．そこはやっぱり，メディアもある程度それをあおってつくっていくという，そういう準備が必要かもしれない．

堀 やっぱり経営者とか主催者とかの意識も大事だと思いますよ．今みたいな意識が，地域を盛り立てようという意識があれば，いろいろ工夫ができるはずです．それがないと試合をそこでやればいいんだというだけになってしまう．地域に根づくスポーツというのは，試合だけではないはずです．

髙橋 堀先生が今おっしゃったところが大事ですね．

堀　すごく重要なはずなんです．
木田　そういう中で，藤口先生が浦和とレッズを結びつけてあそこまでしたっていうのは，全国の流れとちょっと違いますよね．
セルジオ　違う．行ったら感じるもの．
藤口　Jリーグそのものが，そもそもそこからの発想じゃないですか．ホーム最優先．今までホームもアウェーもなかったのです．「譲渡試合」（注：興行権を本来のホームタウン以外の地方開催で行う場合，それを開催する各都道府県のサッカー協会・プロモーターに譲渡することができる仕組み）があったりして，ホームも何もない．
髙橋　指定された場所で試合やったりしますね．
藤口　そう，だから，今のバスケットボールにしても何にしても，幾らかちょっと変わってきたけれども，ほかの競技はまだそういうところがあるからね．だけど，Jリーグは最初，ホームアンドアウェー，ホームの意識っていうのをどう自分たちがまず持つかというのと，それをお互いどう持ってもらうかということでスタートしたわけですよ．だから，それを徹底してやって，10年ぐらいたってやっとホームらしさっていうのが出てきました．また今はちょっと薄れているようなところがあるのですが，でも，J2とか新しくできたところのほうがそのホームの意識っていうのは意外と強くなっているような気がしますよね．だから，「プライドオブ浦和」と，もう最初から言っているように，「おれたちの誇り浦和」と言う，やっぱり最初から，我々もそうだし，市民もそうだし，そういう取組みをしてきましたね．
セルジオ　仲間意識が出るっていうことは喜びに結びつく．
藤口　そう．だから，勝ったときはそれをみんなで，負けたとき「悔しかったなあ．次どうしよう」っていう．
セルジオ　商店街もみんな繋がっていくよね．
髙橋　自分が生きている証なんでしょうね．
セルジオ　すごいのは，試合がない日にみんな繋がっているのは，その試合がきっかけであるということ．
御園　ホーム意識っていうのがプロスポーツの前提でしょうか．というこ

とだったら，それがきちんと育ってくるまで日本にはプロスポーツというのはできてこないということになってしまいますね．

　もうちょっとのびのびと，プロスポーツがプロスポーツらしく輝きを増すためには何を改革したらいいんでしょうか？

セルジオ　御園さん，日本には複数の種目の人が集まって議論する社会ってほとんどないの．みんな独立して会議やるから自分だけが苦労していると思っているんだよね．みんな同じように苦労しているんですよ．だから，横に繋ごうという意識がない．だから，種目文化っていうのね．

藤口　だけど，プロスポーツだけの話じゃないですよ．これは日本の問題ですよ．

御園　本当にそう．

藤口　要するに，愛国心とかなんか，言葉自体，いい悪いは別として，世界に出て行ったら，なさすぎますよ．やっと，そういう日本のよさを何かで出そうなんていう人が出てきたけれども，どちらかというと日本はそういう，「うちは」，「うちは」っていうのを出さないじゃないですか．だから地域の，本当に自分たちが住んでいるところがこんなにいいんだよっていうのは，住んでいる人たちみんながもっと言えばそれはできるはずなんです．

セルジオ　たぶん日本だけなのよ．国際大会で戦うときに種目別にユニフォームの色が全部違うのは（笑）．

髙橋　確かに．

セルジオ　何で日本のサッカーはブルーなのよ．いつから日本の旗は青が入っている？　ほかのどの国に行っても全種目が同じユニフォームで，国旗の色ですよ．日本はばらばらじゃない．ああいうところが，国民が1つに興味を持つ教育，あるいはきっかけにならない．

髙橋　それは大学でも一緒で，以前，筑波大学は部のユニフォームカラーはみんなばらばらでした．今は，やっと「統一しましょう」って言ってカラーを統一しました．

セルジオ　たぶん大学はばらばらなのよ（笑）．

堀　大学だけでなく地域も同じで，地域とスポーツが一体で密着している

という意識はあまりないでしょう，日本では．

御園　では，何のためにスポーツをやっているんですかっていう感じですね．

堀　今の日本では，スポーツだけではないけれど，地域への帰属意識，地域への愛着が弱まっていて，それは地域の大問題の1つでしょう．スポーツを活かした地域づくりではこの問題も意識しないといけない．

御園　結局，地域の誇りの旗頭って必要で，それは単純かもしれないけど，やっぱりユニフォームであり，旗なんですよね．それを大事にしないで，自分のときだけどんどん変えていったら，それは誇りにならないなあ．

セルジオ　これはメーカーがファッション化して，それでもうかるかもしれないけれども．

木田　そういう意識を持てっていうのは，1つのアピールになるけど．

御園　でも，分かる人がいるかなあ．

地域をつくる組織の役割

木田　今，セルジオさんが言われて，意識を持てという話は，次の段階で言いますと，スポーツには経済的効果以外に社会的効果もあるじゃないかということです．セルジオさんがおっしゃったように，本当にスポーツでまず地域意識を抱かせるとか，コミュニティをつくるとか，そういうような話がやっぱりあると思うんです．しかしながら，今まで日本ではそういうことは無視されてきたと思うんです．でもそれは重要ではないかなと．

　そういう話をもとに，本書では，「スポーツコミッション」による地域の活性化が主張されています．本文を読んでいただければ分かりますが，スポーツと地域づくりにはそれを繋ぐ組織が必要だということで，スポーツコミッションの重要性を指摘しています．

　具体的には，セルジオさんとお話しして非常によく分かったのは，スポーツコミッションというのは，新しい社会システム，スポーツを中心とした社会システムをつくっていくための組織なのかな，という気がしています．今2つ言いましたけれども，地域ということを意識しての社会的効果みたいな話とか，動かすための組織としてのスポーツコミッションで，単

なるスポーツツーリズムを推進するだけの組織ではないスポーツコミッション，というようなことも含めてこのあと議論していただければ，と思っています．

髙橋 私は，こういうスポーツコミッションって，今まで既存にない組織をつくるのが非常に大事だと思っていて，日本体育協会の都道府県体育協会があったりだとか，行政の教育委員会のもとにある広域スポーツセンターというのがもう既存の仕組みの中で既存の意識の中で動いているから，今のままでは本当に変わりようがないというのが現状なのです．新しい何かみんなで，NPOでもいいですし，中間的な，新しい公共を担うような人たちの活動が必要なのかな，と思ってはいます．スポーツ界の人は本当に受け身なので，主体的に何かをつくっていくという人が少ない，というのが現状だと思います．

御園 髙橋先生と僕は意見が一緒なんだけれども，タコツボに入っちゃっている今の日本のスポーツ界の人たちにスポーツコミッションというのをどう理解してもらって，どう顔をこっちへ向けてもらうかという道具立てがすごく難しいなって思っているんです．それができて，あと次はスポーツコミッションという，木田さんがつくったところがどれだけの面的な広がりをつくっていけるかということにもかかってくると思っています．

木田 今スポーツ界の中では，原田宗彦先生を中心とするスポーツ経済をやっている人たちが，経済的な効果を発揮させるための組織として，要するにアメリカにあるようなスポーツコミッションを提案してやろうとしているんですね．実は私は，経済ばっかりじゃなくて，社会的効果も重要だと，そういう地域づくりのための組織，まちづくりということも含めて必要だということでスポーツコミッションが必要だという言い方をしているんです．経済だけの部分では，スポーツ界の中からもそういう動きが出てきていることも事実なので，そこにうまく合わせていけばいいのかなという気はしているんですね．

御園 プロの世界が，さっき言った，だれでもやる，みんな汗をかけばスポーツだという世界と，どっちに焦点を当てて動き始めるかというのもありますね．

競争して楽しむということ

セルジオ　幅広く，いろいろあるのね，スポーツというのは．なぜかというと，いろんな人のために受け皿を準備してあげなくちゃいけない．選手だけのイメージにしたら，一握りの人だけがスポーツをエンジョイできるだけです．だから，もっと幅広く，みんなウェルカムだという，そういう社会をつくらなかったら，スポーツっていうのはなかなか大きなものにならない．だから逆に，「ああ，そうか，それだったらおれも入れる」ってね．よく，ライセンスとか専門的な言葉を出したらみんな引くよね．ああ，やっぱり難しいからやめようかってね．

　以前，幼稚園にサッカーを教えに行ったら，球入れをイメージとして，かごを倒したんですよ．そして，白組と赤組でやろうとしたら，子供も知識あるからいきなりやっちゃうんですね．そして周りが，「白組がんばれ」，「赤組がんばれ」ってやっている．ゴールは，あのかごを倒したみたいなものだよ．どっちがある時間にボールをいっぱい入れるか，それで後で数えるのね．サッカーって，別に最初は足でやらせなくていいんだよ．手で持って，みんなあのゴールの中に白組と赤組が競争してやるのね．そこで，「はい，赤組が勝った」と数えるとみんな喜ぶのね．だから，そこでルールを，オフサイドとか，オーバーラップとか，そうなると，みんな口開けて，だれもサッカーが分からない．そして，子供は何と言ったか．「きょうのサッカー，面白かった」って言うのね（笑）．これは幼稚園レベルなの．これを高校生でやったら笑われるよ．けれども，そういうのが段階によって，レベルによってスポーツをエンジョイさせる，仲間に入れていくということ．すぐハイレベルなものから教えるから合わないのね．．

堀　やっぱり，勝った負けた，勝負というのは大事で，それがないと熱くなれず，面白くもない．

セルジオ　勝負は大事です．人間は動物的に競争心を持っていますね．だから兄弟でけんかするんですね．

堀　しかし今，日本の子供は勝負をしない．みんな一等っていう教育が行われているから勝負しないんですよ．

髙橋　確かに勝負は避けますね．

セルジオ　それなのに，どうしてメダル取らなかったとみんな怒る（笑）．
髙橋　勝負して厄介なトラブルに巻き込まれたくないという人が多いですよ．
御園　自分の子供は入れないで，人の子供には勝負させて（笑）．
堀　やっぱり勝ち負けをはっきりして，「くそっ！」とか，「よし，今日はやった」と思うことは大事です．スキルのレベルが低くても常に勝負というのはあって，地域にそういうものが入ってくると地域が盛り上がってくる，元気が出てくる．地域に競争をさせず，「みんな一等」という政策を戦後ずっと取ってきて，地域の元気がなくなってしまった．
藤口　そもそも勝負させないなんていうのは，フェアプレーに反するんですよ．一生懸命やるっていうことがベースにあるんです．それを速く走ることができるのに統一させちゃうなんていうのは，もうフェアプレーに甚だしく反する．
髙橋　八百長ですよね（笑）．
堀　でも，「みんな一等」とかって先生は言うじゃない（笑）．
セルジオ　バーゲンセールとか，一番人間の本質が出るというのは争うときですよ．負けた人は，「やられた」って言うよね．だから，「どうぞ，どうぞ，先に行ってください」って言うのは自分の場所があるからですよ．けれども，そういうことばかりの社会ってだめだよね．そういう社員とか，そういう団体っていうのは伸びないじゃない．やっぱり競争って必要じゃないかな．
堀　競争，勝負ね．プロはもちろん競争と勝負があるでしょう．でも，一般の人たち，さっきの池でボートを漕ぐのは勝負じゃないですか．地域でやっぱりそういうレベル，おじいちゃんとかおばあちゃんでも勝負をさせる，あるいは彼らなりの勝負が生まれるようなスポーツのあり方っていうのも大事かもしれないね．
御園　今の先生方のお話はものすごく大事で，その時点での人間の個人の最高レベルのプレーをしようとするときに人間性って伸びるわけでしょう．あの子を絶対にものにしたいと思ったときに知恵は伸びるし，優しさっていうのも大きくなるんですよ．それは，男だろうと女だろうと，サッカー

だって一緒じゃないかな.

セルジオ チームによって，そこが持てないところがあるじゃない．負けても拍手するとか．

堀 地域のスポーツの中でも，もうそういう観点を入れていくべきだよね．何か集まって，「さあ，みんなで歩きましょう」じゃ，間が抜けちゃう．地域の人たちも元気が出ないわけね．やろうっていう気も起きない．

木田 歩くのも，距離をどれだけ歩いたかで勝負を決めるとか．

堀 今の話で，関連するかどうか分からないけど，まちの柔道とか空手とかっていうと，2級とか初段とか2段とか，だんだん上がっていくじゃないですか．そうすると，それはスキルを上げるための目標になりますよね．「がんばろう，次は黒帯を取ろう」とかってね．それが先ほどの話だと，いきなり正選手，補欠っていう形で，すぱっと分かれて，途中が全然ないし，ステップアップ，だんだん上がっていこうっていうのがないですよね．だから，ああいう段とか級をいろいろなかたちで取り入れるのは工夫の余地がある．特に地域で．

セルジオ 補欠という言葉は辞書からなくさなくちゃいけないよね（笑）．あれは人が育たないですよ．補欠になる人は社会競争から冷めていっているんですよ．

御園 サブは補欠とは言わないわけですよね．

セルジオ うん，そうです．リザーブって言うんです．

御園 ああ，そう，リザーブですね．

セルジオ 補欠という言葉は，僕は子育てによくないと思う．いや，子供は「僕は補欠です」って喜んでいるんだよね．その子はどこかに勤めても社員として要らないよ，そんなのさ．

髙橋 いつも補欠ですよ（笑）．

セルジオ もう，負け癖がついているの，その子にね．

御園 補欠みたいな，だけど，常にリザーブにしかならない子供たちっていうのは，違うスポーツに行くっていう意味ですか．

セルジオ いや，宝くじ券を増やさなくちゃ，子供に．可能性を．だから，僕はいつも「100mを10秒で走る子は，サッカーがへただったら陸上

部に行かせろ」って言うの.「メダル取ってくるよ」って言うのね.「何で拘束するんだ？」って言うの．だから，子供の育成っていうのは，よく「子供に何やりたいかって一回聞きなさい」って言うのね．やらされているのよ，子供はね．一度も子供に「今日は何やりたい？」って日本の指導者は聞かないの．

髙橋　堀先生の段位制度はスポーツ界でも実は注目されていて，例えば子供のスイミングスクールや，あと卓球もやっていると思いますけれども，実は子供の育成でやっているところがあります．何級，何級で，やっぱり次に行きたいっていう気持ちを出してあげる．

堀　それを地域でおじいさん，おばあさん相手にも入れたらいいというのが提案ですね．歩く初級，段とかね．「勝負」というのと，そういう「目標を与える」というのが地域のスポーツでも必要だと思うんですよね．

藤口　金魚すくいだって今は級があるんですからね．サッカーだって，子供たちは例えばリフティング何回以上で何級，何級，何級って，そういう個人個人はつくってやっているんですよ．

セルジオ　個人種目は補欠が発生しない．個人だから．

藤口　いや，陸上なんかでも個人競技だって補欠っているんです．

髙橋　エントリーさせないからですよね．

セルジオ　ただ，同じ学校同士の選手が大会の決勝に行けるでしょう？

藤口　行けます．入っていればね．

セルジオ　でも，団体種目って学校同士の決勝ってあり得ないじゃない．1校1チームだから．チームと個人っていうのはそこにやっぱり矛盾がある．
　今，例えば私立で選手を集める学校は，BのチームがAより強いのよ．でも，出られないの，大会へ．

髙橋　大会とかそういう試合のオーガナイズをしていかないからですよね．だから，どんどん，どんどん，毎日試合があってもいいような発想で地域でもやってくれると，たぶんBでもCでも出られるんじゃないですか．

セルジオ　だから，BとAが高校選手権で決勝に行ってもいいじゃない．何で学校は2つチームを登録できないの．

髙橋　まさしく学校の休みの期間で，何時間で，この施設で何試合しかな

いからって上から目線で決めちゃうからですよ．

セルジオ ずるく考えたら，私立はいっぱい集めて相手を弱くして勝つのよ，巨人みたいに（笑）．

藤口 昔，ヴェルディは最初はそうだった．お金払っても取っちゃえって．いい選手をやるなって．本当にやったんですよ．

セルジオ そうなの．だから，そういうチャンスも与えるのよね．世界中で例えば学校単位のスポーツだけじゃなくて，いろんなことができるじゃない．日本はなぜクラブで登録したら学校では出られない，学校で登録したらクラブでは出られないって，これは塾と学校のどっちかにしろというような話．ああいうのは何で工夫をしないんですかね．だから，そういうのも結局，レベルアップするチームが増えることによって指導者も必要，それがビジネスにいずれ結びついてくるじゃないですか．だから，41年前に来てからサッカー人口は増えてないの．登録人口が増えただけ．

髙橋 これは地域に落とすと，地域活性化のためにスポーツを使おうと思って，スポーツ関係者に「アイディアを出せ」と言ったら失敗するんですよ．まさしく，何で変えないんですかねっていう仕組みをそのまま提案してきますから．

御園 いや，だから既存の仕掛けを当たり前のものとしてみんな生きているから，タコツボの中に入ってしまっている．本当はさっき藤口先生がおっしゃったように，もっと日本人のスポーツレベルを全体として上げるために，もうちょっとみんなが横断的なテーブルに立って議論するということをして，もう一回本当に基礎体力を上げて，子供たちの基礎スポーツ能力を上げていく．その中で，本当に好きなところ，やっぱりこの子は野球，やっぱりこの子はサッカーと振り分けたらもっと強くなるんじゃないかなあ．

セルジオ 何か地域のためにやろうとしたら全種目が集まるという習慣があんまりないのね．何かぎこちないの，みんな集まっても．

御園 地域の総合型地域スポーツクラブをつくる話があってもうまくいかない例はたくさんあります．ある市で木田さんなんかがずっとやっていて，藤口先生も一緒に入ってもらっているんですが，なかなかうまくいかない．そこはクロスカントリースキーがものすごく強くて，スポーツで一番強い．

そこで発言力があるのは，その関係者たちなんです．そこで総合型地域スポーツクラブをやりたいと言っている人たちは，クロスカントリースキー中心の従来のものとは違うことをやりたい，もっと本当の意味の総合型地域スポーツクラブをやりたいと言って今争っているという状態だと思います．

セルジオ　種目同士で地域内のスポンサーを争う，施設を争うね．だから，あいつは敵だって，こうなるんですね．今，NPOもどんどん増えて，お互いが予算の敵なのよね．

御園　みんながそんな小さなパイの取り合いをして，残念ですね．みんなで寄り集まっていったらどんどんパイが増えていって拡大するっていう夢を何で追わないかなと思います．

セルジオ　それをまとめて文化的に，地域のためにみんながそれをやる習慣がないのね，日本に．

木田　みんな既得権で，自分のところだけ良くなれば，というのはだめなんですね．

髙橋　意外と共同体的な団体主義のように見えるけど個別行動ですよね，日本人って．

木田　もともとアマチュアっていう感じの組織であって，実は裏は違ったけど，そこの部分があったから，逆に一度取った既得権は放さない．今の日本のスポーツの現状はすべてそうですよ．

　御園さんが言われた市は大変なところだからやりがいがあって，あそこでできたら日本中でできると，世の中どんどん変わるし，スポーツと地域をテーマにした本書のようなものが売れていくようになっていく時代なんですから，いろいろ変わってきますよ．

健康づくりと地域活性化

御園　私の観点から触れておきたいなと思っているのは，健康づくりについてです．健康づくりという話になると最初の話に戻っていくような気がしますが，要するに体を動かす，汗を流して，なるべく長く高齢者の方は健康を保つ．それから，子供は基礎運動能力を高めていく，そういうことを，もっと社会全体としてやる．そして，それを核にした地域の活性化と

いうことについては，今日の議論の中に全部出ていたと思う．もう本当に，意識の高い人っていうのはみんなそうなんだなと思ってうれしかったのですが，要するに地域活性化の大きな軸の1つは，地域の人たちの触れ合いと繋がりの場がしっかりできている，ということだと思うんですよね．それができるのはやっぱりスポーツ．それも何か難しいことをやって，特別な人がやっているというスポーツじゃなくて，川があったら河川敷をみんなで歩きましょうっていうことでいいんです．神戸市役所がやっているのは，灘の駅前の商店街の中にゲートをつけて，そこのゲートでチェックをしながらずっとおじいちゃんたちが歩くみたいなことをやる，その歩くための運動靴はアシックスに開発してもらって，特別な靴を安くおじいちゃんたちに提供する．その靴にはクッションがちゃんと入っていて，良い品質のものをつくってもらうみたいな，地場産業の振興にまでスポーツを絡ませて，おじいちゃんたちをともかく家から連れ出すということをやったりするところがあります．

　それから，十日町市の我々の仲間は，総合型地域スポーツクラブをつくって，ともかく地域の人たちにスポーツを通じて汗を流してもらって絆づくりをやろうということに取組んでいます．そういう流れが出てきている状況ですので，これまでの議論と多少ダブるかもしれませんが，ヨーロッパなり，ブラジルなり，外国のスポーツクラブみたいなところがどういうふうにしているのか，それから，外国の人たちが地域の絆をつくることとスポーツとの関係っていうことをどう捉えているのかということについて，ご意見いただけたらと思います．

セルジオ　日本の開発がどんどん進んで，今はもう交差点ではみんな耳にイヤホンを入れて音楽を別々に聞いて，みんな携帯電話を持って別々に生活している．銀行に行ったらカウンターに行かないで，みんなATMを利用する．要するに，合理化としては人を使わない社会がいま一番経済効果が出るんですね．ただ，人と出会うという場がこんなに切断されたら社会がおかしくなってきます．

　人とひとが会わなくなりましたよね．だんだん人間というのはそういう習慣が正しいと思うようになる．例えばコンビニなどが繁盛する．すごく

便利ですが．

　感情っていうのは人と会わなかったら育たない．だから，そういう素晴らしい開発が逆に貧しさをつくってしまったものに，立ち上がって戦えるという1つの免疫はスポーツだろうなと思う．デジタルでなくした部分をスポーツでアナログに取り戻すという社会にしていかなかったら，今でももう社会はむしばまれている．

　例えば，今の若い子って，学校から帰ったら部屋に入ってずっと同級生同士で交信しているのね．それで学力低下でみんな騒いでいる．知識不足なのよ，それ．上と接触する時間がすごい少なくなっている．機械のおかげでね．だから，そこにやっぱりスポーツとか，人とひとの部分をどう取り戻していくか．1つはスポーツ，音楽．人が集まってみんなで何かをするという社会をこれから増やして企画していかなかったら，もうどうしようもない社会になりますよね．

　僕は，「ユーロ2008」のときにポルトガルに行ったんです．そのとき「ポルトガル人は挨拶しない人は人間として認めない」って言われて，「あれ，日本でもどこでも挨拶していますよ」って言ったら，「君，挨拶は足を止めて会話することだ」って言われたのね．

　「顔を見て話をしたら安全になるんだよ」って言われた．今，監視カメラに僕らは頼っているんだよ（笑）．だから，だんだんそういう目に見えない社会の変化っていうのは，人間社会っていうのはもうかるために邪魔なのよね．だから，そこがやっぱりスタンドとか，スポーツをやってすぐ声を掛けられる，友達になっていけるという必要性って，昔より今はすごく重要になっていると思います．

　日本酒業界の依頼で東北に講演へ行ったときに聞いた話で，その業界は昭和何十年以来で売上げが落ち込んでいる．その分析の中の1つに，今の若者は缶の飲物をコンビニに行って買う習慣がついたから，瓶から注がれるっていう文化がなくなった．だから量が売れなくなった．特に酒は．結局，一人社会になってきたのね，知らないところで．今，カラオケボックスに行ったら親友同士で部屋を借りている．新しい出会いがないのよ．トイレタイムだけね．

サッカーで日本より遅れている国に行ったら，効率は悪いけれども人間関係は崩れていない．ジレンマです，これは．けれども，機械の開発は祝福しなくちゃいけない．だから，そのバランスを崩さないために，僕はこのスポーツと地域ということを考えたい．

　いろいろなことが起きて，やっぱり浦和レッズとか日本代表とか，WBCの日本代表とか，ああいうのを見たら，やっぱりスポーツってわずかなことで人を繋いでいるなと．あとお祭りとか，コンサートとかね．昔はあったんですけれども，今の重要性のほうが昔よりはるかに目を向けなくてはいけないんじゃないかと僕は思うんですね，その意味でも．

堀　パチンコなんてね，ヨーロッパで絶対はやらないでしょう？　あんな機械と向き合っていて何が楽しいんだってことでしょう．日本人は好きですよね，パチンコ．私はやらないけど．人との接触をあんまり大事にしない，あるいは極端に言うと嫌がる，そういう国民がスポーツをやるには，ヨーロッパ，アメリカの人たちじゃない日本人がスポーツを地域でやるには，何が1つポイントになりますかね？　同じ人間だったら，同じようにヨーロッパ流にやればいいでしょう，アメリカ流にやればいいでしょう．でも，違うからね，日本人というのは今．

セルジオ　日本でいろいろ開発が進む前には，人とひとがつき合っていましたよ．

堀　最近は，地域への帰属意識が弱くなったし，人とのコミュニケーションも切れてきていますね．大きな問題だと思うけど．

セルジオ　今ね，青年会議所，ライオンズ・ロータリークラブの会員がものすごく全国で減少しているんです．共通点は，「独立してやった方が楽」と言うのね．あの中に入って，ああだこうだと言われるのが嫌だって．そういう新しい習慣の若い人が増えてきた．

　私生活そのものが，人と一緒にやるのが面倒くさくなってきたという社会っていうのは怖くない？

堀　そういう人たちでもやってみたくなるようなスポーツのあり方，地域スポーツのあり方が提案できるといいですよね．

御園　さっきの話で藤口先生が言ったように，それはスポーツだけの話じ

ゃないんですよね．
藤口　もちろん．
御園　全部ですね．でも，そこをスポーツから持っていこうという話ですよね．
藤口　分かりやすいんですよ，スポーツって．だから逆に使えるという，まさに今こそそうじゃないのかっていう．
セルジオ　僕は，浦和に行って，藤口先生に「市長選挙に出たら」って言ったの．どこに行っても挨拶されるのね．それは，1つの活発なチームの団体の長に立ってみんなと触れ合ったからです．それがいま生きている．あれは大きな財産だよね．だから，離れても浦和とはずっと何かつくれるという土台ができているというのは，これは例えばスポーツの1つのお手本じゃないかなと思うのね．
木田　今，セルジオさんが言っている話を聞いていると，活性化という話もあるけれども，やっぱり再生ということも大切です．新しいことばっかりじゃなくて，昔の良さはもう一回ちゃんと直しましょうよという，そのための手段としてのスポーツということです．
セルジオ　いろいろとデータは集められるけれども，こなすのは変えられないものね．人間と人間のね．
木田　どうしたらいいかみんなで考えていけば，いろいろなアイディアも出てきますからね．こういう話がすごく重要になるんじゃないかなと思いますね．
セルジオ　たばこも吸わないのよ，試合をやっていたら．いろんな意味でスポーツは社会に貢献している．あの時間帯だけでもがまんできる．あんなに携帯電話を放さない子も競技やっている時間はもう独立している．だから，環境とかそういう場をどう仕掛けてみんなでつくっていくのかが，スポーツを総合的に社会にどう浸透させていくかということになるんじゃないですかね．

スポーツ施設をとりまく環境
堀　今のスポーツ施設って，文科省とか，あるいは国土交通省がつくるで

しょう．その特徴ってね，都市の生活と離れていることです．例えば総合運動公園というのは街外れの森の中につくる．スポーツをやっているのは森の中で，市民の生活と全く切れている．その会場の中に行かないと地域でスポーツをやっていることが分からないという状態でしょう．それを街の中に取り込んでいくということが環境をつくるということだろうと思うんですけれども，その点には何かご意見はないですか．

セルジオ　博多の森という，博多の公園の中にある施設の中にサッカーを観に行ったら，食べるところ，飲むところは何もないですよ．街に出たら，屋台がどーんとあるんですね．何であの屋台を公園の中に試合の日に持っていけないかというと，衛生問題だと言われるんですね．いろいろ問題があるんです．それは街にできて，何で公園でできないかと．

堀　ヨーロッパへ行くと，レストランで飲んで，「さて，行くか」って，横にスタジアムがあるのね（笑）．

セルジオ　スタジアムのすぐ横にどうして食べ物を並べるのかというのを外国で聞いたら，一気に駅に行く流れを壊すためにやっているんだって．

堀　なるほど．

セルジオ　お祭りで，終わった途端に，みんな一斉に帰ったら，絶対事故が起きますよ，あれ．

堀　分散させるんだね．

御園　日本人が整然と帰るからいけないんですね．

セルジオ　だって，サッカーの試合のときは，もう帰りの電車のチケットも先に買っているのね．笛吹いたと同時にもう駅に走る．

堀　殺到しますね．

セルジオ　そしたら地元に経済効果も交流も何もないもん，それは．勤めているみたいなものでさ．

堀　スポーツ施設をそういうとても辺鄙な，街中じゃないところ，商業施設が充実していないところにつくってしまっている．そこが問題ですよ．

　だから，スリーオンスリーとか，小さいものでも商店街の中にあったりするじゃないですか．アメリカなんかではね．それだけで違いますよね．日本の商店街には，そんなところがあるか？　答えは「ない」．やっぱり

環境を変えて，スポーツを身近にするためにはそういうところをやらないとだめだと思うんです．

御園 中心市街地のポケットパークみたいなのをつくらせないで，スリーオンスリーの施設，あれをつくればよかったですよねえ．

堀 そう．それとか，フットサルの小さいコートとかね．

セルジオ お正月とかお祭りっていうのは，結局テキヤが仕切っているでしょう．けれども，あれで結構普通より長い時間そこで過ごしますよね（笑）．あれがなかったら，すっと引きますよ，みんな．

藤口 確かに堀先生がおっしゃるように，スタジアムは街の中にはできにくいですよね．まず場所がない．だけど，僕はそれは郊外でもいいと思うんです．だけれども，英国なんかもそうですけれども，もともと何もない，そういうところにスタジアムができて，みんなスタジアムのそこのクラブに行きたいから，周りに人が住んでいって街ができたんですよ．

堀 それでもいいですよ．スタジアムがまわりと縁を切らなければそうなります．

藤口 だから，日本も今，「さいたまスタジアム2002」のある浦和美園はもともとすごく辺鄙なところなんですけれども，たぶん10年後になったらあそこは大きな街になっている．もうマンションが建ってきています．

堀 それが，住宅が全部立て込んでしまったら，やっぱり何も楽しくないから，さっさと駅まで帰っちゃうじゃないですか．現状はそうなりつつありますよ．だから，それを仕掛けてほしいんですよ．

藤口 それがまちづくりですね．

堀 木田さんと一緒に行ったときだと思うんだけれども，ヨーロッパのまちへ行って道を歩いていると，道のプロムナードの横のところにテニスコートがあって，歩いているだけでスポーツが見られる．そうすると，うちのまちにスポーツがあるというのが分かるでしょう．そういうのが日本は弱いじゃないですか．

木田 隠れたところにありますよね．

堀 全然何かもう本当に，だれも分かんないところでこそっとやっているっていう感じが非常に強い（笑）．

セルジオ 昔，浅草でフットサルコートがあったよ．あそこ，みんなのぞいているのね．

御園 今でもあるんですよ．でも，やらなくなっちゃった．

セルジオ あそこに人がいっぱい立って観ていたら，中の人は急に張り切ってプレーしているよね（笑）．やっぱりスポーツは見られるという喜びがあるんですよ．

堀 あの浅草のフットサルコートはすごくいいと思うんだけど，あれに触発されて調べたんですよ，ほかにあるかって．ところが，ないんですね．あそこが唯一に近いぐらい（その後，渋谷駅前の公園にもできた）．

セルジオ だから，僕は日比谷公園とかいろいろなところがね，商店が休日に全部休んだら，ああいうところに受け皿ができてくるんじゃないかなと思う．日本は戦争をやって，すごいダメージを受けて，結局，日本の文化というのは公園にはベンチしか置いていない．子供には遊び場をつくったんですよ．大人に遊び場を日本はつくっていない．

　一服して職場に帰れという構造なのよ，社会が．そして，大人がエンジョイするところは，昔は温泉だけで，あれは骨休め．今はジムとか，やっと少しだけエンジョイできるようになったんですけれども，昔は大人のための受け皿が日本には全然なかったんですね．

堀 言われてみれば，日比谷公園の中心って，花壇とその周りのベンチだけですね，確かに．

セルジオ あそこは奥にテニスコートあったよね？

堀 テニスコートは今でもあるけれども，でも，まさに奥で見えないところにある（笑）．逆になると面白い．

セルジオ 皇居の周りを走るというのは，あれはいいヒントなのよね．道路は勝手に走れるじゃないですか．だから，あれをもっといろんな種目につくったら，日本人も使い出すよね．

堀 ああ，面白いですね．皇居の周りにいろんなフットサルコートがあったり，テニスコートがあったり（笑）．

セルジオ 走ることだけは止められないじゃない．

木田 その話をこの前にしたら，周りは国道があったり，国の管理とか都

道があったりして一元管理ができないから難しいっていうことでした．

セルジオ けれども，距離の表示を設けてすごく親切に使わせるようにしているじゃないですか．

木田 ただ，歩道が狭いところがあったりしているんですよね．

堀 みんながスポーツをやろうという環境が，地域に確かにないんですよ．

セルジオ 銀座の歩行者天国でバトミントンとか，ネットで囲むフットサルとかいろいろやったら，あそこに来る人がちょっと休憩するときに結構エンジョイできるじゃないですか．ああいう発想って，日本には何で出ないのかな．

御園 いや，丸ノ内クラブというのをつくって，丸ノ内の男の子と女の子たち，20代，30代の人たちが，終わったらあそこを歩いたり，それからジョギングしたり，使える範囲で使って，それから，どこか公開空地かなんかで貸してくれるところがあったら，そこで何か軽く卓球でもできるようなことをやろう，とかいうことを考えている人たちに相談を受けたこともあるんですね．だから，やりたいんですよ，みんな．

堀 それは実現しないでしょう？

御園 うん．だから，そこを何かブレークスルーするようなことを，地域の資産で使えるものを使って健康づくりをみんなやる．川があるところは河川敷を歩けばいいし，Jリーグの人たちがいるんだったら，Jリーグという資産を使って，Jリーグの人たちと一緒になって介護予防をやるとか，そういうことをどんどんもっとやっていくところがないといけない．

堀 大事なことは，丸ノ内という，要するに繁華街とか街中にあるということが重要なんです．

セルジオ そうです．

堀 外れに行けばそれはあるんですよ．しかし，外れにつくってもしようがないんですね（笑）．

御園 皇居の周りを走る人たちがいっぱいいて，あの辺の銭湯はものすごくもうかって，結構充実しているらしいけど．

髙橋 地下鉄銀座駅の構内で，卓球やフェンシングを実際に行うイベントがあったんです．

木田　面白いじゃないですか．

御園　ただ，あれだけの人の流れがあると，なかなかちょっといろんなイベントをやることとの兼ね合いを考えちゃうのかな．名古屋の地下鉄だったらいいんだよ，今空いているから（笑）．

堀　地下道は防災が一番重要だからね．あんまり人が集まっちゃうと防災上大変なんで，消防とか，そちらのほうがなかなかうんと言わない．

木田　メトロは使っていない通りがあるじゃないですか．今隠れているところがある．そういうところを使えばいい．

堀　私はやっぱり地上でやってもらいたい．つまり，普通にまちを歩いている人がいつでも見るチャンスが生まれるようにしてもらいたい．そうしないと，スポーツづくりにはなっても地域づくりにならない．

御園　もうひと工夫した知恵とルールのつくり方ということでしょうか．

藤口　だから，イベント的にはやっているわけですよ．あの丸ノ内の中通りを陸上に開放して．

髙橋　為末大さんが走っていましたね．

御園　何かやったりしましたよね，高跳びやったり．

藤口　日比谷の中の一角をスケート場にしてみたりとか，イベント的にはやっている．だから，それが日常の中にあるかどうかがやっぱりすごく大事なんです．

堀　そう．それで日常の中といったら，公共整備の国交省とか文科省がそういうところの意識を持ってくれないと困るんですよ．

藤口　それは，今度は工夫でしょうね．イベントでできるんだから（笑）．

堀　道路の中にスポーツ施設というのですぐ思い出すのは，札幌の大通り公園ね．あるいは名古屋の久屋大通りとかあるじゃないですか，あそこにはスポーツ施設ってありますか？

木田　ないでしょう．公園だけですよ．

御園　それはさっき言った国交省所管だからですよ．

木田　そういうところにつくればいいんですけど．

髙橋　名古屋は確かにいいですね，あそこは．

木田　もっと別のところで，身近な公園でそういうふうな大人の遊び場と

してのスポーツの空間をつくるようなやり方を考えないといけませんね.
堀　ああいう大通り公園の真ん中にスポーツ施設があったら随分違うよね.
セルジオ　イベントで2002年のときに名古屋の塔のところ，あそこでフットサルをやりましたよ.
堀　だから，イベントではあるんだよね．それを常態化して，地域に根づかせたい.
セルジオ　そうなんですよ．だから，あれを固定してやったらいい.
堀　公園の中につくっちゃえばいいんだものね.
木田　でも，そういうのも可能性は高くなってきたんじゃないですか．新宿のオープンカフェなんかが，もう今定常化して毎日やっていますし.
セルジオ　だから，社会が求めているんじゃないですか，今は，そういう変化の中で.
木田　そうです．だから，我々が頑張っていろんな仕組みをつくってやっていけば，いろんな形があるんじゃないですか.
セルジオ　日本は施設はあるんですよ．ただ使いにくくて，協会とか団体には貸すけれども個人にはなかなか貸さない．最近，フットサルとかああいうのはいい例で，みんなお金を払ったらできるようになった．ゴルフ場もできる．カラオケもできる．やっぱり僕は，日本では学校で学生の間にスポーツをやっていたけれども，やっぱり社会の環境をつくるのは大人がスポーツをやらなかったら，なかなか社会が変わらないと思います．そして，大人が環境をつくっていったら，子供もやると思うんですね．やっぱり，ターゲットは大人．もう子供は放っておけばいいと．大人の面倒をみようじゃないかという，そういう環境づくりをしていくということ．要するに，スポーツをやって人と出会って，食べて飲んで帰るという，そういう，これから日本の大人を見る子供が，将来それを引き継いでいく，ということじゃないかなと思うんです．今は，大人がスポーツを楽しむことがあまりにも少な過ぎる.
木田　いろいろ話はつきませんが，今回の座談会はこの辺で終了させていただきます．本当にありがとうございました.

II

地域づくりを支えるもの

第1章

地域社会を活かす

スポーツによる社会的効果とは

木田 悟

1. はじめに

　近年の社会や生活環境の変化，さらにはマスメディアの発達や情報手段の発展などを背景に，スポーツは，これまでの自ら「行う」スポーツや「観る」スポーツに加え，「支援」や「コミュニケーション」のツールとして展開されるなど，その意義や目的も多様化してきている．

　日本におけるスポーツは明治期以降，体育教育推進の手段として導入され，実施されてきたが，それは当時の政府が欧米の先進諸国に追いつくために富国強兵・殖産興業政策を進め，その基礎となる国民の心身の向上を主眼とし，「体育」として推進してきたことに始まる．したがって，近年までスポーツやスポーツイベントは，青少年の人材育成やスポーツの振興などの視点はあったものの，経済的効果などの，「体育」をこえた意義について意識されることは稀であった．

　スポーツイベントは，20世紀には世界各地で開催されるようになり，国際的なスポーツイベントは，開催国にとって，国内向けには共通の目標の追求による自国の結束力強化に，国外向けには国力の誇示といった効果を生み出すことが認識されるようになり，各国はオリンピック[1)]などのスポーツイベントを積極的に招致し，開催するようになった．この政治利用例の典型が，1936年にドイツのヒトラー政権下で開催された第11回夏季

大会のベルリンオリンピック[2]であることは，多くの人々が知るところである．

このような国威発揚や国力誇示の場としてのスポーツイベントは，第二次世界大戦後も継続し，冷戦構造のなかで，スポーツの外交利用が活発となった．しかしながら，民間主導で開催された1984年の第23回ロサンゼルスオリンピック大会[3]以降，国際的スポーツイベントがビジネスとして認識され，経済的効果をはじめとした多様な効果を国や地域，あるいは人々にもたらしてきている．

日本においては，第二次世界大戦後の1946年に国民的スポーツイベントとして第1回国民体育大会[4]（以下，「国体」という）が開催されている．当時は，このようなスポーツイベントを開催することにより，戦災復興としてのインフラ整備やその波及効果による経済の活性化という意味合いがあったものの，イベント開催が地域と関連していただけで，スポーツそのものは直接的には地域づくりなどとは関係がなかった．

こうしたなか，近年では，Jリーグ[5]が地域とスポーツとの連携を提唱して1991年に発足し，文部科学省も，スポーツの振興は，スポーツ産業の広がりとそれに伴う雇用創出等の経済的効果や健康の保持増進による医

---

1) 近代オリンピックは，クーベルタンの提唱で1896年にアテネで第1回大会が開催され，戦時下を除き4年に一度行われ，2012年のロンドンでのオリンピックは，その第30回大会であった．また，1964年の東京オリンピック大会からパラリンピックも開催され，現在ではオリンピック・パラリンピック大会が正式な名称．

2) ヒトラーは，ベルリンオリンピックをドイツ民族の優秀性や国威の発揚の場として捉えて開催した．

3) 大会運営にかかる経費の大部分を企業が広告経費等として支出した資金によってまかなわれた最初の大会．

4) 国民体育大会の目的は，「広く国民の間にスポーツを普及し，アマチュアリズムとスポーツ精神を高揚して国民の健康増進と体力の向上を図り，併せて地方スポーツの振興と地方文化の発展に寄与するとともに，国民生活を明るく豊かにしようとするものである」（日本体育協会「国民体育大会開催準備要綱」による）とし，1946年に京都府を中心に，大阪府，兵庫・滋賀・奈良県との共同開催で第1回大会が開催されている．

5) 正式には，公益社団法人日本プロサッカーリーグといい，1993年からリーグ戦が開催されている．

療費の削減の効果等の側面，連帯感の醸成，国民経済への寄与及び国際的な友好と親善等に資するなど多様な意義や役割を有する[6]．と言及するようになってきている．

このような状況から，スポーツの果たす役割や機能は，人々を取り巻く社会・生活環境の変化とともに多様化し，近年ではまちづくりや地域活性化の手段として大いに注目されてきている[7]．

このスポーツが有する役割や機能などを活用した地域の活性化は，先に述べたように，これまで道路・施設などのインフラ整備やイベント開催などによる経済的効果を中心に論じられ，その効果算定手法もまがりなりにも確立してきているものの，それ以外の効果については明確となっていないのが現状である．

一方，スポーツイベントを開催することには，従来の経済的効果やスポーツそのものの振興や青少年の育成以外に，地域アイデンティティの醸成，地域活動や各種交流の促進，地域情報の発信などの効果もあり，これらの効果が注目されるようになってきている[8]．

これらの効果のうち，経済的効果以外の効果は，後述するように「社会的効果」と言い換えることができるが，これまでの日本においては，経済的発展のみが追求され，それゆえ主に経済的効果に注目が集まっていたこと，「社会的効果」そのものの定義が明確でなかったこと，あるいは効果評価手法が確立されていなかったことなどから，あまり論じられることはなかった．しかし，そのなかでも例えば，スポーツイベント開催による効果を原田（2002）[1]は，メガ・スポーツイベントの地域の活性化に果たす役割には，以下の4つの機能があるとしている[9]．

---

6) 2012年3月に文部科学省が示したスポーツ基本計画では，「はじめに」において，「平成23年6月に制定されたスポーツ基本法においては，…（中略）…，スポーツは，青少年の健全育成や，地域社会の再生，心身の健康の保持増進，社会・経済の活力の創造，我が国の国際的地位の向上等国民生活において多面にわたる役割を担う…」としている．

7) 木田（2011）などによる．

8) 木田・小嶋・岩住（2006）pp. 427-432 を参照．

①社会資本を蓄積する機能

②消費を誘発する機能

③地域の連帯性を向上する機能

④都市のイメージを向上する機能

また,山口泰雄は『スポーツ白書——スポーツの新たな価値の発見』[2]のなかで,経済的効果と社会的効果及び個人的効果の3つに分類されるとしている10).

これらをふまえ本章では,スポーツイベント開催による効果を明確にしていくため,

①経済的効果

②社会的効果

の2つに分けて捉えることとし,山口の言う社会的効果と個人的効果を1つにまとめて「社会的効果」として捉え,一般的に言われる経済的効果以外の社会的効果に視点を当てて考察していく.

2. 社会的効果とは

「社会的効果」は,よく使用される言葉ではあるが,実際にはこれを具体的に定義するものがない.一方,「社会」をその研究対象としている社会学には,現在,さまざまな理論的立場が存在している.その中でも,社会とは,奥井(2004)[3]が述べているように,「人間がコミュニケーションを手段として相互に行為しあう過程により固有の結合をつくり上げている状況」を指すことで,概ねの共通理解を持っていると考えられる.

ここで,「社会」に関してマックス・ヴェーバーが指摘する「人間間の諸関係」が,「コミュニケーションをとおして相互に行為しあう過程とそのような過程にもとづいた固有の結合」(ヴェーバー,1994[4];徳永,

---

9) 原田(2002)pp. 52-56 を参照.
10) 笹川スポーツ財団(2006)p. 161,「図8-2 スポーツ振興による地域活性化への効果」(山口泰雄,2005)による.

1996 [5] 参照）と，より詳細に定義されていることに注目したい．すなわち，これを「スポーツイベント開催による効果」にあてはめて考えてみるならば，「スポーツイベントの開催が，それに関係する人々の関係，もしくは結びつきにもたらす効果」をスポーツイベントの社会的効果として捉えることが可能である．

しかしながら，このような捉え方には，非常にあいまいな部分が多く残っている．具体的には，社会的効果を受ける対象であるスポーツイベントの開催に「関係する」人々とは，具体的に誰を指すのかを示す必要がある．

ここではスポーツイベントの開催運営主体（以下，ボランティア等を含む），開催地域に居住する住民（以下，観客を含む）及び開催地域外に居住する住民（以下，国内外からの観客も含む）の三者に大きく分けて検討を進めていきたい．

つまり，スポーツイベントの開催による社会的効果とは，「開催運営主体，開催地域内に居住する住民及び開催地域外に居住する住民の三者のそれぞれ，もしくは三者間に対して，スポーツイベントの開催がもたらす効果」として捉える．

3. スポーツイベント開催による社会的効果

3.1 スポーツイベント開催による社会的効果とは

スポーツイベント開催による社会的効果は，「スポーツイベントの開催が，開催運営主体，開催地域内に居住する住民および開催地域外に居住するの住民の三者のそれぞれ，もしくは三者間に対してもたらす効果」として捉えることとしたが，このような社会的効果の捉え方では，社会的効果と経済的効果の境界があいまいになることも指摘できる．しかし一方で，このようなあいまいさを残した，もしくは経済的効果を内包したような社会的効果を，取り上げることによって，スポーツイベント開催による活性化効果をより広角的に捉えることができるとも考えられる．ただし，日本では，国体に代表されるスポーツイベントは，「体育」すなわち「Physical

表 1-1　スポーツのもつ地域活性化効果

区　分	効果内容	具体的効果内容
社会的効果	地域コミュニティ形成効果	・地域住民の連携，住民・企業・行政の連携，住民間の連帯感の高揚，地域住民組織の形成などの効果がある．
	地域アイデンティティ形成効果	・住民の地域に対する帰属意識の高揚（おらが村意識），スポーツの地域におけるシンボル化，情報発信による知名度・イメージの高まりなどの効果がある．
	他地域との交流促進効果	・国内の他地域や海外との交流が促進される効果がある．
	人材育成効果	・スポーツ競技者，スポーツ指導者，ボランティア，地域活動のリーダーなど人材の育成効果がある．
経済的効果	施設・基盤・都市環境などの整備効果	・スポーツ施設及び周辺の公園，施設までのアクセス道路・交通機関，町並みの景観などの整備効果がある．さらに，これらの整備による経済波及効果などもある．
	経済・産業振興効果	・スポーツをシンボル化したキャラクターグッズや観光土産の製造・販売，来訪者の増加による既存の観光産業を振興する効果もある．また，そのスポーツの普及により，そのスポーツ用品などの製造・販売促進につながる．さらにイベントなどの入場料収入や飲食などの直接的な経済効果や雇用促進効果もみられる．

出典：国土庁（1995）．

Education」の実践の場として捉えられることが多かったことや，その後のインフラ整備などによる経済的効果と関連づけられ，それ以外の効果に対する考慮が少なかったのではないかと考えられる．これは，国体が参加型スポーツイベントであり，観戦型スポーツイベントという性質が弱いことと少なからず関係している，と言える．

したがって，日本におけるスポーツイベント開催と社会的効果の研究事例は，筆者らの研究報告（木田・小嶋，2003 [6]；木田・小嶋・岩住，2006 [7]；木田・小嶋・三橋，2008 [8]）や，国土庁や国土交通省が実施した調査（国土庁・日本システム開発研究所，1995 [9]；国土交通省，2001 [10]；2004 [11]，いずれも筆者が中心となって実施），佐伯聰夫らの研究報告（佐伯編著，2000 [12]），あるいは内海和雄などの報告（内海，2003 [13]）がある程度である．特に，筆者らの研究報告は，FIFAワールドカップキャンプ地における社会的効果について，1998年のフランス大会と2002年の日韓大会をケーススタディとして実施したものであるが，その調査研究の1つであり，財団法人日本システム開発研究所と国土庁が1995年に行った

「スポーツを核とした地域活性化に関する調査――スポーツフロンティア21」では，スポーツの有する社会的効果を表1-1のように示している．

すなわち，社会の効果を，「地域コミュニティ形成効果」，「地域アイデンティティ形成効果」，「他地域との交流促進効果」及び「人材育成効果」としている．

また，国土交通省が2004年に行った「国際的スポーツイベント等がもたらす資産を活用した地域活性化に関する調査」においては，社会・文化的効果は，①都市（地域）のアイデンティティの確立，②情報発信機能と交流機会の増大，③地域の産業構造の再構築，④地域社会に対する教育の推進に分類されているが，③以外の3項目の多くが社会的効果にかかわる項目となる．すなわち，①では都市（地域）の知名度の向上（国内・海外），都市（地域）の持つイメージの向上および市民意識の変革と連帯感の醸成であり，②では情報収集能力の増大と情報集積，情報発信能力の増大と地域の新たな魅力の創造であり，④では青少年への夢と希望の提供，地域スポーツの活発化・競技人口の増加・参加率の向上，国際感覚の醸成・国際交流の進展・国際理解の向上，ボランティア・NPO活動の活発化，地域美化意識・環境保全意識の向上，地域ホスピタリティ意識の向上，大規模イベント開催ノウハウの蓄積，大会を成功させた自信・誇りである（表1-2を参照）．

一方，佐伯編著（2000）[12]では，「スポーツ大会を開催することが地域社会の形成に効果がある」と明言している．

このようなスポーツイベント開催による社会的効果であるが，これら幾つかの考え方や報告，あるいは論文においても，社会的効果についての明確な内容，例えば「地域アイデンティティの醸成効果」についての具体的内容を明示したものは存在していない．

アダム・ブラウンらは，Brown & Massey（2001）[14]において，「スポーツイベント開催による経済的効果に関する研究や事例の検証数に比べ，社会的効果に関する研究や事例の検証数は限られている」と論じている．その大きな理由としては，ジョナサン・ロングとイアン・サンダーソンによると，社会的効果が内包する本質的な問題点，すなわち，社会的効果そ

表1-2 国際的スポーツイベントが都市にもたらす効果

	直接効果（一次的効果）	二次的効果
経済的	○生産誘発効果の創出と拡大 ・参加者や関係者の宿泊，飲食，交通等による消費の拡大 ・展示装飾工事，印刷，輸送等による産業の誘発 ・参加者や関係者の消費による産業の誘発 ・都市内における開発プロジェクトの進行と環境整備の促進（都市基盤・スタジアム・スポーツ基盤）	○個人所得形成効果 ○雇用創出効果 ○生活水準の向上 ○地方税収向上効果
社会的・文化的	○都市（地域）のアイデンティティの確立 ・都市（地域）の知名度の向上（国内・海外） ・都市（地域）の持つイメージの向上 ・市民意識の変革と連帯感の醸成	○企業立地の増加 ○地場産業の取引機会の増大 ○観光客の増加
	○情報発信機能と交流機会の増大 ・情報収集能力の増大と情報集積，情報発信能力の増大 ・地域の新たな魅力の創造 ・地域の文化水準の向上と生活文化の創出	○地域ソフトの技術移転の推進 ○人的交流の活発化 ○地域と企業群とのチャネル開設
	○地域の産業構造の再構築 ・地場産業の体質改善と知識の集約化の促進 ・異業種交流や連携，複合化の促進 ・新分野でのビジネスチャンスや新産業発生の可能性の増大	○地域内産業構造の変革の可能性 ○柔軟な産業構造への転換促進
	○地域社会に対する教育の推進 ・青少年への夢と希望の提供 ・地域スポーツの活発化，競技人口の増加，参加率の向上 ・国際感覚の醸成，国際交流の進展，国際理解の向上 ・ボランティア，NPO活動の活発化 ・地域美化意識，環境保全意識の向上 ・地域ホスピタリティ意識の向上 ・大規模イベント開催ノウハウの蓄積 ・大会を成功させた自信・誇り ・地域文化，景観などの再発見	○地域コミュニティの再構築 ○住民主体の地域づくりの活発化

注：平野（2000），平野監修（1999），原田（2002），地域活性化センター（1999），JAWOC（2003）などにより作成．
出典：国土交通省（2004）．

れ自体の定義が一見してあいまいな部分が多いことが考えられる（Long & Sanderson, 2001）[15]．

これらをふまえ，その具体的内容について，海外におけるスポーツイベント開催による社会的効果の研究事例から考察してみたい．

3.2 海外におけるスポーツイベント開催による社会的効果の研究事例

英国における社会的効果の研究事例

前述のロングとサンダーソンによれば，「英国におけるスポーツを活用

表1-3　スポーツのもたらす社会的効果

項　目	区　分
個人能力の開発	自己評価と自信の向上
地域社会の結束力の強化	地域アイデンティティの醸成による地域社会の結束力の強化
	地域社会の健康状態の改善
	健全な青少年の育成
権限委譲及び地位向上	めぐまれない社会層の地位向上
	地域社会が自ら主導権を取れるように改善
経済的効果	若者の雇用促進
	スポーツ関連企業の育成

出典：Long & Sanderson（2001）より筆者が翻訳して作成．

した地域の活性化に関連する施策は，従来，都市の貧困層をその対象として実施されることが多かった．そのため，地域社会の発展は，社会的そして経済的な立ち遅れに対し，一丸となって対処し，人々の能力の向上や自信をもたらすことが主目的であると捉えられてきた」としている．

したがって，これらの政策を分析した先行研究によるスポーツの社会的効果は，以下のように貧困層の自立的発展という主目標を反映したものとして定義されている．

・自信や自己評価の向上
・めぐまれない人々の活性化
・地域社会が主導権を取る能力の向上
・犯罪，公共物破損，「非行」の減少
・多様な主体の協働をとおした地域社会のアイデンティティの醸成
・地域社会に対する誇りの醸成
・就業率の向上
・就業人口や収入の増加
・健康な労働力の育成による生産性の向上
・環境の改善

ロングとサンダーソンは，これらの社会的効果が，効果の持続性や地域社会の自立的発展といった視点に乏しいことを指摘し，表1-3のような視点から，スポーツの社会的効果を捉えることを提案している．しかしながら，

表1-4　スポーツイベント開催の社会的効果

準備・開催委員会のスタッフのスキルの向上
スポーツ大会開催を通じた多様な主体の団結
社会階層を越えた交流機会の増加
年齢層を越えた交流機会の増加
家族ぐるみでの準備・開催参加による家族内の対話の増加
地域社会の絆が深まる
スポーツに関する興味・関心の喚起
地元開催地域に対する愛着心の増加

出典：Brown & Massey（2001）より筆者が翻訳して作成．

　ロングとサンダーソンは，あくまで「参加する」スポーツをとおした地域活性化政策について分析・論考していることに留意しなくてはならない．

　一方，アダム・ブラウンらが英国政府の機関である「UK Sports」に提出した報告書「スポーツイベントの効果についての先行研究の整理」（Brown & Massey, 2001）[14] では，開催・運営主体における「人間間の諸関係」に与える影響について焦点をあてたうえで，スポーツイベントの持つ前向きな社会的効果を具体的に定義している（表1-4）．

　また，ジョイ・スタンデヴェンらは，「スポーツツーリズム」（Standeven et al., 1999）[16] の中で，スポーツイベントの開催を含むスポーツツーリズムが，スポーツイベント開催地および観光客の双方に与える正負両方の社会的効果について表1-5のように示している．

　この論文は，スポーツイベントの開催およびスポーツツーリズムがもたらす社会的効果は，開催地もしくは受け入れ側の地域社会の社会構造やアイデンティティ醸成に，正負の両面で影響をもたらすと考えているところに特徴がある．

アメリカ合衆国における社会的効果の研究事例

　一方，アメリカ合衆国において，公共政策の社会効果評価法（Social Impact Assessment）に関する研究は，1970年代から行われてきており，その研究成果をふまえて，連邦政府では商務省を中心とした，「社会効果の評価についてのガイドラインおよび原則策定に関する省庁間委員会」を

表1-5　スポーツツーリズムの社会的効果

前向きな社会的効果	負の社会的効果
土地の有効利用	一時雇用需要の増加による地域の伝統的な社会構造と地域経済の破壊
自然資源を整備する機会の提供	
受け入れもしくは開催地のアイデンティティおよび共同体意識の醸成	地域固有のアイデンティティの喪失
開催地の伝統文化の保存と再活性化の促進	商業主義による伝統文化の破壊
地域情報の発信	受け入れ側と観光客の間の関係の悪化
スポーツをとおして，国際社会の一員であるという認識を持つことにより内政改革を促進する機会の提供 [11]	暴動／暴力事件の発生

出典：Standeven et al.（1999）より筆者が翻訳して作成．

立ち上げ，社会的効果の評価についてのガイドライン及び原則（Guidelines and Principles For Social Impact Assessment）として，社会的効果評価法を公共政策に取り入れることを提言している（The Interorganizational Committee on Guidelines and Principles for Social Impact Assessment, 1994）[11][17]．

また，同報告書では，公共政策の展開段階と社会的効果の評価項目からなる評価法のモデルを利用して社会的効果を評価することを提案し，各政策は次の4つの段階に分けられるとしている．

・計画／政策立案段階
・政策導入／建設段階
・政策実施／施設維持段階
・政策廃止／施設廃棄段階

さらに，これら各段階において，表1-6に示す評価項目に関してそれぞれ評価を行うことが提案されている．

この評価項目では，社会的効果を大きく，人口構成，地域と制度の構造，政治・社会的資源，個人と家族に与える変化および地域資源の5項目に分

---

11) ここでは，南アフリカの事例をもとに，1970年代後半から80年代にかけて，ラグビーチームが国際試合の開催・参加を禁じられたことで，南アフリカの人種隔離政策の見直しに繋がったことが指摘されている（Standeven, 1999: 229）．

表1-6 公共政策等の社会的効果の評価項目

区分	社会効果に関する評価項目	区分	社会効果に関する評価項目
人口構成	人口数の変化 民族・人種構成 住民移転による人口構成の変化 一時就業者の流入・流出による影響 一時居住民の流入・流出による影響	政治・社会的資源	政治力・政治権威などの配分 利害関係者の認定 影響を受ける団体・個人の確認 指導者の能力と特徴
地域及び制度の構造	ボランティア組織 利益団体の活動 地方自治体のサイズと構成 変化に対する地域の対応に関する歴史的経緯 雇用・収入の特徴 マイノリティに対する雇用条件 地方と中央の結びつき 産業・商業の多様性 都市・地域計画やゾーニング	個人及び家族に与える変化	危険・健康及び安全性に対する認識 地域社会の分裂などに対する不安 政治・社会制度に対する信頼感 居住上の安定度 地域社会の親密度 政策・プロジェクトに対する態度 家族や友人間の絆 社会福祉に関する心配
		地域資源	地域内におけるインフラ アメリカ先住民 土地利用のパターン 文化, 歴史, 考古学資源に対する影響

出典:The Interorganizational Committee on Guidelines and Principles for Social Impact Assessment(1994)より筆者が翻訳して作成.

け,さらにそれを細分した評価項目を設定している.

ただし,これらの評価項目はあくまで基本的なモデルであり,連邦政府及び州政府機関が政策実施対象地域の状況や政策の種類等に合わせて,評価項目の定義を行うことが示唆されている.

しかしながら,このような社会評価法を実際に適用した事例に関しては,研究がなされていないようである.

カルガリーオリンピックにおける社会的効果の研究事例

これまで述べてきたように,スポーツイベントが開催地にもたらす社会的効果についての研究事例は少ないが,リッチーとライオンズは,1988年にカナダのカルガリーで開催された冬季オリンピックに関する社会的効果を,カルガリー市民を対象としたアンケート調査(Ritchie & Lyons, 1990: 表1-7出典参照)[18]を実施することで把握している.

表1-7　開催地と市民に対して与えた前向きな効果

効　果	割合（％）
カルガリー市に対する外部の認識の向上	50.0
観光振興	36.3
経済効果（雇用の増加等）	34.0
オリンピック施設整備	21.1
カルガリー市のイメージアップ	14.2
カルガリー市に対して市民が愛着を持つようになった	8.8
市民が団結できるようになった	4.9
他の市民との交流機会の増加	4.1
市全体の雰囲気が向上した	2.8
その他	1.5

注：複数回答．
出典：Ritchie & Lyons（1990）より筆者が翻訳して作成．

　その調査研究によれば，オリンピック開催前は，84.7％の回答者がオリンピック開催に対して好意的であったが，開催後は，その数字は97.8％に上昇した．さらに，オリンピックのハイライトに関しては，6.6％の回答者が，「スポーツ施設の整備」をあげたのに対して，11.8％の回答者は，「オリンピック開催によって参加者全員が一致団結できた」点を指摘している．

　一方，開催地や地域住民に対して，オリンピックがもたらした前向きな効果に関するアンケート調査の結果では（表1-7），「カルガリー市に対する外部の認識の向上」が半数の50.0％を占め，それに次いで「観光振興」36.3％という結果となっている．

　このような結果を受けてリッチーとライオンズは，冬季オリンピックの開催により，カルガリーと周辺地域が観光地として世界的に有名になったことが，短期的にしても社会的効果があった，と結論づけている．

3.3　スポーツイベント開催による社会的効果のまとめ

　このように，海外の先行研究におけるスポーツイベントが開催地にもたらす社会的効果に関しては，その社会的効果を評価する対象国によって，大きな違いがあることが分かった．

英国の社会的効果事例では，地域の活性化政策の柱に，都市部の貧困層への対応・改善が据えられているために，対象層が自己評価を改め，自立して地域社会に参加することを社会的効果の中心点として捉えている．

一方，アメリカ合衆国の公共政策・事業における社会的効果は，政策対象地域社会における民族や人種間の関係を考慮している．また，カナダで開催されたカルガリーオリンピックに視点をあてた市民へのアンケート調査では，開催地が観光地として世界的に有名になったことによる社会的効果があったとしている．

このように，先行研究におけるスポーツイベントの持つ社会的効果は，ボランティアやNPO活動を軸とした地域アイデンティティの醸成，地域コミュニティの形成，あるいは地域情報の発信が指摘されている．

しかしその一方で，これらの効果の測定方法や定義に関しては，あいまいな部分が多い．これは，前述したように，社会的効果を定義する上での重要な構成要素である「社会的なもの」が，「人間間の諸関係」という漠然とした概念に頼らざるを得ないことに起因していることが指摘できる．

しかしながら，T.キッチン（Kitchen, 1994）[19]が指摘しているように，多様な人々に興味を持たせ，かつ参加できるようなしくみを持つスポーツイベントを開催することによって，開催地が刺激的な場所となり，地域社会に何らかの社会的効果をもたらすことは疑う余地もないと考えられる．

4. 社会的効果の検証

すでにみてきたように，スポーツイベントの開催は，経済的効果だけではなく，地域アイデンティティの醸成，コミュニティの形成，各種交流の促進，あるいは情報の発信などといった「社会的効果」と呼ばれる効果が，筆者をはじめ，英国人社会学者らから指摘されるようになってきている（Brown & Massey, 2001）[14]．しかし，このスポーツやスポーツイベントによる「社会的効果」は，「社会」の意味が国や地域によって異なることなどから，定義が明確ではないと言われてもいる（Long & Sanderson, 2001）[15]．また，この社会的効果は，近年まで経済的発展に視点が向いて

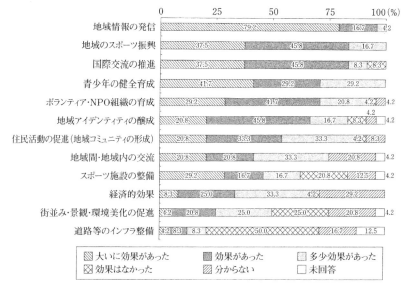

図1-1 サッカーワールドカップ日本大会キャンプ地が認知した効果

いた日本においては，あまり論じられることがなかったのも事実である．

このような中で，2002年に日本と韓国との協同で開催されたFIFAワールドカップのキャンプ地へのアンケート調査（国土交通省，2004）[12][11]によると，キャンプ地となったことによる効果は，経済的効果よりも地域情報の発信をはじめとした社会的効果が数多く指摘されていた（図1-1参照）．

筆者らは，1998年のFIFAワールドカップのフランス大会キャンプ地における研究結果（木田・小嶋，2003）[6]および2002年の日本大会のキャンプ地における研究結果（木田・小嶋・岩住，2006 [7]；木田・小嶋・三橋，2008）[8]から，大規模な国際的スポーツイベントがもたらす社会的効果を表1-8のようにまとめた．

---

12) 国土交通省の「国際的イベント等がもたらす資産を活用した地域活性化に関する調査」で実施したアンケート調査で，日本大会終了後の2003年2月に27すべてのキャンプ地自治体（6つの県と21の市町村）を対象に，郵送配布・回収及び郵送・ファックスによる回収方法で実施し，24箇所から回答を得た．

表1-8　社会的効果の具体的項目

1．地域情報の発信
2．地域のスポーツ振興
3．国際交流の促進
4．青少年の健全育成
5．ボランティア・NPO 組織の育成
6．地域アイデンティティの醸成
7．地域活動の促進（地域コミュニティの形成）
8．地域間・地域内交流の促進

5．社会的効果のまとめ[13]

　社会的効果は，国や地域で「社会」の捉え方が明確でなく，国内外の研究や報告も多くはない．社会的効果に関心を持つ英国の社会学者アダム・ブラウンらは，「スポーツイベント開催による経済的効果に関する研究や事例の検証数に比べ，社会的効果に関するそれらの検証数は限られている」と指摘している．既往研究等の中で，英国のジョナサン・ロングとイアン・サンダーソンは社会的効果を，自己評価と自信向上，地域アイデンティティ醸成による地域社会の結束力強化，地域社会の健康状態改善，健全な青少年育成，恵まれない社会層の地位向上および地域社会の主導権改善の6項目とし，筆者が主導で実施した「スポーツを核とした地域活性化に関する調査」（国土庁）では，地域コミュニティ形成，地域アイデンティティ形成，他地域との交流促進および人材育成の4項目を掲げ，あいまいである社会的効果把握の手がかりを提示した．

　これらを受け，スポーツイベント開催による社会的効果を，1998年6月にフランス各地で開催されたFIFAワールドカップフランス大会のキャンプ地および2002年に日本と韓国との共催で行われたFIFAワールドカップ日韓大会の日本キャンプ地における社会的効果の実態をアンケート調査およびヒアリング調査により検証した結果，

---

13)　木田（2011）をもとにして記述．

①地域情報の発信
②地域のスポーツ振興
③国際交流の推進
④青少年の健全育成
⑤ボランティア・NPOの育成
⑥地域アイデンティティの醸成
⑦地域活動の促進・地域コミュニティの形成
⑧地域間・地域内交流の促進

に整理することができた．これらの具体的内容については，以下のとおりである．

①地域情報の発信

キャンプチームの情報とともに，キャンプ地となった自治体にかかわる地域の自然や歴史をはじめ，地域の特徴にかかわる情報，あるいは地域の人々の生活に関する情報などが国内外のみならず世界各地に発信されるなどの効果．

②地域のスポーツ振興

キャンプチームの一流の技術等を観て，体験することなどにより，子供や若者がスポーツに興味を持ち，行うだけでなく，障がい者や高齢者など老若男女誰もがスポーツを何処でも行ったり，観たり，支援できるようになる効果．

③国際交流の推進

キャンプチームをはじめ，マスメディア関係者を含めた海外からの来訪者とキャンプの運営にかかわる人々のみならず，キャンプ地地域の人々との交流機会の増大による国際交流の推進効果．

④青少年の健全育成

キャンプチームによるスポーツ教室への青少年の参加，青少年がキャンプにボランティアとして支援を行うことなどを通して健全に育成されていく効果．

⑤ボランティア・NPOの育成

キャンプ時の運営支援活動などを通して地域住民が一体となって活動を

行うことにより，キャンプ終了後にその組織などが中心となってまちづくりや地域づくり活動を行うボランティア組織やNPOなどが育成される効果．

⑥地域アイデンティティの醸成

キャンプ地情報が発信されたり，一流の選手等との交流が可能となったりすることにより，キャンプ地となったことを誇りと思う地域意識の醸成等の効果．

⑦地域活動の促進・地域コミュニティの形成

キャンプ地の運営やキャンプ地となったことを活かした活動を地域の人々が一体となって行うことにより，地域活動が盛んとなったり，新たなコミュニティが形成されたり，コミュニティが再成される効果．

⑧地域間・地域内交流の促進

キャンプ地の自治体内や周辺地域の人々がキャンプを見学したり，キャンプチームとの交流活動に参加することなどにより，地域間や地域内の人々の交流が盛んになる効果．

以上のようにスポーツイベントを開催することによる社会的な効果は，キャンプ地においても8項目で示されるような効果があるとしてまとめられるが，これらの社会的効果を引き出すためには，その準備期間やキャンプ期間及びキャンプ終了後におけるさまざまな活動が求められ，これらの活動なしには社会的効果は十分に発現してこないことも分かった．また，このキャンプ地における社会的効果を十分に発現させていくためには，キャンプを「祭り」の開催と捉えていくことにより，地域住民が理解して参加してもらえるのではないか，ということも分かった．

いずれにしろ，この社会的効果は，地域が自ら何らかの活動を行わなければ発現しない効果であることから，官民が一体となった活動を展開していくことが求められている．

引用文献
[1] 原田宗彦（2002）『スポーツイベントの経済学――メガイベントとホームチー

ムが都市を変える』平凡社新書.
[2] 笹川スポーツ財団（2006）『スポーツ白書――スポーツの新たな価値の発見』笹川スポーツ財団.
[3] 奥井智之（2004）『社会学』東京大学出版会.
[4] ヴェーバー，マックス（1994）（祇園寺信彦・祇園寺則夫訳）『社会科学の方法』講談社学術文庫.
[5] 徳永恂（1996）「マックス・ウェーバーの理論」新明正道・鈴木幸壽監修『現代社会学のエッセンス――社会学理論の歴史と展開　改訂版』ぺりかん社，pp. 69-85.
[6] 木田悟・小嶋勝衛（2003）「サッカーワールドカップフランス大会における地域活性化の実態――サッカーワールドカップ開催を契機とした地域活性化に関する研究　その1」『日本建築学会技術報告集』18, pp. 319-324.
[7] 木田悟・小嶋勝衛・岩住希能（2006）「サッカーワールドカップ大会における社会的効果に関する考察――サッカーワールドカップ開催を契機とした地域活性化に関する研究　その2」『日本建築学会技術報告集』23, pp. 427-432.
[8] 木田悟・小嶋勝衛・三橋博巳（2008）「サッカーワールドカップキャンプ地の社会的効果に関する研究」『日本大学理工学研究所報』118, pp. 83-98.
[9] 国土庁・日本システム開発研究所（1995）「スポーツを核とした地域活性化に関する調査――スポーツフロンティア21」（筆者が中心となって実施）.
[10] 国土交通省（2001）「ワールドカップ開催を契機とした地域活性化のあり方に関する調査」（筆者が中心となって実施）.
[11] 国土交通省（2004）「国際的イベント等がもたらす資産を活用した地域活性化に関する調査」（筆者が中心となって実施）.
[12] 佐伯聰夫編著（2000）『スポーツイベントの展開と地域社会形成――ウインブルドン・テニスからブンデスリーガ・サッカーまで』不昧堂出版.
[13] 内海和雄（2003）『プロ・スポーツ論――スポーツ文化の開拓者』創文企画.
[14] Brown, A. & Massey, J.(2001) *Literature Review: The Impact of Major Sporting Events*(The Sports Development Impact of the Manchester 2002 Commonwealth Games: Initial Baseline Research), for UK Sport, Manchester Institute for Popular Culture, Manchester Metropolitan University, p. 3.
[15] Long, J. & Sanderson, I.(2001) The Social Benefits of Sport: Where's the Proof? In C. Gratton and I. P. Henry(Eds.) *Sport in the City: The Role of Sport in Economic and Social Regeneration*, Routlege, London.
[16] Standeven, J. et al.(1999) *Sport Tourism*, Human Kinetics.
[17] The Interorganizational Committee on Guidelines and Principles for Social Impact Assessment(1994) *Guidelines and Principles For Social Impact Assessment*.
[18] Ritchie, J. & Lyons, M.(1990) A Post-Event Assessment of Resident Reaction to the XV Olympic Winter Games. *Journal of Travel Research*, 28(3), 14-23.

[19] Kitchen,T.(1994)Cities and the 'World Events' Process. *Town and Country Planning*, 79.

参考文献

木田悟 (2011)「地域におけるスポーツイベントの社会的効果に関する研究——サッカーワールドカップのキャンプ地を中心として」(日本大学博士 (工学) 論文).

JAWOC (2003)「2002FIFA ワールドカップ™ 開催により形成された資産を活用したサッカー・スポーツの振興と地域活性化に関する調査」.

地域活性化センター (1999)「国際スポーツ・イベントによる地域づくりに関する調査研究事業報告書」.

平野繁臣 (2000)『地域経営学のススメ』通商産業省調査会.

平野繁臣監修 (1999)『イベント用語辞典』日本イベント産業振興会.

第2章

プロジェクトをつくる

スポーツを活用した地域課題の解決

鈴木直文

1. はじめに——スポーツは地域をつくるのか？

　「スポーツによる地域づくり」というフレーズは，何を意味するのだろうか．そもそもまちづくりや地域づくりが語られるとき，「地域」とは「誰」なのかが明確にされることは稀である．「地域」を「コミュニティ」と言い換えても，事情は変わらないどころかむしろ複雑になる．「コミュニティ」と「地域」とが重なり合うことが暗黙の了解とされることが多いが，今の地域社会においてそれはもはや自明ではない．「地域」といって想定される空間的なスケールも，商店会や町内会のレベルから，市区町村を越えて広がりうる．

　地域を「つくる」ということの意味も，多様である．地域活性化，地域おこし，地域再生など類似の表現も多いが，それぞれの意味するところが明確に区分されているわけではない．では，地域づくりのゴールとは何なのだろう？　1つの考え方は，「そこに住む人々が豊かになる」ということだろう．しかし，そこに住む人々も，一様ではない．当該地域に住むランダムな誰かが豊かになれば何でも再生というわけではない．元々豊かな誰かがさらにものすごく豊かになることと，豊かでない誰かがほんの少し豊かになることとでは，随分意味が違う．「豊か」とはどういうことかというのも，実は難しい問いである．物質的に満たされていることか，所得

水準が上がることか，楽しく暮らせていることか，寿命が長いことか．「地域をつくる」ことで，「誰」が「どのように」豊かになるのかが，問われるべきである．

他方で「スポーツ」と一括りにすることにも，危うさはある．Jリーグのチームの話なのか，ゲートボールの話なのか．会員制ゴルフクラブなのか，少年野球なのか．種目も多様なら，人々のかかわり方も多様である．それぞれが，どのように「地域をつくる」ことに貢献しうるのだろうか？あるスポーツを選択した時点で，それを通じて「豊か」になれる人々の広がりも，ある程度取捨選択してしまっている，という事実には，意外なほど目が向けられることが少ない．確かに，スポーツと地域の関係性において，うまくいっているようにみえる事例は存在する．それはしかし，「前者が後者をつくった」という図式かどうかは定かではない．例えばJリーグのクラブを中心とした地域づくりの多くは「スポーツが地域をつくった」というよりは，「地域でスポーツをつくった」，あるいは「スポーツのために地域をつくった」という方が正確なのではないだろうか．

本章では，こうした「スポーツ」と「地域」の「つくる」，「つくられる」の関係を，一方向的にとらえるのではなく両者の相互作用としてみていくことにする．それを通じて，スポーツで「豊か」になる「地域」とは「誰」なのか？という問いにアプローチしてみたい．

2．スポーツと地域づくりの2つのアプローチ

「スポーツによる地域づくり」という場合，大きく2通りのパターンが考えられる．1つは，オリンピックやワールドカップ，あるいはプロスポーツチーム（つまり，「観る」スポーツ）を中心として，都市全体，まち全体を活性化しようという考え方である．もう1つは，「する」スポーツを中心に，地域社会が抱えるさまざまな課題を解決しようとする試みである．

2.1 「観る」スポーツによる都市の活性化

日本でより馴染みがあるのは，前者のパターンだろう．都市に大規模な

イベントやプロチームを呼び込むことで期待される効果には，スタジアムや関連インフラへの集中投資，イベント観戦者の流入による地域収入増，地域イメージ向上による観光やビジネス誘致，イベントやプロチームの成功による市民プライド高揚などが含まれる．日本で「観る」スポーツを中心に地域づくりをしようという考え方が広まる契機となったのは，1990年代初頭のJリーグ発足と，それに続く2002年のFIFAワールドカップ招致活動であろう．詳しくは既に他の書籍などで語られていることなのでここでは繰り返さないが，「地域密着」を掲げたJリーグの理念が共感を呼んだことと，JリーグやFIFAワールドカップのためのスタジアム開発への公共投資を正当化する論理が求められたことが重なって，その経済的，社会的便益に関心が集まった（例えば，『都市開発』1994年，第85巻第12号[1]の特集を参照）．

面白いことに，実は1990年代は日本だけでなく北米やヨーロッパでも，「観る」スポーツによる地域づくりへの関心が高まった時期だった．1992年のバルセロナオリンピックは，今でもスポーツによる地域づくりの成功例として真っ先にあげられる（Percy, 2001）[2]．1998年のFIFAワールドカップのメインスタジアムだったパリ郊外のスタッド・ド・フランスおよびその周辺も，スポーツイベントを契機とした都市再開発の典型例といえる（Newman & Tual, 2002）[3]．一方，北米プロスポーツではスタジアムやアリーナの改修や移転のブームが起こり，それに地元自治体が公的助成を行うことの是非が問われていた（Rosentraub, 1997a[4]；Noll & Zimbalist, 1997[5]など）．

しかしこの時期の欧米の一連の研究で明らかになったのは，こうしたスポーツ施設開発のための大規模な投資が長期的な都市の経済成長には結びつきにくいということだ（Baade, 1994[6]；1996a[7]；1996b[8]；2000[9]；Baade and Dye, 1988[10]；1990[11]；Baade and Matheson, 2001[12]；2004[13]；Baade and Sanderson, 1997[14]；Coates and Humphreys, 1999[15]；2001[16]；2003[17]；Hudson, 1999[18]；Rosentraub, 1996[19]；1997a[4]；1997b[20]；Rosentraub et al., 1994[21]）．まず，イベントやプロスポーツの興行収入のほとんどは，都市内の雇用などよりも主催団体や，経営者や選手たち富裕

層の収入としてどこかへ消えていく．また，イベントに関連して建設業やサービス業に生じる雇用はいつも一時的である．継続的な集客が見込めるプロスポーツの場合でも，ホスピタリティ業（ホテル，飲食など）の雇用は低賃金で不安定だし，スポーツ関連産業規模としても都市経済の中でさほど大きいものではない．例えば北米都市におけるスポーツ関連業は，都市経済の数％を占めるにすぎない．一方，イメージ向上や市民プライドのような効果は，定量的に評価することが極めて困難だ．ヨーロッパに目を転じても，「観る」スポーツのための大規模開発を都市の成長の「旗艦」とするという考え方は，都市／地域再生分野では時代遅れであるとされている (Jones, 2001[22]; 2002a[23]; 2002b[24]).

　ただ，雇用創出や給与水準向上の効果が限られていることや社会的効果を計量することが難しいことは，イベントやプロスポーツが都市経済にとって意味のないものだということではない．わずか数％だとしてもスポーツ関連産業が都市経済に一定の貢献をしていることは確かである．また，スポーツ施設の開発は，都市の経済規模に影響を与えないとしても，経済活動の配置を組み替えることで，都市内のある地域を部分的に活性化することには威力を発揮する (Austrian and Rosentraub, 2002[25]; Chanayil, 2002[26]; Johnson, 2000[27]; Turner and Rosentraub, 2002[28]).　また，そもそもイベント誘致合戦が加熱したり，各都市が公的補助を与えてまでプロチームを誘致したり繋ぎ止めたりしようとする事実が，都市の知名度や市民プライドといった計測しにくい要素の重要性を示しているとも言える (Rosentraub, 1997a[4]; Noll & Zimbalist, 1997[5]).

　翻って言えば，スポーツがそもそも地域にとって重要とみなされるからこそ，スポーツに地域のための利用価値が生じるということであって，その逆ではないのかもしれない．実際，そのように人々が「なんとなく」スポーツに惹きつけられる力を，具体的な都市の課題解決に結びつけて成功したのがバルセロナだったということができるだろう．スポーツのためのインフラ投資に止まらず，廃れかけていた街全体を新しく生まれ変わらせるための投資が戦略的に行われたのである（阿部，2009)[29]．ただし，バルセロナ以後20年近くが経過しながら，同じレベルで語られる「成功」

事例があまり出てこないという事実にも注意する必要がある．通例，イベントやプロスポーツをきっかけとした都市再生は都市内の限られた範囲をつくり変えるに止まることの方が多い．後で紹介するアーセナルFCの事例はその中でも，ミクロな地域課題とスタジアム移転が結びついた特異な例である．

2.2 「する」スポーツによる地域課題解決

2つ目のパターンは，1990年代末から2000年代に欧米諸国や途上国開発の分野で拡大してきた考え方である．英国では1997年に成立した労働党政権下で都市再生分野の政策目標とされた社会的包摂（social inclusion）の推進に，アートやスポーツを積極活用する方針が打ち出された（Department for Culture, Media and Sport, 1999）[30]．それ以降，スポーツを剥奪地域[1]の諸問題解決に利用するプロジェクトが急増した．

そもそも英国における都市再生の課題は，都市の中の特定の地域が所得・雇用・教育・犯罪・健康・住環境などの諸分野の指標において，軒並み低水準で止まったまま長年取り残されてしまっていたことである．この「多元的剥奪」と呼ばれる状況が社会の主流からの排除，すなわち社会的排除（social exclusion）に起因すると考えられ，これらの地域を「主流」に接続するために，地域みずからが手をあげて行うボトムアップで課題解決が奨励された（Social Exclusion Unit, 2001[31]; 鈴木，2008[32]）．1970年代後半以降の労働党による手厚い社会保障政策も，1980年代半ば以降の保守党による経済開発主導の都市政策も，この問題を解決しなかったという反省に立った「第三の道」として知られる政策の一環である．

こうした中でスポーツが主に貢献を期待されたのは，犯罪・健康・教育・雇用の各分野におけるパフォーマンス向上である．同時にボトムアップ型の政策プロセスを基礎づける市民参加の推進に対する貢献も期待された（Long et al., 2002）[33]．ごく単純化していえば，スポーツが上の4分野

---

1) deprived areas の訳．所得，雇用，治安，健康，教育達成，住環境など，さまざまな面で英国の平均的標準と比べて劣っている地域のことをさす．

における地域のパフォーマンスを改善しうるのは，スポーツへの参加が個人の能力開発に繋がり，個人レベルでの犯罪抑止，健康増進，学業成績やスキルの向上の集積によって，地域の治安，健康，教育達成度，就業率の水準を押し上げると考えられるからだ（Coalter et al., 2000）[34]．その過程で，スポーツにおけるネットワーク形成やボランティア活動が，地域のソーシャルキャピタルに寄与することもしばしば期待される（Blackshaw & Long, 2005）[35]．もちろん地域レベルでの改善が目に見えるほどになるためには，スポーツによってポジティブな変化を起こす個人の絶対数が十分に多くなければならない．

ところで，こうしたスポーツを用いたプロジェクトのターゲットとなるのは，ほとんどの場合が子どもから青年までの「若者」である．スポーツが若者にとって大きな関心事の1つであること，地域の治安をみだす犯罪や反社会的行為（anti-social behaviour）の大部分が若者によるものと考えられること，これから高等教育や就職という人生の岐路を迎える世代が地域の未来にとって大事であることなどがその理由として考えられる（Suzuki, 2005）[36]．

同様に途上国開発の領域でも早くは1980年代から若者を主なターゲットにしたスポーツによる人間社会開発のプロジェクトが存在し，特に2000年代に入って急増している（鈴木，2011）[37]．国連，グローバル企業，NGO，各国政府を巻き込んだ運動はグローバルな広がりをみせている．これらのプロジェクトは「地域づくり」というよりも，貧困，紛争，HIV/AIDS，男女間格差など，途上国の社会が抱えている諸問題への対処という性格が強い．しかし，プロジェクトのほとんどは地域コミュニティ単位で行われているし，息の長いプロジェクトほど地域のコミュニティづくりという側面を重視している．

しかしこうしたスポーツプロジェクト隆盛の時代にあって，スポーツ参加が先ほど述べたような個人や地域レベルでの改善に本当に結びついているかどうかというと，実ははっきりとした証拠がない．定期的な身体活動が心身の健康維持にプラスであることは分かっているが，スポーツ参加が非行や犯罪を減らしたり，学校の成績を向上させたり，失業率の低下に結

びつくというような普遍的な因果関係が観察されないのである（Coalter et al, 2000[34]; Suzuki, 2007[38]）．

　もちろん，因果関係が観察されないことと，因果関係が存在しないことは同じではない．スポーツ愛好者の多くは，自分自身の実体験としてスポーツをすることの効能を実感しているはずである．チームワーク，規律，コミュニケーション，体力増進，リーダーシップ，精神力，心身の健康，セルフコントロール，自尊心，他者への敬意，競争心，平等，法（ルール）の遵守，努力，向上意欲，自己鍛錬，正しい食生活等々．スポーツをすることで学んだり，身につけたりしたという確かな思いを持っている人は多いだろう．そうして身につけたスキルはスポーツの場を離れた職場などでも当然活かされているだろう．だから，スポーツをしていなければ非行や犯罪に走っていたかもしれない若者が道を誤らずに済んだと聞いて，さして驚くこともない．

　では何故こうしたスポーツがもたらす便益は統計上観察されないのか？これにはいくつか理由が考えられる．第一に，技術的な限界である．従属変数として想定されるものの多くは，そもそも定量的に把握することが困難な上，効果が出るまでには多くの年数を要すると考えられる．独立変数となるスポーツ参加のあり方自体も多様である．そして独立変数と従属変数の両方について十分なサンプル数を経年的に追い続けることには多大なコストを要する．したがってほとんど行われることがない．

　第二に，ポジティブな変化がおきるためにはスポーツ参加の質が重要であると言われる．単にスポーツをするかどうかよりも，個々人のおかれた状況に合わせてスポーツ以外のさまざまな支援環境を整え，指導者やスタッフとの信頼関係を築くなど，スポーツそのもの以外の要素に強く影響を受ける．そうした経験のあり方はまさに人それぞれで，統計調査に適するものではない．また，そうしたきめ細やかな対応が可能になるのは参加規模が小さいプログラムの場合だけなので，地域への影響力は限られたものにならざるを得ない（Nichols, 2007）[39]．

　第三に，他の影響との相殺である．あるスポーツプログラムが参加者にポジティブな影響をもたらしたとしても，その個人は両親，友人，学校教

育その他のさまざまな影響にも囲まれている．したがって，プログラム単体の影響だけを取り出すことは困難である．さらに言えば，スポーツ参加がもたらすとされる効果の多くは，スポーツ以外の活動からでも得ることができる．例えば，音楽や演劇を通じてではできないというものの方が少ないだろう．だとすれば，「スポーツをしているグループ」を「スポーツをしていないグループ」と比較した時，有為な差が観察されなくてもなんら不思議なことではない（Suzuki, 2005）[36]．

以上のことを考えれば，地域でスポーツを推進することがそのまま地域のためになる，という単純な図式は成り立たないことが分かる（ただし，余暇活動の供給が乏しい地域でのスポーツ機会の提供は，人々の余暇時間を豊かにするという意味で，地域の豊かさにある程度貢献する）．スポーツをするかしないかではなく，スポーツとそれ以外の要素をどのように組み合わせて用いれば，特定の地域課題の解決に貢献する仕組みをつくることができるのか，ということが問われなければならない（Crabbe et al., 2006）[40]．実際に，うまくいっていると言われているプロジェクトは，スポーツを一要素としてプログラム全体をうまくデザインすることに成功している．2つ目の事例として紹介するアーバン・フォックス・プログラム（Urban Fox Programme: UFP）もその1つといってよい．

3. アーセナルFCによる都市開発

3.1 プロジェクトの概要

北ロンドンを本拠とするアーセナルFCは，2006年の新スタジアムへの移転に伴い，周辺地区の再開発を行った．これは民間のプロスポーツクラブが全額出資して行った都市再生プロジェクトとして前例のないもので，都市再生に関する数々の表彰を受けている．本節は，筆者と山本達也氏が共同で行った現地調査に基づいている．山本（2010）[41]の調査によれば，プロジェクトの構成要素は次の通りである．

(1) 新スタジアム建設と周辺開発（アシュバートン・グローブ地区）

　1913年から慣れ親しんだ約3万8,000人収容のハイバリー・スタジアムから数百m離れた鉄道車輌基地跡を中心とするアシュバートン・グローブに新たに約6万人収容のエミレーツ・スタジアムを建設した．同時にスタジアム周辺に低所得者向けの住宅とアーセナル・ラーニング・センターという地域住民のための施設を建設した．

(2) ゴミ処理場など移転および住宅・商業施設開発（ラフ・ロード地区）

　アシュバートン・グローブに立地していたゴミ処理場およびオフィスを新スタジアムから南西に数百m離れたラフ・ロード地区に移転した．それに付随して，住宅および商業スペースを開発した．住宅の大半は低所得者向けとされた．

(3) 旧スタジアムの改築，住宅転用（ハイバリー地区）

　ハイバリー・スタジアムのスタンド部分を改築し，建物の外壁を保全した上で，700戸の住宅を開発．主に富裕層向けに分譲している（ハイバリー・スクウェアHP参照．http://www.highburysquare.com/index.html）．

(4) ソフト事業

　建設期間中，ニューロン・ハウジングとイズリントン区とのパートナーシップでアーセナル・リジェネレーション・チームを形成し，ニュースレター配布，ヒップホップのタレント発掘，コーチ資格取得支援，地域のリサイクルビジネスの設立などのソフト事業を行った．

　このプロジェクトの特異性は，旧スタジアムからごく近い場所への移転であったこと，総工費5億ポンドをアーセナルFC自身が銀行融資とネーミングライツの売却などにより調達したこと，そして合計約2,600戸にのぼる住宅開発やコミュニティ向けの施設開発およびソフト事業を含んでいることである．住宅のうち半数を超える約1,400戸は低所得者向けである．この背景には，地元自治体であるイズリントン区の意向がある．自治体が所有していた車両基地の用地取得に際して優遇措置を講じる代わりに，自治体にとってかねてからの懸案であった低所得者や公務員向けの住宅供給や荒廃地区の開発をアーセナルに要求したのである．

3.2 移転計画の経緯と地域課題

 そもそもアーセナルにとってスタジアム移転はどういう意味を持っていたのだろうか．その第一義的な意義は，チームの強化である．イングランドのクラブはその財政構造上，収入における入場料収入が高いと言われる．その点，収容人数が4万人に満たないハイバリーと，例えばマンチェスター・ユナイテッドのオールドトラッフォード（7万6,000万人収容）とでは比べるべくもない．チェルシーやリバプールなどのライバルクラブのホームスタジアムも4万人超である．その上，プレミアリーグの多くのチームはオーナーの豊富な資金力にものを言わせて赤字経営を当然のように選手の大型補強を行ってきた．そんな中，アーセナルは経常黒字を毎年計上する健全なクラブとしても知られる．選手の大型補強に頼らず有望な若手を早いうちに手に入れて育てながら強化するスタイルのアーセナルは，次第に苦戦を強いられるようになり，長い間タイトルから遠ざかってしまった．財政力がチーム力に直結する競争環境の中，経営を安定させた上で競争力を強化するためには，新スタジアム建設による観客動員数の大幅な拡大が必須条件とされた．当然，計画にはアーセン・ベンゲル監督の強いリーダーシップが働いていたと言われる．

 もちろん，1913年以来1世紀近く"ホーム"にしてきたハイバリーを離れることは，スタジアムに愛着を感じるファン感情を考えても，また北ロンドンを中心に築いてきたファンベースの維持を考えても，得策ではなかった．ハイバリーのリノベーションによる住宅転用は，こうしたファン感情に配慮しつつ，同時にクラブ経営上収入を確保する意味があった．

 しかし，自らの資産である旧スタジアムの再利用にくらべ，用地取得から始めなければならない移転地の選定は，自由度が低い．ファンベースの維持は重要だが，クラブ経営上はスタジアムの収容人数増の方に高いプライオリティがおかれても不思議はなかった．事実，当初計画の移転候補地としてイズリントン区外の方が優先順位は高かった．アシュバートン・グローブには大型ごみ処理施設や公共施設，鉄道車輌基地，民間会社等が立地しており，それらの移転を含めると予想される移転費用が最も高かっ

ためである．最終的にアシュバートン・グローブが移転地となったのは，他の候補地で別の都市再生計画が進展してしまったことによる．

　他方，地元自治体にとってもこの移転計画は大きな意義を持っていた．長年の地域課題を一気に解決する絶好のチャンスだったのである．まず，ゴミ処理場等の移転先となったラフ・ロード地区は，イズリントン区の中でも特に荒廃の進んだ地区で，空き地や空き倉庫が多く放置されてきた．また再生地区はイングランドで最も剥奪された地域の上位10%に数えられる区域を含んでいた（Department for Communities and Local Government, 2008)[42]．区内の人口密度は高く，住宅供給が不足していた．特に，低所得者向けやキーワーカーと呼ばれる警察官，教師，看護師などのための住宅不足が課題であった．

　その上，自治体としては「世界的ブランド」であるアーセナルに地域外に移転されてしまうことは何としても避けたかった．区外移転には断固反対であったが，アシュバートン・グローブへの移転ならば積極的に後押しする動機付けがあった．そもそも同地は産業用地であり，スタジアム建設のためには土地利用をレジャー用地へと切り替える必要があった．こうした土地利用規制の変更は通常困難が伴うが，地域にとって特別な存在であるアーセナルであればこそ，「例外中の例外措置」として計画を許可したという．

　それと引き換えとする形で，計画認可までに自治体側の要求を計画案に盛り込むよう指導している．その要求とは，

- アシュバートン・グローブ内のすべての店舗や事務所を移転すること
- ゴミ処理場を閉鎖しないこと
- スタジアム開発を大きな都市再生事業の一部に位置づけること
- 新規住宅のうち，低所得者向けを25%以上とすること
- キーワーカー向け住宅を建設すること
- 広く地域住民に再開発の利益が行きわたるようにすること

である．

　低所得者向け住宅や，市民のためにコンピュータースキルトレーニングなどを提供するアーセナル・ラーニング・センターはこうして計画に組み

入れられた．建設期間中にも，さまざまな市民向けのソフト事業が展開されている．こうした事業は，住宅供給公社や自治体などとのパートナーシップによって進められた．

こうして移転計画は，ファンにとっても満足のいくものになった．ファンとしては慣れ親しんだハイバリーが保全され，それと程近い場所に新スタジアムが建設されることは大歓迎だったろう．スタジアムの収容人数の拡大は，観戦機会の増加ももちろんだが，チームの強化のために不可欠であることを，ファンもよく理解していたようである．サポーター団体の中には，移転計画を促進するためのキャンペーンを展開したものもあった．

3.3 前提条件としての「歴史」

言うまでもないことだが，このようにクラブ，自治体，ファンが一体となって計画を推進し，しかも地域課題の解決にまで繋がる例は稀である．その背景には当然前提条件が必要である．それはクラブが地域の中で培ってきた「歴史」に他ならない．アーセナルがハイバリーを本拠とすることになった経緯は，Spurling（2006）[43]に詳しい．

1913年にハイバリーにやってくる以前，アーセナルはウーリッチ・アーセナルという名で南東ロンドンのはずれのウーリッチに本拠を置いていた．当地にある王立兵器工場（Royal Arsenal）の労働者達のクラブとして1886年に設立されたのがクラブ名の由来である．1910年にクラブを買い取った事業家のサー・ヘンリー・ノリスは，ロンドン中心への移転を画策する．ウーリッチでは平均1万人程度の集客しか望めないが，ロンドン中心に本拠を置くチェルシーやトッテナム・ホットスパーは4万人を集めていた．ハイバリーに移転することで，フィンズバリー，ハックニー，イズリントン，ホルボーンなどを含めて50万人規模の人口をファンベースとすることができる．元の地元からの非難や，トッテナムなどの他のクラブの反対，移転先でのNIMBY問題への懸念表明はあったものの，移転は決行された．住宅街の真ん中に忽然と現れた「おらがクラブ」の存在を，ハイバリー周辺の人々は概ね歓迎したと言われる．今でこそ北ロンドンだけでなく広く全国にファンベースを持ち，特定の人種や階層に偏らずにサ

ポートを集める「最もロンドンらしいクラブ」とも言われる．しかし，発展の転機になったのはハイバリーへの移転であり，初期の地元住民のサポートがその礎となったという意味で，北ロンドンこそアーセナルの"ホーム"であることに変わりはない．クラブ名がそのまま最寄り駅名になっているのも，アーセナルだけだ（Spurling, 2006）[43]．

　しかし，決して「地域をつくる」ためにアーセナルがこの地にやってきたわけではない．強固なファンベースを獲得するために，人口成長がみこめる地域へ移転した．「クラブとして成功するため」の極めてマーケティング的な判断でしかない．それから100年近い歴史を経て，北ロンドンといえばアーセナルという図式は揺るがなくなった．

　今回の移転事業においても「ホーム」を離れないことは，結局は経営判断として重要だったに違いない．プロサッカークラブの社会的責任が問われる時勢でもあり，「地域社会への還元」はアーセナルとしても進める意義は大きかった．しかし地域に育ててもらったアーセナルだからこそ，地域に「返す」という発想になるし，クラブが地域に帰属すると多くの人が認めるからこそ，クラブが展開するソフト事業への需要も高くなる．アーセナルによる都市再生事例は，こうした地域がスポーツを育て，スポーツが地域課題を解決する，という相互関係をよく体現している．

4. アーバン・フォックス・プログラムと地域課題解決

4.1　グラスゴーの剝奪地域と若者をめぐる問題

　スポーツによる地域課題解決への取組みのもう1つの例として，アーバン・フォックス・プログラム（UFP）を紹介する．筆者は2004年から2005年にかけて，このプロジェクトで参与観察を行っていた．UFPはスコットランド第二の都市グラスゴーの東地区"イーストエンド"と呼ばれる地域で，サッカーを中心に剝奪地域の若者のためのさまざまなサービスを提供している．ここでもスポーツは地域課題を解決するためのツールである．同地域の大半は，スコットランドで最も剝奪された地域の上位5%

に含まれる．失業率が30%を超え，学校教育の達成度が低く，ドラッグや飲酒の問題が深刻で，平均寿命が国平均を大きく下回るなど，あらゆる分野でのパフォーマンスが低い（Scottish Executive, 2006）[44]．このような環境で育つ若者にとって，自分で将来を切り拓くことは容易ではない（Furlong et al., 2003）[45]．

加えて当地で長年問題となっているのが，若者の間に定着した「縄張り主義（Territorialism）」と呼ばれる現象であった．縄張り主義とは，住宅区域ごとに形成された若者グループ（"ギャング"）同士による暴力と，それに起因するさまざまな問題のことを指す．"ギャング・ファイティング"に参加することは，10代の男の子の「通過儀礼」のようなものとも言われるほど常態化してしまっていた．当地で生まれ育つ子どもたちは必ずしもみな「不良」になるわけではない．むしろ大多数はごく「フツウ」の子どもたちなのだが，その「フツウ」の子たちが誰でも一度や二度は"ギャング・ファイティング"の現場に居合わせないわけにはいかないと言われていた．集団での喧嘩だけでなく，「復讐」と称して隣接地区の誰かを個人的に攻撃することもある（Suzuki and Kintrea, 2007）[46]．

このような状態なので，若者たちは自分の居住地区，つまり「縄張り」を自由に出歩くことができない．"ギャング"による襲撃を怖れるからである．結果として自由な行動範囲がせいぜい数百m四方に限定されることになる．このことは身の安全だけでなく，さまざまな機会へのアクセスが限られることを意味する．若者にとって大事な余暇機会にはじまり，中学校を卒業した後の職業訓練や教育の機会も，「縄張り」を出なければ得ることができない．つまり，思うような教育を受け，職業を得ることができない．なお悪いことに，余暇機会が奪われていることで，"ギャング・ファイティング"から得られる興奮が，余暇の代替物としての意味を持ってしまう．男の子だけでなく，女の子にとっても「観戦」の楽しみを提供していると言われていた（Kintrea and Suzuki, 2008[47]; Suzuki, 2008[48]）．

このような現象は必ずしもグラスゴーに特有のものではなく，英国内の多くの都市に観察される．主な「武器」がレンガやガラス瓶，そしてナイフであるグラスゴーと比べ，イングランドの大都市では銃の使用が常態化

し，麻薬の密売と関連しているなど，事態がより深刻であることも示唆されている．しかし，現象がより広範で，歴史の長いところがグラスゴーの特徴と言えるかもしれない（Davies, 1998[49]; Kintrea et al., 2008[50]）．ただし，執筆時点の新聞報道によれば，当地の警察と行政，地域住民の協働の結果，沈静化の方向に向っていると言われている（guardian.co.uk, Monday 19 December 2011）．

4.2 UFPの活動の発展

このような問題にサッカーを使って正面から取組んできたのが，UFPである．"Redcard the gangs"というスローガンにみられるとおり，縄張り主義の解消がプロジェクトのメインテーマである．同時に，さまざまな若者のニーズに対応したサービスを展開している．以下はそのリスト（2005年1月時点）である．

(1) フットボール・スキルズ・プログラム（2000年～）

地域のコミュニティセンターでサッカー教室を展開．東地区内の10地域で各週1回，5歳から17歳まで年齢別に有資格のコーチが指導．

(2) スクールズ・プログラム（2001年～）

地域の9～12の小学校の高学年を対象に，体育の授業内でサービスを展開．8週間にわたり，サッカー，基礎的運動，座学を提供．

(3) フライデーナイト・ドロップイン・クラブ（2002年～）

金曜日の夕方から夜にかけて，12歳から15歳を対象に，地域のコミュニティセンター内でさまざまな遊びを提供．コンピュータゲーム，ビリヤード，ダンス，サッカー，音楽編集など．

(4) ホリデー・プログラム（2003年～）

夏季や秋季の休暇中に，アウトドア活動やキャンプを提供．ドロップイン参加者が対象．

(5) ヘルシー・フォックス・カブ（2003年～）

コミュニティセンターで，小学生を対象に基礎的運動のエクササイズを提供．ただし，休止中．

(6) サイバー・フォックス（2004年〜）

　コミュニティセンターで，12歳から15歳を対象に，ITスキルトレーニングを提供．

　これらのプログラムは毎年少しずつ付け加えられる形で拡張されてきた．プログラムは相互に関連しており，例えばフットボール・スキルズの参加者をフライデーナイト・ドロップインに誘導したりすることができるようになっている．また，サッカー教室では提供できない機能（じっくり相談に乗る等）を，ドロップインを通じて提供するなど，相互補完的に用いることが意図されている（Suzuki, 2007[39]; 2009[51]; 鈴木, 2008[32]）．

4.3　UFPの「成功」と「限界」

　UFPは，同種の若者に向けたスポーツを用いたプロジェクトとしては成功していると言ってよい．毎週500〜600人の若者にサービスを提供していること，サッカーだけでなく幅広いサービス内容を備えていること，10年にわたり継続されていること，サービス提供地域を徐々に広げて全東地区をカバーしていることなど，同地区内では例外的な成功事例といってもよい．優れたコミュニティ活動に贈られる賞をいくつも受賞しており，そのことを通じてプレゼンスを拡大しながら，継続的な資金確保を可能にしてきた．

　もちろんプロジェクト経営上の成功と，プロジェクト目標達成における成功とを同一視することはできない．しかし，UFPが目標達成度の上でも同地域内の他の同種のプロジェクトと比べて「成功」であることを示す証拠をあげることができる．もちろん例えば縄張り主義の「解消度」を定量的に把握することはおよそ困難であり，以下は質的な証拠に依拠した推論である．

　第一に，多くの参加者を継続的に集めていること自体が，目標達成により近い位置にいることを示している．500人と言われる参加者のうち，筆者が実際に関わった人数は100人に満たないだろうが，その中にも過去に"ギャング・ファイティング"にさまざまな形で関与した経験を持つ少年

少女が多数いた．UFP の特徴の 1 つは，比較的年齢層の高い参加者をしっかり摑まえていることである．特に 12 歳から 15 歳がギャング・ファイトだけでなく飲酒や喫煙，ドラッグ，軽犯罪などさまざまなリスクに晒されやすい年齢とされるが，この年代へのサービスが手厚くなっている．本人やコーチの証言から，かつて"ギャング・ファイティング"に参加したことがある少年や「復讐」の被害者が，中心的な参加者の中にいることが分かった．UFP よりも小さい規模で展開しているプロジェクトは，低年齢層の参加者が中心であったり，参加者数が少なかったりすることが多かった．規模が大きいことによって，「問題」を抱える若者を引きつける確率は高くなる．

　第二に，UFP は余暇時間を豊かにする．継続的に高頻度で参加している子どもたちにとって，UFP が有力な余暇活動の場であることは明らかだった．"ギャング・ファイティング"が余暇活動の代替物であるとするなら，それを上回る楽しみや興奮を提供することが重要になる．UFP は，平常時のサービスに加えて，時折特別なイベントを行うことがある．普段は各地域のコミュニティセンターで別々に遊んでいる参加者を一同に集めて郊外のレジャー施設（ゴーカート，ゴルフ練習場など）に連れて行くなどである．そのような場合，普段は参加頻度が高くない，よりリスクの高い子どもも参加しやすい傾向があるようだった．このように若者が確実に喜ぶ質の高いサービスを提供することが大事である．

　第三に，プロジェクトに継続性があることは，参加者の成長を継続的に見守ることができることを意味する．UFP がターゲットとする若者に期待する一番重要なことは，彼らが道を誤ることなくまっとうな大人になってくれることである．例えば 12 歳でプロジェクトに参加するようになった子が，今は社会人になっている．もちろん厳密にはその過程でプロジェクトに参加したことがどれだけ寄与したのかを測ることは難しいが，両親に頼ることができないような子どもにとっては，プロジェクトのスタッフが親代わりになることができるかもしれない．明らかにプロジェクトの貢献と考えられるものとして，参加者が学校を卒業した後，ボランティアとして雇い，必要な資格取得を支援し，最終的に有給で雇用するケースが増

えている．

　第四に，UFP を通じて「縄張り」を越えた友人関係が築かれていることも確認された．中には，少数派にとどまるとはいえ，自分たちだけで「縄張り」を越えて友人に会いにいくケースも報告された．東地区内の複数の地域でサービスを提供しつつ，あるときは一同に集めてイベントを開催する，という UFP のアプローチが結実し始めていると考えていいかもしれない．

　ただし，これらの「成功」を過大評価するべきではない．プロジェクトが参加者に与える影響がポジティブなもので，それにより立派な青年に成長するための可能性を拡大していることは確かだとしても，それが地域社会全体に及ぼす影響は限定的にならざるを得ない．500 人という参加者数は地域の 16 歳人口を考えれば 10 分の 1 から 20 分の 1 にすぎないと見積もられる．実際，地域での"ギャング・ファイティング"が目に見えて解消に向かっているということではなかった．また，プロジェクト自体もさまざまな困難にぶつかっていた．マンパワーの不足によりプログラムの一部は休止を余儀なくされていたし，他の後発の若者向けサービスとの競合で参加者集めに苦労するようになっていた．

4.4　プロジェクトの成立条件

　UFP のようにスポーツを用いた地域課題解決プログラムが成立するためには，その地域のスポーツ文化のあり方が前提条件となる．第一の条件として UFP でサッカーを用いることが有効なのは，言うまでもなくサッカーが当該地域で圧倒的な人気を誇っていることである．レンジャーズとセルティックという 2 大クラブをめぐる激しい対立で有名なグラスゴーである．サッカーの注目度の高さでは，サッカーの母国英国でもトップクラスであろう．特に男子にとってはいわばキラーコンテンツであり，サッカーのイベントであれば一定以上の参加者を集めることが確実である．その意味で若者との最初の接点づくりとしてスポーツをとらえている UFP にとって，サッカーを中心にすることは必然だった．

　難点は，サッカーが完全に男性優位のスポーツとして完全に固定化され

ていることだ．特に中学校以上の女子にとっては，男子と一緒にサッカーをすることはまず考えられないことのようだった．男子にとってのサッカーにあたるものは，ダンスである．多くのコミュニティセンターでは男子向けのサッカー教室とほぼ同頻度で女子向けのダンス教室が開かれている．女子がスポーツ全般を楽しめないということではない．「男子向け」という認識が定着していないスポーツであれば，女子も男子と同等かそれ以上に熱心に取組む．ゴーカートやバスケットなど，国や地域が異なれば男性的なスポーツと考えられそうな種目でも，サッカーでない限り同数かそれ以上の女子の参加を見込むことができる．UFPはフライデーナイト・ドロップインやホリデー・プログラムを通じて，女子向けの活動を意識的に提供することで，参加者に占める両性の割合をほぼ同数に保っていた．

　しかし，やはりサッカーを通じて大人数を継続的に確保していることは重要である．同地域で同時期に展開されていたプロジェクトに，バスケットボールを用いたものがあった．種目を除けばUFPとほぼ同じ目標を掲げていたものの，そもそもの人気の不足に加えて，施設不足のために安定的な運営ができないことから，参加者を確保することに苦しんでいた．結局，同プロジェクトはこの地域でのサービス提供を2年で断念することになった．安定的な人数確保は，プロジェクト継続の絶対条件だ．

　またサッカーであれば，プロジェクト以外の場での機会も豊富である．スポーツを用いることの利点の1つは，スキルの向上を通じて自負心を高められることがある．この場合，スキルの向上に合わせて段階的により高いレベルの機会を提供することができれば，より効果的である（Nichols, 2007）[39]．うまくすれば，その種目で選手やコーチとして自分のキャリアを築いていくこともできるかもしれない．実際にUFPは，フットボール・スキルズ・プログラムの参加者の中に有望な子がいた時は，地域のクラブに紹介してよりレベルの高いところでプレーさせようとしていたし，コーチとしての資格取得を支援し，資格取得後は実際に雇用するようにしていた．このようなスポーツキャリア形成への支援は，バスケットボールのような競技人口の少ないスポーツでは機会が限られるし，スキーやアウトドアなどのコストの高いスポーツは，経済的な面で継続が難しい．

ただ，こうしたグラスゴーの少年少女があまり経験する機会のない活動は，継続が難しい反面，ある種の祝祭的な興奮をもたらしやすいという利点がある．UFPはこれらの活動を，サッカーやダンスのような安価で日常的に継続可能な活動と組み合わせて用いることで，参加者がプロジェクトに「飽きる」のをうまく避けながら，彼らの心を繋ぎ止めることに腐心していた．「問題」を抱えた子も含めて幅広い層の参加者と継続的な関係性を築くためには，ローカルな文脈の中できめ細やかな心遣いを絶やさないことが肝心なのである．

4.5　UFPの発展の方向性

このようにUFPは，縄張り主義というローカルな課題の解決のために，ローカルな文脈の中でさまざまなスポーツとその他の余暇活動を使い分けていた．スポーツで地域をつくった，ということはできないかもしれない．当該地域の若者文化の中での異なるスポーツや余暇活動の位置づけを注意深く見極め，それを課題解決に活かした例ということができるだろう．

もちろん一面では，剥奪地域の若者が普通では経験できないようなクオリティの活動を提供することも，プロジェクトの意義である．サッカーに接する機会が豊富でも，きちんとした施設できちんとしたユニフォームを着てプレーすることは，当該地域の若者にはなかなかできないことだと考えられていた．その意味では，UFPには「地域でスポーツをつくる」という性格も含まれる．この方向を発展させて，例えば地区対抗のリーグ戦を主催することも，UFPの今後の方向性には含まれていた．

しかし，焦点はあくまでも地域課題解決の方にある．近年における一番大きな変化は，ストリートワークと呼ばれるサービスを開始したことである．若者向けの支援の中でも最もアクセスの難しい層のためのサービスである．若者をめぐる問題の根本は，コミュニティセンターに自らやってくるような層ではなく，「ストリート」にある．"ギャング・ファイティング"がおこるのもストリート，ドラッグや飲酒を集団で行うのもストリート，そして友達とブラブラするのもストリートだ．つまりストリートは彼らが最も長く余暇時間を過ごす場所である．UFPがストリートワークに

乗り出したことは，スポーツ活動の提供プロジェクトという性格よりも，若者支援プロジェクトとしての性格を強めたことを意味する．

また，16歳を超えた元参加者がボランティアとして，次にパートタイムとして，プロジェクトのために働く例が増えている．サッカーコーチとしてだけでなく，より広範なスキルが要求される場面での若いスタッフの使用が増えているように見受けられる．若者のキャリア形成支援が，UFPにとって優先度の高い事項であることが，ここからもみてとれる．

UFPには現在のように公的助成に頼るのではなく，サービスをパッケージ化して売り出し，独立採算でやっていけるようになるというビジョンもある．ただ，2005年時点でこのビジョンが具体化しているようにはみえない．むしろ，ますます地域社会に根ざしていくようにみえた．継続性こそがUFPの類似プロジェクトに対する優位性であり，それを自覚している彼らがグラスゴーの東という"ホーム"を疎かにすることは，これからもないだろう．

5. むすびにかえて——スポーツ，地域，文化

本章では，「スポーツで『豊か』になる『地域』とは『誰』なのか？」という問いを，理論と事例を通じて検討してきた．理論上「スポーツによる地域づくり」は，「観る」スポーツを契機とした地域活性化というマクロなアプローチと，「する」スポーツを通じた地域課題解決というミクロなアプローチとに大別できることを示した．そして，どちらの場合もスポーツがもたらす社会経済的な効果はおそらく期待されるほど大きくはなく，しかもスポーツを推進すれば地域が豊かになるというような単純な図式ではないことを論じた．

アーセナルFCによる都市開発の事例は，スタジアム移転という「観る」スポーツのための施設整備が，低所得者向け住宅の供給をはじめとした地域の政策課題解決に結びついた例である．他方，UFPは，「縄張り主義」を中心とした問題に直面する剝奪地域の若者に，サッカーを中心としてさまざまな余暇および教育・訓練の機会を提供していた．一方はマクロ

なアプローチによる物理的な都市再生，もう一方はミクロなアプローチによる人間・社会開発という違いがあるが，両者に共通した構図がいくつかみられる．

　第一に，どちらの例も具体的な地域課題からスタートしているため，プロジェクトから利益を得るのが「誰」なのかが明確である．アーセナルの例では，クラブのサポーターであり，低所得者やキーワーカーである．それは巡り巡ってクラブ自体の利益になるのであるが，クラブの成功はそのままサポーターの利益でもある．イズリントンをはじめとした北ロンドンの住民がアーセナルのサポーターに占める重要度，あるいは北ロンドン住民にとってのアーセナルの重要度については，より詳細な調査が必要である．したがってこのプロジェクトによる地域貢献がどれくらい実際のサポートとして還ってくるのかは定かではない．しかし，アーセナルがハイバリーという地の利を得たことによって雄飛できたという事実を考えれば，それだけで地元に感謝するに十分なようにも思う．

　UFPの場合，受益者は地域の若者，特にさまざまな点で問題を抱える少年少女である．グラスゴーの"イーストエンド"で生まれ育つ子どもたちは，自分たちの将来を切り拓くにあたって著しく不利な状況に置かれている場合が多い．失業や飲酒やドラッグ依存，離婚が多いことは，経済的にも実践的にも両親から必要な支援を期待できない割合が高いことを意味する．学校環境もよくない上，余暇の機会も少ない．そんな中で彼らの主な"遊び場"になるストリートは，危険な誘惑に満ちている．"ギャング・ファイティング"はそんな彼らのエネルギー発散の場かもしれないが，それによって彼らの行動範囲がさらに狭められ，余暇・教育・雇用機会へのアクセスも制限される．UFPにはそうした彼らが必要な支援を，いつでも提供する準備がある．それはプロジェクトスタッフにとって彼ら若者が，地域の未来であるからだ．

　第二に，こうした課題の解決にスポーツが有効に利用できるための前提条件として，そのスポーツが地域の文化に深く浸透していることである．アーセナルは北ロンドンに移転して100年近くの歴史があり，既に地域と切り離しがたい存在になっている．筆者がアーセナル駅付近で試合当日に

応援グッズを売る店を用意している若者に「アーセナルファンか？」と尋ねた時，「いや，別に．ただ商売しているだけだよ」という答えが返ってきた．クラブが何気ない日常の一部に過ぎないほどに，地域の生活に根づいているのだと実感する経験だった．

　ヨーロッパの諸都市を歩いて回ると，同様の経験をすることがよくある．街中に窮屈そうに建っているスタジアムの付近の明らかにチームカラーを基調に装飾がされたカフェやパブに入ってみると，案の定クラブの歴史を示す写真などが掲げてある．しかし，そこでお茶をする人々が必ずしもそのクラブの熱心なサポーターというわけではないらしい．でも，生活の一部ではある．一方で，イベント向けに建設されたスタジアム周辺は広々と郊外に建っていて，モダンな雰囲気はあっても生活に根ざした感じがどうしても欠けてしまう．「誰」が感じられないのだ．

　UFPの場合も，サッカーが地域の若者にとって大きな関心事であることが，そもそもそれをプロジェクトの中心に据えたきっかけだった．"イーストエンド"は，120年の歴史を持つグラスゴーの2大クラブの一方の雄，セルティックのお膝元である．とはいえ"イーストエンド"がセルティック一色なわけではなく，地域によってはレンジャーズファンが優勢なところもある．いきおい日常会話に占めるサッカーの話題は多くなる．初対面の挨拶の次の一声が「お前はレンジャーズファンか？それともセルティックか？」だ，というのは地元の人達が自らを揶揄しつつ言っていることだ．そんな土地柄だから，サッカーをすれば人は集まる．

　ただし，その圧倒的多数は男子になるし，サッカーが得意ではない男の子にとって必ずしもハッピーな状況ではない．だから，女子が夢中になるダンスや，男子にも女子にもの珍しいさまざまなスポーツや文化活動を同時に提供する．対抗しなければいけない相手は，ストリート文化である．その誘惑は相当に強いはずなので，プログラムの魅力は相当高くなければいけない．惹きつけたい相手が「誰」なのかを意識すれば，サッカーで大人数を集めて満足しているわけにはいかない．

　このように，スポーツによる地域課題の解決には，まず地域においてスポーツが文化としてどれほど成熟しているかが重要になる．そのスポーツ

によって手が届くのが「誰」なのか．その範囲と性格を具体的に把握した上で，仕組みをデザインすることが必要だ．スポーツが課題解決において重要なステークホルダーに届くような性質のものでないのなら，そこでスポーツを用いる意味はない．そうした状況でも，地域を巻き込みながらスポーツを振興することをめざすことはもちろんできる．でもそれは，「地域でスポーツをつくる」ことである．さらにそれを通じて地域の中で新しい人の繋がりが生まれたりすることはある．それがスポーツを発展させるための必要条件であることが多いからだ．それは「スポーツをつくるために地域をつくる」ことであって，「地域をつくるためにスポーツをつくる」ことではない．そうした営みにももちろん価値はあるが，スポーツと地域の関係性においては，本章で扱った事例とは違った段階にあるように思う．

ひとくちに「地域づくり」というけれど，地域のおかれた状況によってその方向性が異なってしかるべきだろう．発展段階を迎えている地域，停滞している地域，停滞から再発展に向かう地域，停滞から衰退に向かう地域など，さまざまだ．これまでの地域づくりのモデルは，主に発展段階や再発展段階を想定していた．成長している地域や成長が見込まれる地域には，当然関心が集まる．スポーツイベントがやってくるのもそんな空気を感じてだろうし，それに付随してヒト・カネ・モノもやってくる．それらは発展を加速させたり，便乗したりしているだけであって，発展そのものの基盤は既に存在していることの方が多いだろう．

それに対して，この章でみてきた英国諸都市のような既に発展と衰退を経験してきた地域では，そこから再発展をめざすよりも現状をある程度甘受しつつ，それでも粘り強く生き抜いていく，というアプローチがとられているように思う．そこにおいて，地域の発展や衰退に寄り添って地域に根づいてきた文化としてのスポーツが力を発揮しうる．それは，地域が抱える課題を解決に向けた人々の営為を下支えする役割である．スポーツそのものが物事を解決するのではない．しかし，文化として根づいたスポーツは人の力を集める．その力を課題解決に資するものに転化するにはもう一工夫も二工夫も要るが，「地域」とは結局は「人」なのだという視点が出発点になることは間違いないだろう．

付 記

本章は，鈴木直文（2012）「スポーツは地域をつくるのか？――地域課題の解決にスポーツが寄与する条件」『一橋大学スポーツ研究』31, pp. 3-18 をもとに加筆修正を行ったものである．

引用文献

[1] 『都市開発』(1994) 85(12)．
[2] Percy, R. (2001) *Sport and Regeneration. Planning Bulletin Issue 10*. London: Sport England.
[3] Newman, P. & Tual, M. (2002) The Stade De France. The Last Expression of French Centralism? *European Planning Studies*, 10(7), 831-843.
[4] Rosentraub, M. S. (Ed.) (1997a) *Major League Losers*. New York: Basic Books.
[5] Noll, R. G. & Zimbalist, A. (Eds.) (1997) *Sports, Jobs, Taxes: The Economic Impact of Sports Teams and Stadiums*. pp. 55-91, Washington, D.C.: Brookings.
[6] Baade, R. A. (1994) Stadiums, Professional Sports, and Economic Development: Assessing the Reality. *Heartland Policy Study*, 62.
[7] Baade, R. A. (1996a) Professional Sports as Catalysts for Metropolitan Economic Development. *Journal of Urban Affairs*, 18(1), 1-17.
[8] Baade, R. A. (1996b) Stadium Subsidies Make Little Economic Sense for Cities, a Rejoinder. *Journal of Urban Affairs*, 18(1), 33-37.
[9] Baade, R. A. (2000) Home Field Advantage?: Does the Metropolis or Neighborhood Derive Benefit from a Professional Sports Stadium? In Rich, W. C. (Ed.) *The Economics and Politics of Sports Facilities*. pp. 71-89, Westport, CT: Quorum Books.
[10] Baade, R. A. & Dye, R. F. (1988) An Analysis of the Economic Rationale for Public Subsidization of Sports Stadiums. *Annals of Regional Science*, 22(2), 37-47.
[11] Baade, R. A. & Dye, R. F. (1990) The Impact of Stadiums and Professional Sports on Metropolitan Area Development. *Growth and Change*, 21(2), 1-14.
[12] Baade, R. A. & Matheson, V. A. (2001) Home Run or Wild Pitch? Assessing the Economic Impact of Major League Baseball's All-Star Game. *Journal of Sports Economics*, 2(4), 307-327.
[13] Baade, R. A. & Matheson, V. A. (2004) The Quest for the Cup: Assessing the Economic Impact of the World Cup. *Regional Studies*, 38(4), 343-354.
[14] Baade, R. A. & Sanderson, A. R. (1997) The Employment Effect of Teams and Sports Facilities. In Noll, R. G. & Zimbalist, A. (Eds.) *Sports, Jobs, Taxes: The Economic Impact of Sports Teams and Stadiums*. pp. 92-118, Washington,

D.C.: Brookings.
[15] Coates, D. & Humphreys, B. R. (1999) The Growth Effects of Sport Franchises, Stadia, and Arenas. *Journal of Policy Analysis and Management*, 2 (4), 307-327.
[16] Coates, D. & Humphreys, B. R. (2001) The Economic Consequences of Professional Sports Strikes and Lockouts. *Southern Economic Journal*, 67(3), 737-747.
[17] Coates, D. & Humphreys, B. R. (2003) The Effect of Professional Sports on Earnings and Employment in the Services and 17 Retail Sectors in Us Cities. *Regional Science and Urban Economics*, 33, 175-198.
[18] Hudson, I. (1999) Bright Lights, Big City: Do Professional Sports Teams Increase Employment? *Journal of Urban Affairs*, 21(4), 397-407.
[19] Rosentraub, M. S. (1996) Does the Emperor Have New Clothes? A Reply to Robert J. Baade. *Journal of Urban Affairs*, 18(1), 23-31.
[20] Rosentraub, M. S. (1997b) The Myth and Reality of the Economic Development from Sports. *Real Estate Issues*, 22(1), 24-29.
[21] Rosentraub, M. S., Swindell, D., Przybylski, M. & Mullins, D. R. (1994) Sport and Downtown Development Strategy: If You Build It, Will Jobs Come? *Journal of Urban Affairs*, 16(3), 221-239.
[22] Jones, C. (2001) A Level Playing Field? Sports Stadium Infrastructure and Urban Development in the United Kingdom. *Environment and Planning A*, 33, 845-861.
[23] Jones, C. (2002a) Public Cost for Private Gain? Recent and Proposed 'National' Stadium Developments in the UK, and Commonalities with North America. *Area*, 34(2), 160-170.
[24] Jones, C. (2002b) The Stadium and Economic Development: Cardiff and the Millennium Stadium. *European Planning Studies*, 10(7), 819-829.
[25] Austrian, Z., & Rosentraub, M. S. (2002) Cities, Sports, and Economic Change: A Retrospective Assessment. *Journal of Urban Affairs*, 24(5), 549-563.
[26] Chanayil, A. (2002) The Manhattan Yankees? Planning Objectives, City Policy, and Sports Stadium Location in New York City. *European Planning Studies*, 10(7), 875-896.
[27] Johnson, A. T. (2000) Minor League Baseball: Risks and Potential Benefits for Communities Large and Small. In Rich, W. C. (Ed.) *The Economics and Politics of Sports Facilities*. Westport, CT: Quorum Books.
[28] Turner, R. S. & Rosentraub, M. S. (2002) Tourism, Sports and the Centrality of Cities. *Journal of Urban Affairs*, 24(5), 487-492.
[29] 阿部大輔 (2009) 『バルセロナ旧市街の再生戦略――公共空間の創出による界隈の回復』学芸出版社.

[30] Department for Culture, Media and Sport (1999) *Policy Action Team 10: Report to the Social Exclusion Unit – Arts and Sport*. London: HMSO.
[31] Social Exclusion Unit (2001) *A New Commitment to Neighbourhood Renewal: National Strategy Action Plan*. London: HMSO.
[32] 鈴木直文 (2008)「英国グラスゴーの都市貧困地域における社会的包摂プログラムに関する研究」『建設マネジメント研究論文集』15, pp. 61-70.
[33] Long, J., Welch, M., Bramham, P., Butterfield, J., Hylton, K. & Lloyd, E. (2002) *Count Me In: The Dimensions of Social Inclusion through Culture and Sport*. Leeds: Leeds Metropolitan University.
[34] Coalter, F., Allison, M. & Taylor, J. (2000) *The Role of Sport in Regenerating Deprived Areas*. Edinburgh: Scottish Executive Central Research Unit.
[35] Blackshaw, T. & Long, J. (2005) What's the Big Idea? A Critical Exploration of the Concept of Social Capital and Its Incorporation into Leisure Policy Discourse. *Leisure Studies*, 24(3), 239-258.
[36] Suzuki, N. (2005) Implications of Sen's Capability Approach for Research into Sport, Social Exclusion and Young People: A Methodological Consideration on Evaluation of Sport-Related Programmes Targeted at Young People in Deprived Urban Neighbourhoods, *LSA Publication No. 88*. In Hylton, K., Long, J. & Flintoff, A. (Eds.) *Evaluating Sport and Active Leisure for Young People*. pp. 3-21, Eastbourne: LSA Publications.
[37] 鈴木直文 (2011)「『スポーツと開発』をめぐる諸問題――実行組織としてのNGOに関する包括的研究にむけて」『一橋大学スポーツ研究』30, pp. 15-22.
[38] Suzuki, N. (2007) *Sport and Neighbourhood Regeneration: Exploring the Mechanisms of Social Inclusion through Sport*. Ph. D. Thesis, Department of Urban Studies, University of Glasgow, Glasgow.
[39] Nichols, G. (2007) *Sport and Crime Reduction: The Role of Sports in Tackling Youth Crime*. London: Routledge.
[40] Crabbe, T., Bailey, G., Blackshaw, T., Brown, A., Choak, C., Gidley, B., Mellor, G., O'Connor, K., Slater, I. & Woodhous, D. (2006) *Knowing the Score: Positive Futures Case Study Research: Final Report*. London: Home Office.
[41] 山本達也 (2010)「都市における地域密着型プロスポーツの役割に関する研究」東京大学大学院工学系研究科都市工学専攻修士論文.
[42] Department for Communities and Local Government (2008) *The English Indices of Deprivation 2007*. London: Department for Communities and Local Government.
[43] Spurling (2006) *Highbury: The Story of Arsenal in N.5.*: London Orion Books.
[44] Scottish Executive (2006) Scottish Index of Multiple Deprivation 2004. Available from: http://www.scotland.gov.uk/stats/simd2004/map.asp (Accessed 10th

April 2006).
[45] Furlong, A., Cartmel, F., Biggart, A., Sweeting, H. & West, P. (2003) *Youth Transitions: Patterns of Vulnerability and Processes of Social Inclusion.* Edinburgh: Scottish Executive Social Research.
[46] Suzuki, N. & Kintrea, K. (2007) *Young People and Territoriality in Scotland: An Exploratory Study: Final Report to the Scottish Executive.* Glasgow: Department of Urban Studies, University of Glasgow.
[47] Kintrea, K. & Suzuki, N. (2008) Too Much Cohesion? Young People's Territoriality in Glasgow and Edinburgh. In Flint, J. & Robinson, D. (Eds.) *Community Cohesion in Crisis?: New Dimensions of Diversity and Difference.* pp. 199-217, Bristol: Policy Press.
[48] Suzuki, N. (2008) Git oot o'ma patch! Breaking Down Territorial Barriers to Help Young People's Social Inclusion, CD of Papers of EURA 2008: Learning Cities in a Knowledge Based Society, 9-11 October 2008, Milan, Italy.
[49] Davies, A. (1998) Street Gangs, Crime and Policing in Glasgow During the1930s: The Case of the Beehive Boys. *Social History,* 23(3), 251-267.
[50] Kintrea, K., Bannister, J., Pickering, J., Reid, M. & Suzuki, N. (2008) *Young People and Territoriality in British Cities.* York: Joseph Rountree Foundation. Available online: http://herd.typepad.com/files/2278-young-people-territoriality.pdf.
[51] Suzuki, N. (2009) Mobilising communities to regenerate deprived urban neighbourhoods in Glasgow. In Horita, M. and Koizumi, H. (Eds.) *Innovations in Collaborative Urban Regeneration.* pp. 147-164. Tokyo: Springer.

スポーツ・体育・健康の垣根を越えた"運動"と地域づくり

大平利久

運動思考

不器用な者にとっては"運動"という言葉ほどストレスを感じるものはない．しかるに，この"運動"を検索すると，おおよそ「物が動いている様子」とでてくる，ということで，我々が人間として生まれた限りはつき合わざるを得ないものには間違いないようである．

逆に言えば，本来"運動"とは1人ひとりの人間に独自に与えられた特権に他ならない．

ところが，現在の日本では，不思議なことに運動が分野ごとに区別され，分野ごとに価値定義がなされ，しかもそれぞれに専門家と称する者が権利を保持する状況にある．

スポーツ分野

本論の主旨であるスポーツが人と地域を突き動かすためには，スポーツの論議だけでの解決は困難である．なぜなら，スポーツはスポーツ分野での"運動"としての価値定義の中で，人を突き動かしているに過ぎず，とても地域を突き動かすほどの絶対条件にはならないからである．

体育分野

体育もスポーツと同様に"運動"を価値定義したもので，それも国家権力として各自治体（教育部局）に支えられての価値定義を有している．そして，ややこしい話ではあるが，これまた残念ながら学校という狭い範囲の中で人を動かすが，地域を動かすのには程遠いのが現状であろう．

健康分野

さて，それでは健康づくりとしての分野はどうだろう．昭和50年代の国の成人病対策（SHP：シルバー・ヘルス・プラン），昭和60年代の国の生活習慣病対策（THP：トータル・ヘルスプロモーション・プラン），さらには平成10年代の国の健康増進法制定（健康日本21計画）の中で"運動"は論議され，

利用されてきたところである．結果として，"運動の基準"なる，摩訶不思議なもの（言葉）まで世に出るに至った．

それでも，健康づくりとして地域自治体レベルで人と地域を突き動かしているかというと，これも残念ながら人のみで，しかも先の体育分野と同じく国家権力の中で各自治体（行政部局）として狭義的な福祉部門の人を動かすのみであり，とても地域を突き動かすには至らないのが現状であろう．

運動をつなぐ

以上，これまで日本で生まれてきた各分野組織の縦割りを外さない限り，スポーツのみで人を突き動かすのは厳しい．

逆に言えば，各分野で共有しうる"運動"の価値定義を整理することに趣旨をおいた対策が必要と言える．つまり各分野が納得できる"運動"のプログラムを確立すれば，スポーツ，体育，健康づくりの繋がりができる．そして，各分野で運動が共有化される．

高齢者による『元気づくり体験プログラム』導入の提案

スポーツ，体育，健康づくりの各分野専門家OBが元気高齢者として一堂に集い，『元気づくり体験プログラム』に取組むことを提案する．

共有化された"運動"プログラムの下で，しっかりとしたエビデンス（科学的根拠）を確立することにより，少なくとも高齢化する地域社会においては"運動"の価値定義を共有することが可能となる．つまり，高齢化社会をポジティブに受け取め，各分野の人々を"運動"を通して繋ぎ，人が地域を突き動かす地域づくりの原動力にする考え方である．

なお，この取組みの大きな付加価値として優れているのは，増大する医療費の抑制に役立つことである．少子高齢時代の到来，そしてさまざまな財政的課題に直面している地方自治体が多い中，できればこの高齢者による『元気づくり体験プログラム』に取組んでいただきたい．そして，できれば三重県いなべ市で行われているシステマティックな『元気づくりシステム』の構築に挑戦されることを期待する．

最後に，スポーツ分野としての立ち位置で考えると，楽しみの中から"運動"の価値定義を，子供たちから成人，高齢者，さらには障がい者までを横断的に普及展開し，地域の人々を突き動かすことのできる活力源はスポーツだと思いたい．

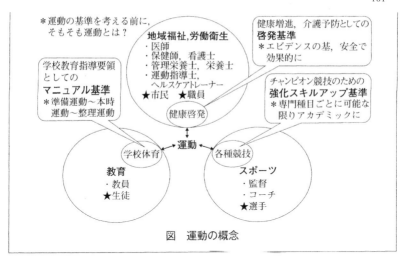

図　運動の概念

第 3 章

組織をつくる

まちづくり，地域づくり推進のための組織の必要性

木田　悟

1. はじめに

　日本におけるスポーツは明治期以降，体育として行われてきたことからスポーツやスポーツイベントは，青少年の健全なる育成やスポーツの振興を主目的に行われてきた，という経緯があり，地域との直接的なかかわりは少なかった．しかしながら，民間主導で開催された1984年のロサンゼルスオリンピック・パラリンピック大会[1]（以下，「オリンピック」という）以降，スポーツやスポーツイベントは，当該地域に経済的効果だけでなく，多様な効果をもたらし，ひいては地域の活性化，すなわちまちづくりや地域づくりに資することが分かってきた[2]．

　近年スポーツは，国や地域，あるいは人々を取巻く環境の変化に加え，マスメディアや情報手段の発達などを背景に，行う，観る，あるいは支援するなどに分類されるようになるなど，その捉え方も目的も多様化してきている．また，国際的なスポーツイベントでは，イベントを開催するまちや地域のみならず，出場する選手が一定期間同一の場所で練習し，宿泊す

---

[1] 大会の運営にかかる経費の大部分が，企業がPR経費等として出資した資金によってまかなわれた．
[2] 木田（2011）などによる．

る「キャンプ地」を必要とするものがあり，まちづくりや地域づくりの手段として，自治体が積極的にこの「キャンプ地」を招致・誘致し，支援する例が出現してきている．

しかしながら，このスポーツイベント開催による効果については，経済的効果以外の効果，すなわち後述する「社会的効果」を意識している自治体は未だ少なく，「キャンプ地」を招致しつつも，この2つの効果を活用して積極的にまちづくりや地域づくりを目論んでいるところは決して多くはない．

このような中でスポーツの意義は，2000年に文部科学省が示した「スポーツ振興計画」では，スポーツが地域社会に多様な影響を与えることを示唆する程度[3]であったが，それから10年を経た2010年7月に文部科学省が示した「スポーツ立国戦略」では，「はじめに」で「スポーツは社会を形成する上で欠かすことのできない存在」とし，「目ざす姿」では「スポーツは多様な意義を有する」と明記するに至っている．さらに，2011年6月17日には，スポーツ基本法が50年ぶりに全面改訂され，それにもとづき2012年3月に示された「スポーツ基本計画」（文部科学省）においても同様な意義を明記している[4]．

一方，スポーツを活かしたまちづくり，あるいは地域づくりとは，人々の生活や歴史，文化・芸術などの地域資源を活用した方策の1つであると言えるが，この「スポーツ」が現在の日本において，体育から広い意味を示す言葉に変化し，経済的効果だけではなく，さまざまな社会的効果をまちや地域にもたらしている[5]．また，NPOやボランティアなどとしての地域住民の参加は，スポーツを活かしたまちづくりや地域づくりに欠くこと

---

[3] 2000年9月の「スポーツ振興基本計画」では，「総論，1.スポーツの意義」の中で，「スポーツは，人生を豊かにし，充実したものとするとともに，人間の身体的・精神的な欲求にこたえる世界共通の人類の文化の一つである」としている．

[4] 2012年3月に文部科学省が示した「スポーツ基本計画」では，「はじめに」において，「スポーツは，青少年の健全育成や，地域社会の再生，心身の健康の保持増進，社会・経済の活力の創造，我が国の国際的地位の向上等国民生活において多面にわたる役割を担う」としている．

[5] 木田（2011）などによる．

のできない役割を担ってきている．そして，この「まちづくり，地域づくり」の視点からスポーツやスポーツイベントを捉えると，その有する効果や意義が多様化してきているスポーツを積極的に活用していくことが，現在の日本において求められてきていると言えるのではないか．

　以上のようなことから本章は，競技スポーツの振興や国際的スポーツイベントの誘致や開催といったことだけでなく，地域住民の間でも健康増進活動としても盛んとなってきている「スポーツ」を活用した「まちづくりや地域づくり」について，その推進のために抱える課題を踏まえて，今後まちや地域において新たに創設していくことが望まれる組織，「スポーツコミッション」の目的や意義，あるいは日本独自のあり方を整理するとともに，先進的と考えられる地域の事例を述べ，組織創設に向けた課題等を整理することを目的とする．

2. 日本におけるスポーツ，スポーツイベントの経緯

　本来スポーツは，ラテン語の de portare（デ・ポルターレ：日常生活から離れる）に由来する言葉と言われ，イギリスの貴族階級のレジャーとして発祥したものである．しかしながら，日本にスポーツが導入された明治期は，欧米諸国に追いつくために富国強兵，殖産興業が叫ばれていたことから，心身を鍛える体育教育の一環として導入された．したがって，行政においてもスポーツを所掌する部局は，現在においても教育委員会である場合が多く，その目的は青少年の健全育成やスポーツの振興が主となり，後述する多様な効果を発現できる態勢や施策展開がなされているわけではない．

　一方，国際的スポーツイベントの開催は近年まで，国威発揚，国力誇示の趣が強く，1964年に東京で開催されたオリンピックが日本の戦後復興を意味するものであったことや，ドイツのヒトラー政権が1936年に開催したベルリンオリンピックで行った聖火リレーをはじめとしたプロパガンダによる国力誇示などは有名である．しかしながら，民間主導で開催された1984年のロサンゼルスオリンピック以降，その開催がビジネスとして

認識され，地域に多様な効果をもたらしてきている．

　以上のような経緯を経た日本のスポーツやスポーツイベントは，1991年に社団法人日本プロサッカーリーグ（以下，「Jリーグ」という）が設立されたことにより，大きく方向転換を迫られることになった．Jリーグが「地域との連携」という目的を提唱[6]して開幕し，スポーツと地域とのかかわりが強く意識されはじめたからである．そして，2011年のスポーツ基本法の全面改訂へと続くのである．

　一方，このような中で観光庁では，スポーツを観光の1つの手段として捉え，諸外国からの来訪者の増大をめざした「スポーツツーリズム」を推進しつつあり，2011年6月には「スポーツツーリズム推進のための基本方針」が示され，2012年4月には一般社団法人日本スポーツツーリズム推進機構（以下，「JSTA」という）が関係者によって設立されるに至っている[7]．

3．今求められるまちづくり，地域づくりとは

3.1　東日本大震災を経験して

　2011年3月11日の東日本大震災は，未曾有の災害であったが，人々に人との繋がりの重要性を再認識させ，絆やコミュニティをより強調したまちづくり，地域づくりの重要性が浮かび上がってきている．これは人々の地域社会での営みから見出されるもので，満足感，うるおい，やすらぎなどを多くの人々が求めていると言える．

　一方，1995年に発生した阪神・淡路大震災以来，盛んとなってきたボランティアやNPO活動は，今回の大震災においても大いに展開されてき

---

[6]　Jリーグの活動方針の中で，「3．地域の人々にJクラブをより身近に感じていただくためにクラブ施設を開放したり，選手や指導者が地域の人々と交流を深める場や機会をつくっていきます」とし，地域に根ざしたクラブづくりを展開している．

[7]　筆者も設立時から理事として参画し，施設魅力化・規制緩和委員会の委員長として活動している．

ているとともに，日本の各地において，これまで行政に任せてきた地域の活動を自らが行う，といった住民参加型の活動も積極的に行われるようになってきている．

　この阪神・淡路大震災以来，盛んになったボランティア活動は，1998年の長野オリンピックでも継続され，延べ3万2,779人のボランティアが国内外から参加するとともに，その後のパラリンピックや2005年に長野市で開催されたスペシャルオリンピックス[8]でも継承され，現在も長野市内では，当時のスポーツボランティアが中心となってまちづくりや地域づくりに資するボランティア活動を行ってきている[9]．

　これらのボランティア活動は，東日本大震災においても盛んに行われ，全国各地から多くの人々が被災地を訪れ，復旧や復興の支援活動を展開してきているが，これらの活動の基本は，地域のことには住民自らが参画していくべきであり，行政任せのまちづくりや地域づくりではない，新しいまちづくり・地域づくりが年々盛んとなってきていると言える．

3.2　スポーツ，健康，まちづくりの関係とは

健康とまちづくり・地域づくり

　スポーツを幅広く捉えていくことの背景として，健康とまちづくりの関係およびスポーツと健康の関係についてまとめると，本来，健康の維持・増進とまちづくりの基本となる都市計画は，同一のものであったことが分かっている．18世紀から19世紀にかけて英国を中心とした産業革命において，都市は地方から仕事を求める労働者であふれ，一部にはスラム街が形成され，公衆衛生上問題のある場所であった．この問題を解決していくため，当時の英国政府は，1849年に世界で最初の「公衆衛生法」を制定し，その後，1875年に改訂して現在の公衆衛生法に資する施策のみならず，下水設備，清掃，有害物の除去，不衛生食物，家屋の規制，とさつ場，簡

---

[8]　第8回の冬季世界大会で，84の国と地域からの参加があった．
[9]　長野オリンピック時に唯一のボランティアコーディネーターであった丸田藤子氏が中心となって，ボランティア活動をスポーツのみならず，まちづくりや地域づくりに広げ，現在では「ながの街中賑わい研究所」を設立して活動中である．

易宿泊所等様々な内容を盛り込み，都市の衛生当局に建築条令を定める権限を付与した[10]．その後，この公衆衛生法から道路・下水などの整備を主とした法を「住宅・都市計画法」として1909年に制定し，それ以外の公衆衛生を目的とした現在の公衆衛生法とに分離した，といった経緯があり，健康の維持・増進とまちづくりは本来一体のものであったことが分かる．

スポーツと健康

一方，健康の維持・増進とスポーツの関係について，アメリカ合衆国のスポーツ社会学者であるジョージ・H・セージは，「真の責任ある社会は，健康が人間の最も価値ある資産であるが故に市民の健康を真面目に考える社会である．スポーツや身体活動は健康を促進するが故に，公的機関は全ての市民にスポーツを通じて健康を維持し，全力を打ち込んだ満足感を味わう機会を提供するために存在するようになろう」[11]と述べ，都市の最大の資産である「住民」の健康の維持・増進のためには，スポーツが必要である，と述べている．

4. スポーツによる効果を活かしたまちづくり，地域づくりに向けて

4.1 スポーツを活かしたまちづくり，地域づくりの課題

ここまでみてきたように，近年スポーツは，社会環境の変化などからその多様な効果が指摘される一方で，プロスポーツの進展などから，教育を離れたレクリエーションや新たなコミュニケーション形成の手段などとしても活用されてきており，多くの国民に親しまれ，さまざまな活動がスポーツとして行われるようになってきている．また，高齢社会の到来とともに健康増進の手段としても明確に位置づけられるようになってきている．

---

[10] 小嶋勝衛（2011）「まちなみシンポジウム基調講演　健康で暮らす住まいとまちなみ」『家とまちなみ』第63号，住宅生産振興財団，p. 45．
[11] セージ（1997）第10章第2節，p. 257を参照．

さらにスポーツは，マスメディアの発達や情報手段の発展などを背景に，これまでの「自ら行うスポーツ」から，「観るスポーツ」，あるいは「支援するスポーツ」などに分けられるようになり，その意義や目的なども多様化し，老若男女，健常者や障がい者を問わず，誰もが参加できるような環境が形成されつつある．

しかしながら，日本におけるスポーツは，明治期以降，長きにわたり「体育」として行われてきたことから，その効果を十分に発現できずにいる．また，日本の社会構造も縦割りで，スポーツをキーワードとした「まちづくりや地域づくり」を推進する態勢となっているところは少なく，ひいては地域の活性化に資するようにはなっていない，と指摘できる．

明治期に構築された日本の態勢は，行政において国，都道府県，市町村というような3段階でのシステムが構築され，第二次世界大戦における敗戦という大きな転換期があったものの，その構造は維持され，高度成長期の経済的繁栄を求めた結果，人々の生活に密着する施策や態勢が近年まで維持されてきている．このことから，体育として行われてきたスポーツが，多様な役割や効果を発現できるようになった現在においても，国や一部の都道府県を除く多くの自治体においては，旧態勢のまま教育委員会体育課などにおいて実施されている状態であり，スポーツの有する効果を十分に発現できず，まちづくりや地域づくりに活用されてきていないと考える．

しかしながら，世界では「スポーツ」はスポーツとして展開され，その役割や効果が活用され，経済的効果をはじめ，社会的効果を活用したまちづくりや地域づくりなども展開されてきていることから，日本においても早急にスポーツや健康およびまちづくり，地域づくりを一体的に捉えるための方法や社会システム，あるいは社会態勢を変えていくことが求められている．

4.2 スポーツコミッションの必要性

日本の行政におけるスポーツやスポーツイベントを所掌する部署の多くは，青少年の健全育成やスポーツを振興させていくことが目的で，ここで紹介した「まちづくりや地域づくり」といったスポーツによる効果を活用

して新たな活動などを行っていくなどの視点は持ち得ていない．

　したがって，スポーツをまちづくりや地域づくりの手段として捉えている自治体は少ない．これは前述したように社会の態勢が旧態依然となっているからであるとともに，積極的にスポーツの有する効果を活用していく，といった理念がないからであると考える．この新たな社会態勢を構築していくためには，住民の理解も重要であるが，変化する社会環境の流れを読み，自治体職員の意識を改革していくことが求められてきているし，それに伴うスポーツ関連団体や組織の再編も求められてきているのではないか，と考える．

　このようなことから，スポーツを活かしてまちや地域を再構築していこうとする自治体においては，スポーツをまちづくりや地域づくりの1つの手段として捉え，具体的に活動していくための「組織」が必要となってくる，と考える．この例としてアメリカ合衆国では，1979年に設立され，スポーツイベントを誘致することにより経済的な地域の活性化を図ったインディアナポリスの「インディアナ・スポーツ・コーポレーション」という組織が代表的である．アメリカ合衆国においては，一般的に「スポーツコミッション」と呼ばれるスポーツイベント誘致などにより，地域の活性化を展開する民間企業による組織が数多くの都市にあり，全米組織も存在しており，大いに日本の参考となるところである．

　しかしながら，アメリカ合衆国の制度や仕組みをそのまま取り込むのは一考を要する．すなわち，アメリカ合衆国においては，日本のようにスポーツが「体育」として展開されてきておらず，スポーツはスポーツであるからである．要は，体育として長期間にわたって実施されてきた日本のスポーツの特徴を活かした日本独自の「スポーツコミッション」の設立が求められてきていると言える．

4.3　日本におけるスポーツコミッションの役割と意義

　日本におけるスポーツコミッションは，スポーツを幅広く捉え，まちづくりや地域づくりの手段としていこうとする自治体において，その目的遂行に資する機能を有する組織としていく必要がある．基本理念は同じであ

っても，その組織の設立目的や目標は，地域の特性などによりさまざまであると考える．例えば，まちづくりや地域づくりを基本として，「スポーツキャンプの拠点形成」を目的としてそれを実現させるための組織の形成，あるいは「スポーツツーリズムの拠点形成」を目的にその推進のための組織形成などがあり，地域が地域資源としてのスポーツをどのように捉えてまちづくりや地域づくりの手段としていくかにより，異なるからである．

少子高齢社会が進展し，地方自治体の財政状況も厳しさを増すなかで，多様な意義や効果を持つようになったスポーツによるまちづくりや地域づくりを，地域活性化の1つの手段として捉え，その有する機能を効果的かつ効率的に発現させていくことが重要となってきているのである．そしてそのためには，これまでのように行政が教育としてのスポーツを行うのではなく，地域のスポーツクラブ，地元のボランティア活動を行う住民組織，各種スポーツ関係団体，スポーツ関連企業，あるいは小・中学校や大学等の高等教育機関などが一体となり，日本独自の「スポーツコミッション」を形成させていく必要がある．つまり，日本の場合，スポーツの有する多様な効果を発揮させていくために，スポーツが教育の手段として長い間行われてきたことを活用するとともに，地域住民をも巻き込んだ活動を十二分に後押しするための新たな組織が必要となるのである．

したがって，このスポーツコミッションでは，スポーツイベントの誘致やスポーツツーリズムの推進だけではなく，スポーツが有する多様な効果を活かしたまちづくりや地域づくりに向けた検討や具体的な活動をそれぞれの役割に沿って行っていく必要がある．したがって，スポーツコミッションの行う活動は，地域の状況に応じて異なってくるのである．

5. 日本におけるスポーツコミッション形成の可能性

5.1 スポーツコミッションの基本的考え方

日本におけるスポーツを活かしたまちづくりや地域づくりを推進する組織としての「スポーツコミッション」は，アメリカ合衆国のように経済的

効果を中心とした組織ではなく，またフィルムコミッション[12]のように，イベントの開催・誘致，あるいはそれらの支援活動を行うだけでもなく，まちづくりや地域づくりを目標とした調査研究や施策の提言，あるいは具体的活動を行っていく組織としていくべきである．さらに，スポーツツーリズムを推進するだけの組織やスポーツビジネス，あるいは観光地づくりを展開するだけの組織でもなく，それらを包括した地域の資源である「スポーツ」を総合的に活用したまちづくりや地域づくりに資する施策などを検討して実行する組織として定義し，それぞれの地域において活動していくことにより，地域の活性化に資する新たな組織として位置づけられるのではないであろうか．

したがってここでは，スポーツコミッション形成の可能性について，2つの先進的取組について述べるとともに，その他の地域の取組概要を整理することにより，組織形成の可能性を試みることとする．

5.2　島根県出雲市におけるスポーツコミッションの形成

出雲市における取組事例

島根県の東部に位置する出雲市では，13年前に行政が行っていたソフト事業や体育協会をはじめとする市内のスポーツ団体の事務局業務，スポーツ施設の管理などを一体的に引き受ける組織としてNPO法人出雲スポーツ振興21[13]（以下，「振興21」という）を設立したが，組織の設立目的は「スポーツを活かしたまちづくり」を行うことであった．この振興21は，総合型地域スポーツクラブを組織内に設立し，市内の他の総合型地域スポーツクラブの設立や活動を支援するだけでなく，指定管理者制度導入に対応し，県・市のスポーツ施設の指定管理を行い，施設利用者の大幅な増大や指定管理料の削減などに効果を出している．その結果，得た利益を

---

12)　フィルムコミッション（以下，「FC」という）とは，ロケ地において映像製作支援を行い，直接的な経済効果を地域にもたらすことを目的に，1940年代にアメリカ合衆国において始まった活動．次のような3原則があり，これを満たした組織をFCと呼ぶこととしている．①非営利公的機関である．②One Stop Serviceの提供．③作品内容は問わない．

まちづくりに資する活動へと投入するなど，スポーツを活かしたまちづくり活動を展開している．また，現在，一般財団法人日本スポーツコミッション[14]（以下，「SCJ」という）と協働して市内のスポーツツーリズムの展開に向け，新たなまちづくり組織設立に向けた検討会を民間主導で開催し，独自のスポーツコミッションの形成をめざしている．

出雲市の事例から捉えたスポーツコミッションの形成とは

地域においては，地元自治体の活動と関連して，体育協会や観光協会をはじめ，さまざまな公的団体や組織が存在し，その公的使命から助成などを受けて運営などを行ってきているが，専門の事務局を有する団体や組織は多くはない．場合によっては，地元体育協会や観光協会などの業務を自治体職員が代替しているケースも見られてきている．特に，スポーツ関連団体や組織は各種存在しているが，地元の体育協会などを除けば，事務局業務を専門としてまで活動を行っているケースは少ない．

このようなことから，スポーツなどに関わる団体や組織の事務局業務のみを行う新たな組織を行政主導で設立し，スポーツなどに関わる活動を積極的かつ戦略的に行えるようにしていくことが可能となると考える．特に規模の小さいスポーツ団体や組織は，スポーツに関わる活動を行うことを目的として形成されていることから，事務局業務を行うことは往々にして得意ではないケースがある．そこで，事務局業務を専門に行う組織にそれを委ね，団体や組織の構成員に積極的な情報提供やネットワークの構築を図ることにより，自らはスポーツ活動に専念していくことが可能となり，スポーツ活動は活発化していくと考えられる．

一方，この新たな組織は，地元体育協会をはじめとしたスポーツに関連

---

13) 2000年に出雲市によってNPO法人として市内のスポーツ団体等の事務局業務を行う組織として設立され，その設立目的をスポーツによる地域づくりとし，かつ総合型地域スポーツクラブを内包している．

14) SCJとは，スポーツコミッションオブジャパンの略で，スポーツを活かしたまちづくり，地域づくりを推進させていくための組織として，調査研究やスポーツを活かしたまちづくりや地域づくりに資する活動をするいわゆるシンクタンクとして，筆者などが中心となって2009年5月に設立．

する団体や組織等の事務局業務を行うだけでなく，地元自治体のスポーツ関連施設の指定管理業務等を受託することにより，施設のより積極的な利活用が図れるとともに，組織の運営上のメリットも生じてくると考えられる．施設の主たる利用者である地元のスポーツ団体や組織の事務局を請け負う組織が運営している施設となり，施設の利活用に関わる情報が的確に発信されるばかりでなく，利用者の意向も反映した利用方法やアクティビティなどが整備されるからである．また，これらの指定管理を展開していく上で総合型地域スポーツクラブ[15]を組織内に整備していくことも考えられる．

さらに，この組織の設立理念や目標をまちづくりや地域づくりのために存在する組織として位置づけていくことにより，スポーツや観光・交流に資する活動も積極的に行っていくことが可能となる．なお，この組織の運営は，これまで自治体がそれぞれのスポーツ関連団体や組織に助成していた経費の一部を充てていくこととする．

このようにスポーツに関わる新たな組織の運営が順当に進んだ時期を見計らって，スポーツをキーワードとしたまちづくりや地域づくりをより積極的に展開していく意味から，スポーツツーリズムなどの新たな動きと協働して，観光・交流に関わる企業，団体及び行政等とのネットワーク形成により，この組織が核となって地域の「スポーツコミッション」を形成していくことが考えられる．

この地域のスポーツコミッションは，まちづくりや地域づくりに資する活動を積極的に行うことにより，経済的効果のみならず，スポーツを行うことにより発現するさまざまな社会的効果を活用して魅力あふれる地域の形成，地域住民の生き甲斐の創出，健康・安全の生活の確保などが，ある地域を形成させていくことが可能となると考える．また，さらに各地のスポーツコミッションとの連携を図り，情報や人材の交換等を行い，日本全体のまちづくりや地域づくりに貢献していくことが可能となる．

先に見たこのケースの成功事例といえる島根県出雲市にある振興21は，

---

[15] 2000年9月，文部科学省「スポーツ基本計画」の中で提起された組織．

十数年前からこのような理念，目標の下に設立され，地元スポーツ団体・組織等の核となって活動してきた．また，県立のスポーツ施設の指定管理を受託し，魅力ある利用のアクティビティなどを実施することにより，施設の活用を大幅にアップさせ，結果として利用者の増大，指定管理料金の低減化，新たな雇用の確保，あるいはスポーツ活動の振興に資するとともに，その目的であるまちづくりや地域づくりに資する活動をも展開中である．

さらに，近年は地元のスポーツツーリズムに関連する組織や企業等からなる「出雲STP創設研究会」を設立し，前述したSCJと連携して，スポーツツーリズムの核となる組織の創設をめざした活動を行ってきている．この出雲におけるスポーツコミッションとも言える研究会では，出雲大社という国際的観光資源を如何にして，出雲駅伝をはじめとしたマラソンや他のさまざまなスポーツと連携させ，まちづくりや地域づくりを展開していくことが可能かを検討，あるいは一部実践中である．

5.3　新潟県十日町市における取組事例

十日町市における取組事例

新潟県十日町市では，2002年のワールドカップ日韓大会に出場したクロアチア代表チームのキャンプ地となったことを契機に，スポーツキャンプ地の拠点形成をめざして，官民一体となって活動してきた．そして，市内の民間を中心に2008年5月に総合型地域スポーツクラブと予防医療を専門とする病院が核となって「十日町市スポーツコミッション地域再生協議会」（以下，「協議会」という）を設立した．この協議会では，スポーツを幅広く捉え，スポーツを支える食，宿泊およびインフラとしての交通関係企業や行政等も参画して「スポーツキャンプ拠点の形成」によるまちづくりに向けた活動を行っている（行政および十日町市体育協会や観光協会などの関連組織などと連携して活動を行い，2013年5月29日に「十日町市スポーツコミッション」が設立された）．

十日町市の事例から捉えたスポーツコミッションの形成

　当初からスポーツ，観光・交流をまちづくりや地域づくりに展開するための組織としてのスポーツコミッションを形成させていく方法で，自治体内の関係組織・団体等からなる研究会・委員会などを設立し，関係者の合意を得てスポーツ，観光・交流活動とまちづくりや地域づくりを一体として捉えている．

　このとき，スポーツコミッションとして，前述した組織のベースとなるスポーツ，観光・交流団体等の事務局機能を担うか，あるいは関連する施設等の指定管理を行うかなどについては，ケースバイケースで考えていく．さらに，総合型地域スポーツクラブの形成なども検討していく必要がある．

　自治体のスポーツコミッションによる活動を展開していく上で他の地域のスポーツコミッションや類似する組織との連携やネットワークを形成し，活動を全国レベルから捉えていくことが情報の収集，発信において重要であると考える．

　この先進的事例である新潟県十日町市の「十日町市スポーツコミッション地域再生協議会」は，前述のとおり，2002 FIFA ワールドカップのクロアチア代表チームのキャンプ地となったことを活用して，低迷する十日町市の新たな産業を創出することを目標に地域の総合型地域スポーツクラブと予防医療を積極的に展開している病院が核となって設立した組織であり，スポーツキャンプの拠点形成をめざし，その先に新たなスポーツ関連産業の育成創出を図り，地域住民が主体となったまちづくりや地域づくりを展開していこうとしている．「十日町市スポーツコミッション」は前述したように2013年5月29日に設立されたが，今後，行政や地元企業等と一体となってまちづくりや地域づくりに資する活動が期待されている．

5.4　その他の事例概要

群馬県川場村

　川場村は，東京都世田谷区との都市交流を三十数年前から始めた村で，「交流」というキーワードの下で過疎・高齢化を克服するまちづくりを展開してきた．しかしながら，他の自治体においても「交流」というキーワ

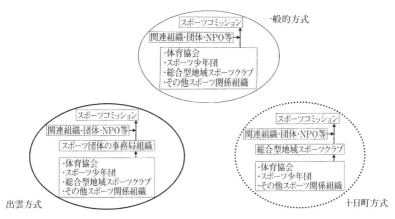

図3-1　スポーツコミッションの形成方法

ードが使用されるようになってきたことから，近年，多様な効果を有すると言われている「スポーツ」を活かした新たな視点からの交流へと活動を展開中である．

　この最初の事業がプロの練習も可能な「スポーツ広場」の整備であり，この施設を含むスポーツ・体育施設等の効率的かつ有効的な利活用やスポーツをとおしたまちづくりを展開する組織として村を含む関係者からなる「川場村スポーツコミッション」の形成をめざしている．また，2012年度から「川場村スポーツ交流による地域づくり計画策定調査」を実施し，計画策定とそれにもとづく具体的活動を展開し，スポーツを交流の中心とした新たな村づくりを展開しつつある．

千葉県南房総市

　房総半島の先端地域に位置する南房総市は，2006年に6町1村が合併して誕生した新しい市であるが，東京からの近接性に加えて冬季の避寒地，夏季の避暑地・レクリエーションの場として古くから数多くの人々が訪れている地域である．しかしながら，近年の東京湾アクアラインや道路整備などの交通の利便性が向上するとともに，若者の流出と来訪者の減少に見舞われ，新たな施策を模索していた．このような中で，東京からの近接性

により，大学生をはじめ数多くの若者がスポーツやレクリエーションなどに訪れていることから，スポーツをキーワードとしたまちづくりをめざして，「南房総市スポーツのまちづくり基本計画策定調査」を2012年度に実施し，具体的計画策定とそれにもとづく事業等を展開することとした．特に，南房総市におけるスポーツコミッションのあり方やスポーツコミッションを中心とした具体的活動，あるいはスポーツキャンプの核となるスポーツ広場の整備などについて検討中である．

三重県いなべ市

　三重県の北西部に位置するいなべ市は，2005年に4町が合併して誕生した市であるが，その中心となる旧大安町で2000年から「社団法人元気クラブいなべ」[16]が行っていた「元気づくり活動」を基本に，健康増進という視点からまちづくりを展開している．具体的には，地域の高齢者の健康の維持・増進を図ることを目的に元気づくり運動を実施し，その過程において「元気づくりリーダー」と呼ばれる活動を自主的に進めるボランティアを養成し，この人々が中心となってまちづくり活動を展開していこうとするものである．この健康増進活動の結果，1人当たりの医療費は7万8,000円程度削減されてきているのも事実であるが，あくまでもまちづくり活動の中間的な結果に過ぎず，元気になった高齢者が地域活動を行い，「まちづくり」に貢献しているところに注目する点がある．今後は，行政のまちづくり関連部署と協働して，住民参加によるまちづくりをどのように推進させていくかなどの検討が求められている．

6. 今後に向けて

　近年地方自治体では，その所掌する分野でスポーツが体育部局から生活関連部局に移行してきているものの，未だ体育的要素が強く，まちづくりや地域づくりに活用していこうとする意識は高くはなく，ましてやそのた

　16）　現在は，「一般社団法人元気クラブいなべ」となっている．

めの施策などは十分でない状態である．また，観光庁が推進するスポーツツーリズムやその中心的組織となる JSTA は，あくまでも魅力ある観光地の形成をめざしており，本章でいうところの健康増進や体育なども含む「スポーツ」を活用したまちづくり，地域づくりとは目的が異なっていることから，おのずから地域における組織としての「スポーツコミッション」の捉え方も異なっている．筆者らが提唱する「スポーツコミッション」は，「スポーツを活用したまちづくりや地域づくりを展開し，ひいては地域の活性化に資する活動を行う組織」としており，観光振興という立場からの考えは，間違いではないもののやや狭い捉え方をしている，と言えよう．

一方，本章で示すまちづくりや地域づくりに資する「スポーツコミッション」は，徐々にではあるが，着実に活動し始めてきている．前述した「振興21」は，その先端を行く組織であり，現在はスポーツツーリズム推進のための新たな組織を検討中であるが，将来は「スポーツ」を外した観光以外の活動も含むまちづくり，地域づくりのための組織にしていこうとしている．また，十日町市では，民間中心で動き出したスポーツを核として「スポーツキャンプ拠点の形成」により，地域産業の活性化やまちづくりや地域づくりを展開し始めてきている．さらに，南房総市や川場村では，地域の将来方向を「スポーツによるまちづくり計画」として明確化することや重点施策を示すことによりスポーツを地域の核としていくことの明確化と計画の担保を図ろうとしてきている．一方，いなべ市は，スポーツをより幅広く捉え，高齢者の健康増進を図ることにより，高齢者を活用したまちづくり，地域づくりを展開しつつある．

このようなことから本章は，地域の自治体や住民の視点から捉えたまちづくり，地域づくりの立場に立って，如何にしてスポーツを活用していくことが可能か，あるいはまちづくりや地域づくりに欠かせない社会的効果を発現させていくための組織のあり方などについて取りまとめたものである．そしてこの社会的効果は，人や地域，あるいは社会全体へ与える効果であり，これらが十分発現されてこそ，まちづくりや地域づくりが進展し，結果として地域の活性化が図られ，地域住民の生き甲斐や健康で安全な生

活が確保されるものと考える．

　地方分権や地域の自律が叫ばれるとともに，地域づくりに住民の参加が求められる今日，われわれにとって身近な存在であるスポーツをとおして「まちづくりや地域づくり」にかかわる方策などを考えることは，地域にとってもスポーツにとっても十分に意味のあることだと考える．

参考文献
木田悟（2010）「スポーツを活かした地域の活性化とスポーツコミッションの必要性」『UP』5月号，東京大学出版会，pp. 39-45．
木田悟（2011）「地域におけるスポーツイベントの社会的効果に関する研究──サッカーワールドカップのキャンプ地を中心として」（日本大学博士（工学）論文）．
木田悟（2012）「スポーツによるまちづくりとその動き」『日事連』2月号，日本建築士事務所協会連合会，pp. 11-13．
木田悟・小嶋勝衛（2003）「サッカーワールドカップフランス大会における地域活性化の実態──サッカーワールドカップ開催を契機とした地域活性化に関する研究　その1」『日本建築学会技術報告集』18，pp. 319-324．
木田悟・小嶋勝衛・岩住希能（2006）「サッカーワールドカップ大会における社会的効果に関する考察──サッカーワールドカップ開催を契機とした地域活性化に関する研究　その2」『日本建築学会技術報告集』23，pp. 427-432．
国土交通省（2002）「ワールドカップ開催を契機とした地域活性化のあり方に関する調査」国土交通省．
国土庁（1995）「スポーツを核とした地域活性化に関する調査──スポーツフロンティアシティ21」国土庁．
小嶋勝衛（2011）「まちなみシンポジウム基調講演　健康で暮らす住まいとまちなみ」『家とまちなみ』63，住宅生産振興財団，p. 45．
小嶋勝衛・藤口光紀・木田悟（2012）「座談会：スポーツが建築・まちづくりにもたらすもの」『日事連』2月号，日本建築士事務所協会連合会，pp. 4-10．
佐伯和夫（2011）『野球とニューヨーク』中央公論新社．
スポーツツーリズム推進検討会（2011）「スポーツツーリズム推進の基本方針」．
セージ，ジョージ（1997）（深澤宏訳）『アメリカスポーツと社会──批判的洞察』不昧堂出版（Sage, George H.(1990) *Power and Ideology in American Sport*, Human Kinetics）．
文部科学省（2012a）『観光立国推進基本計画』文部科学省．
文部科学省（2012b）『スポーツ基本計画』文部科学省．
堀繁・木田悟・薄井充裕編（2007）『スポーツで地域をつくる』東京大学出版会．
Brown, A. & J. Massey(2001) *The Impact of Major Sporting Events*(The Sports Development Impact of the Manchester 2002 Commonwealth Games: Initial

Baseline Research), for UK Sport, Manchester Institute for Popular Culture Manchester Metropolitan University, p. 3.

出雲スポーツ振興21によるスポーツコミッションの形成
出雲方式によるスポーツ振興と地域づくり

白枝淳一

1．組織の活動概要

NPO法人出雲スポーツ振興21は「スポーツ振興による地域づくり」をミッションに，以下のような活動を行っている．

(1) 公共施設の管理

指定管理者として，公の財産である県立・市立11施設の適正な管理・運営と有効活用を図っている．このことは施設設置者である行政と施設利用者および施設が存在する地域，少なくとも三者のそれぞれの立場を理解した協働（共同）および管理者からの施設活用に関する仕掛けを発信し，施設活用を図っていくことである．

(2) スポーツ振興団体等の事務局業務

出雲市体育協会，出雲市スポーツ少年団，出雲市スポーツ推進委員協議会の事務局業務をはじめ，各種大会等の事務局や実行委員として，活動の活性化に協力している．共に活動する機会が増えることにより人間関係が深まり，個別の事案に関してもスムーズな対応ができるようになっている．

(3) スポーツ振興団体および市民が行う活動への支援・協力

活動の場である公共施設の管理者と利用する団体・市民と共に活動するNPOとして，ハードとソフトの一体化を図った支援・協力を行っている．地域と共に地域のために活動する，という活動の原点であり，組織力の源となっている．

(4) 総合型地域スポーツクラブ（以下，「クラブ」という）の運営と設立・活動支援

出雲市全域を対象としたクラブを直接運営するとともに，各中学校区にクラブを設立し，その支援を行い，それぞれをリンクさせる活動を通して（エリア

マネジメント[1]），より地域に密着したクラブ活動を推進している．また，出雲だけでなく全国のクラブ（クラブリンクJAPAN：北海道から沖縄まで74団体のネットワーク）と連携し，地域づくりに資する情報の共有と相互の補完を行っている．

(5) 自主事業としてのスポーツ振興策の実施

地域のために必要と考える施策を行政や他分野の組織・団体と連携して展開している．例えば，市文化財課と共催する「古代出雲歴史探訪：ミステリーウォーク」は，学芸員の説明を聞きながら神々の地出雲の遺跡を巡るふるさと再発見事業である．福祉関係者と協働する「あったかスクラム」は，デイキャンプなどをとおした障がいを持つ子供たちの社会参加支援活動である．「校庭等の芝生化」は，学校・地域に協力し，子供の活動環境の整備と地域で子供を育てるきっかけづくりをめざしている．「PPKプロジェクト（足腰元気会）」は，高齢者の元気づくりを支援し，医療費の削減のみならず地域の財産である元気な高齢者の社会活動化を期待する活動である．その他，国際交流・商店街活性化・親子ふれあい・地域間交流・ノーマライゼーションなどのテーマで各事業を実施している．

(6) 収益事業の実施

地元企業の協力を得て，イベントの企画・運営や大会時の看板・弁当等の手配など，上記活動にかかわるサービスの提供としての収益事業を行い，得られた利益を自主財源としてスポーツ振興事業等へ再投資している．

2．組織設立の経緯

ここで少し過去に遡り，組織の生い立ちを説明したい．島根県出雲市（広域合併前）は，1999年度をスポーツ振興元年と位置づけ，スポーツ振興プランを策定した．このプランを具現化する組織として2000年3月にスポーツ関係者を中心にNPO法人を設立し，従来行政が行っていた市民に直結したソフト事業や市体協などの事務局業務，行政・外郭団体が管理していたスポーツ施設の管理などを引き継ぎ，活動を開始した．当初は，官主導で設立された組織ではあったが，「早く自立し，両輪となって出雲市のスポーツ振興を進めて欲しい」との意を受け，ゼロからのスタートとの思いで「自立と連携」をキーワードに動き出した．とはいえ，当時スポーツNPOは全国的に珍しく，実績も知名度もない中，行政の支援を受け，関係団体の理解を得，活動をとおして地域

に認知され浸透していく過程で少しずつ「出雲方式」が形づくられ，力をつけてきた（現在行政から引き継いだソフト事業は整理され，補助金はゼロである）．

3．組織の今後

　活動を始めて12年の間，指定管理者制度の導入，広域合併（行政および体協等スポーツ団体の拡大），行財政改革，住民ニーズの変化と多様化，関係組織の世代交代等々環境の変化に柔軟に対応することを心がけ，今日まで来た感がある．

　「スポーツ振興による地域づくり」とは，市民がスポーツを日常に取入れることによる「元気な市民」による「元気な地域づくり」であり，スポーツの間口の広さを活用した施策により「心身ともに健康で活力ある市民」が「暮らすことに幸福を感じ，地域に誇りを持つ」ことで各種活動が広がることと考えている．軸をぶらさず，誕生から天寿を全うするまでの人の生涯にわたるスポーツとのかかわりを創出・支援し，福祉・教育・環境・経済・文化芸術等々多様な分野との連携を深め，スポーツの横軸で結ぶ事業展開を今後も図っていきたい．

　そのような中，現在取組んでいるのが「出雲スポーツツーリズムのプラットフォーム（出雲STP研究会）設立」である．これは日本スポーツコミッション木田悟理事長との出会いによるものである．プラットフォームの設立とその活用への働き掛けは，従来行ってきた他分野との連携をより広範に，より具体的に，より地域の各要素を繋いでいく活動となり，出雲方式の節目になると考えている．出雲大学駅伝をはじめ各スポーツイベントに新たな付加価値をつけ，今以上に多くの人々のかかわりを創出し，地域資源の掘り起こしと活用に繋がる事業として積極的に取り組んでいる．

　これまでの活動の中で，スポーツコミッションの概念は持ち合わせていなかったが，これにより法人ミッションをより明確化できるものと考えている．

1) 地域の事情に合わせたエリア（合併市町村や都道府県）を設定し，エリア内の総合型地域スポーツクラブが相互に連携・協働することで，強みを活かし，弱みを補完し，全体として効率化・活性化を図っていく考え方．

第4章

人と組織を繋ぐ

十日町市の活性化事例から

福崎勝幸

1. はじめに

　全国各地で,「地域の活性化」や「地域の再生」をかかげ,さまざまな取組みが行われている.新潟県十日町市もしかりである.国内外の事例をふまえた調査・研究や地域活性化の専門家を招聘しての,数え切れないほどの講演会が開催されている.これは,地域をなんとかして活性化させようとする気持ちの表れだと理解しているが,必ずしも全ての地域において「地域の活性化」や「地域の再生」が図られるものではないとも考えている.

　現在,十日町市ではスポーツを活かした地域の活性化に向けた環境づくりを行うため,総合型地域スポーツクラブを中心に,医療機関,宿泊関連団体,農業団体等とともに「十日町市スポーツコミッション地域再生協議会」を2008年5月に立ち上げ,さまざまな活動を展開してきている.

　こうした経緯をふまえ本章では,この「スポーツコミッション」という,地域づくりや地域の活性化をスポーツが有する多様な意義や役割を活かして活動していく,という新しい組織の十日町市におけるあり方や位置づけなどについて考察したい.

2. 新潟県十日町市の紹介

2.1 雪と着物とコシヒカリのまち

　新潟県十日町市は，越後湯沢から車で約30分，長野県にほど近く，東京から新幹線，在来線利用により約2時間の時間距離に位置し，新潟県の南端にある人口約6万人の地方都市である（表4-1，表4-2）．

　「雪と着物とコシヒカリのまち越後十日町」という市のキャッチフレーズに表されるように，「積雪が2mを越える日本有数の豪雪地帯」，「米ブランドの代表格『魚沼コシヒカリ』の産地」，そして，その昔，冬の副業として麻を繊維としての織物が盛んであったことから，絹織物が盛んに行われるようになり，京都西陣と並ぶ織物総合産地として発展を遂げ，一時期は580億円を超える出荷額（織物組合登録事業所）を誇る織物業を基幹産業としていた地方都市でもあった．今日では当たり前の言葉として使用されている「お召し」（おめし）は，十日町地域の織物業界が生んだ言葉であることを知る人は少ないと思うが，その歴史は1500年にもおよんでいる．

　しかしながら，人々の生活様式やライフスタイルの変化，あるいはバブル経済の崩壊などから，その出荷額も減少の一途をたどり，近年では最盛期の10分の1以下に減少している（表4-3参照）．

表4-1　旧十日町市の人口・高齢化率の推移

区　分	1989年	2012年2月	増　減
人　口	46,744人	40,155人	6,589人減
高齢化率	15.6%	29.6%	14.0ポイント増

出典：十日町市住民基本台帳による．

表4-2　新十日町市（合併後）の人口・高齢化率の推移

区　分	2005年	2012年2月	増　減
人　口	63,768人	59,145人	4,623人減
高齢化率	28.77%	31.66%	2.89ポイント増

出典：十日町市住民基本台帳による．

表4-3 基幹産業(織物業)出荷額の推移

区　分	1982年度(ピーク時)	2011年度	増　減
出荷額	580億円	36億円	544億円 減

出典:十日町織物協同組合による.

　最近では,電機や電子関連部品,自動車部品製造,ソフトウェア開発,情報サービスなどの産業も盛んになりつつあるが,いち早く織物産業に並ぶ,あるいは超える基幹産業の創出が望まれてきているところであり,新たな地域活性化の方策を早急に見出さなければならない地域でもある.

2.2 地域活性化の試み

　少子高齢化,地域の基幹産業の衰退などマイナス要因を抱える十日町市および周辺地域(以下,「十日町地域」という.図4-1参照)であるが,地域の活性化に向け,さまざまな取組みを展開してきている.
　十日町地域が行っている「越後妻有　大地の芸術祭」は,地域活性化の成功事例と言われており,全国から注目を集め,数多くの人々が訪れてい

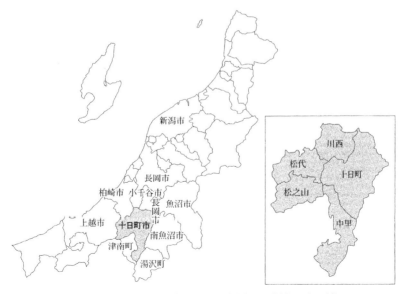

図4-1　十日町市および周辺地域(枠内は合併前の市町村)

表 4-4 「越後妻有　大地の芸術祭」来場者数の推移

年	2000 年	2003 年	2006 年	2009 年	2012 年
期間	7.20～9.10	7.20～9.7	7.23～9.10	7.26～9.13	7.29～9.17
来場者	162,800 人	205,100 人	348,997 人	375,311 人	488,848 人

出典：「越後妻有アートトリエンナーレ　大地の芸術祭総括報告書」大地の芸術祭実行委員会，第 1 回（2000 年）～第 5 回（2012 年）分による．

る．これは，十日町市を中心に，越後妻有地区 760km²という広大な空間を活用した，「芸術祭会場面積」，「出展する作家の人数」，「芸術作品数」において世界最大級の芸術祭で，地域のさまざまな資源を芸術として捉え，新たな魅力と価値を見出し，世界に情報を発信している．世界的アーティストをはじめ，文化人，研究家，大都市からのサポーターなどが，十日町地域の住民と協働で 2000 年 7 月 20 日から 3 年に一度開催しており，毎回，国内外から数十万人が訪れている（表 4-4 参照）．

また，十日町市では毎年，国内外の彫刻家の協力を得て石彫（石を使用した彫刻）シンポジウムも開催している．すでに，総数 50 体にもおよぶ作品が市中心部に常設され，来訪者を迎えている．さらに，商店街のショーウィンドウや店舗，空き店舗を活用した「きものの街のキルト展」を毎年開催し，多くの人々が訪れている．結果として十日町市は，「越後妻有　大地の芸術祭」，「石彫シンポジウム」などからアートの香るまち「十日町市」を国内外に情報発信し，十日町地域における活性化に向けた取組みを行っている．

以上のように十日町市は，「豪雪地帯」，「少子高齢化」，「過疎」および「産業衰退」などのマイナスイメージがあるものの，日本を代表する文化や産業とともに国宝や芸術など，魅力を世界に情報発信できる多彩な素材を有し，来訪者による直接的経済効果，あるいは間接的経済効果に結びつけている．しかしながら，これらだけでは十日町市の輝きを復活させるには十分ではなく，十日町市が有している財産・資産を活かした新たな試みが求められてきていることも事実である．

2.3 十日町市の転換期：2002年FIFAワールドカップ日韓大会

　以上のような中で，2002年のFIFAワールドカップ日韓大会の開催時に，十日町市がクロアチア代表チームのキャンプ地を招致したことが新たな動きを得るきっかけとなった．

　市内に当間高原リゾート「ベルナティオ」という第三セクターのリゾート施設（ゴルフ場等）があり，国内外から多数の来訪者や十日町市にとって大切な来訪者の滞在施設として，地域における重要な役割を果たし，十日町市の貴重な資産の1つになっている．この施設を活用して地域の活性化を図るべく，1997年からFIFAワールドカップのキャンプ地招致の取組みがスタートし，官民一体となった招致活動は，クロアチア代表チームのキャンプ地へと導かれることとなった．

　そして，キャンプ地決定とととともに「クロアチア代表チーム十日町キャンプ推進委員会」が発足し，その中で十日町市サッカー協会を中心としたボランティア組織が，委員会メンバーとして位置づけられた．十日町市民を中心に，全国から集まったボランティア活動の参加者は200名を数え，キャンプ地の運営や地域活性化に資する活動に従事した．通訳，ボールボーイ，芝生整備といったチーム対応だけでなく，メディア対応，さらにはインフォメーションセンターでの通訳などといった来訪者の対応までを担当した．

　一方，この時の経験は，それまで十日町市内で行われてきたボランティア活動に大きな変化を与えた．主催者の声掛けによって，ようやく腰を上げるこれまでのボランティア活動から，積極的かつ自主的にボランティア活動に参加する人々が目に見えて増加したのである．十日町市は「妻有地域」と言われる．「どんづまり」が由来するとも言われる地域である．また，日本一の豪雪地帯である．このような地域性から「どんづまり」の地にわざわざ来られる人，雪深いところに苦労して来られる方々への感謝と敬意の気持ちが素直に表現されていたと聞いたことがあり，これを「おもてなしの心」と表現できる．しかし，基幹産業の発展，さらには，交通機関や情報網の発達にともない，「損得」が中心となり「わざわざ」，「苦労

して」来ていただいていることへの感謝を忘れてしまう．また，もともと来訪者の少ない地域であって，不特定多数に対する「おもてなしの心」の表現に慣れていない，あるいは表現が苦手である．しかし，全国そして世界から沢山の人たちとの交流に必要であった「心とこころのコミュニケーション」により，大きく変わったのである．

2002年FIFAワールドカップ日韓大会におけるクロアチア代表チームのキャンプは，有形無形の財産を十日町市に残した．その1つが，クロアチア代表チームが使用した多目的グラウンドの愛称を「クロアチアピッチ」と命名し，さらに同施設を活用しての諸事業開催時のスタッフ，そして将来的なキャンプ受け入れ時の母体としてボランティア組織「クロアチアピッチ・サポーターズクラブ」が設立されたことである．さらには，官民が一体となって「クロアチアピッチ活用事業実行委員会」を設立し，サッカーの大会開催やJリーグチームを含めたキャンプ誘致活動を進め，直接的経済効果に寄与するとともに十日町市の情報発信を積極的に進めている．

FIFAワールドカップが世界的スポーツイベントであったことから，世界から数多くのマスコミが当地を訪れた．そして，クロアチア代表チームの十日町市視察からキャンプ終了までの取材とともに十日町市の情報が世界を駆け巡り，十日町市や当間高原リゾート「ベルナティオ」の知名度が上がり，付加価値も高まった．

3. スポーツによる地域活性化の可能性

3.1 施設の充実

1984年に十日町市総合体育館が建設され，これを機に旧十日町市において「スポーツ健康都市宣言」がなされた．市民の多様なニーズに応えるため，生涯スポーツの推進や競技力の向上，コミュニティスポーツの振興等を主眼とした各種事業の展開など，市民総参加のスポーツ活動の推進に本格的に取組み始めた．その表れとして，スポーツ環境の基盤ともいうべく施設整備が始まった．

新潟県内では3番目となる全天候型第2種公認陸上競技場は，地域の小中高等学校や社会人の日々の練習，あるいは競技会に使用されるとともに，高等学校・大学・実業団チームの合宿に幅広く利用されている．公式戦可能なスタンドを有する野球場は，高校野球やプロ野球イースタンリーグ等の公式戦でも使用される．2002年FIFAワールドカップ日韓大会開催時にクロアチア代表チームのキャンプ地として使用された多目的グラウンド（サッカーコート）は，2012年に観覧席（スタンド）とクラブハウスも完成し，サッカーコートとしての機能がさらに高まった．さらには，2009年の国民体育大会冬季スキー競技大会開催のため，全日本スキー連盟公認Aランク「5km×2本」が整備された．いずれも，全国大会規模や世界大会規模の大会・競技会にかかわることが可能な施設となっている．

3.2 ボランティアと熱き人たち

2009年2月に十日町市で開催された第64回国民体育大会冬季スキー競技大会では，行政と十日町市スキー協会が中心となり，市民ボランティアの協力のもと開催された．また，十日町市サッカー協会では，全国の高校生を対象に十日町サッカーカーニバルを開催し，十日町市バスケットボール協会では，bjリーグの試合誘致を，野球は，BCリーグやイースタンリーグの試合誘致を行ってきているなど，スポーツにかかわる活動や大会が他都市と比較して盛んに行われている．特に，十日町市陸上競技協会では，30年程前から，地域住民とともに積雪地という特徴を活かしたジョギングマラソン，あるいは「キャンプ地の形成」と「競技力向上」を目的に，長距離種目に特化した競技会「十日町長距離カーニバル」を全国からの参加者を迎えて開催し，全国のアスリートから注目される競技会に成長している．また，全国のウォーカーや健康に興味を持つ人々，市民ランナーをターゲットとして，十日町市の地域性を活かしたランニングイベントを開催し，市内外から毎年多数の参加者を得ている．

2002年FIFAワールドカップ日韓大会のキャンプ地経験により，「熱き思い」を持つボランティアの活動に大きな変化が現れるが，十日町市におけるスポーツにかかわる活動のほとんどが，スポーツに対し熱き思いを持

つ人，そしてボランティアによって成り立っている．

3.3 新たなアソシエーションの誕生

　2002年FIFAワールドカップ日韓大会のクロアチア代表チームのキャンプ地という貴重な経験をとおして，スポーツを活かした「地域づくり」，「地域活性化」の機運は上昇した．しかし，反省点として，「きっかけ」や「横の連携」に乏しかったことが明らかとなった．このようなことから，2009年の第64回国民体育大会冬季スキー競技大会を開催するために，2004（平成16）年度に潜在的な市民のボランティア意識を高揚させていくための事業として「市民の知恵と力を活かしたスポーツによるまちづくり事業」を行政と市民ボランティアによって行った．年間を通したワークショップや有名指導者を招いた各種スポーツ教室を実施し，視察やまとめとしてのシンポジウムの開催などにより，十日町市の進むべき方向を示した．その指針の1つが文部科学省によって推進されている「総合型地域スポーツクラブ」の設立である．少子高齢化，スタッフ不足など総合型地域スポーツクラブが必要な理由はさまざまあったものの，「する」スポーツ，「観る」スポーツ，「支える」スポーツを確立することこそ，十日町市活性化の礎になるものであると理解され，2008年には十日町市スポーツ振興基本計画にも明確に盛り込まれた．そして，2008年3月15日に総合型地域スポーツクラブ「ネージュスポーツクラブ」が誕生した．行政主導の中での総合型地域スポーツクラブの設立，そして運営が一般的であるといわれる中で，十日町市に設立された総合型地域スポーツクラブ「ネージュスポーツクラブ」は，民間の熱き心を有するボランティア有志によって設立・運営されている．また，2009年には法人化（NPO）し，市民・民間主導の新たなアソシエーション形成の場として大いに期待されている．

4. スポーツコミッションによるまちづくり

4.1 十日町市スポーツコミッション地域再生協議会の発足

　昭和の時代の基幹産業が充実し，将来を担う若者たちが活躍していたときは別として，スポーツ団体はこのままでいいのかという疑問を抱いている人は沢山いるが，その誰しもが既存組織の力，諸先輩方の過去の功績を考えると，改革に向けた活動はなかなか難しいのが実態である．このような話は，「体育」の世界にありがちだと聞く．ところが，2002年FIFAワールドカップ日韓大会開催時のクロアチア代表チームのキャンプをきっかけに，自治体や市民に芽生えた意識と設立した総合型地域スポーツクラブにより，解決の道が一歩前進した．

　2004年度に行われた事業において，総合型地域スポーツクラブの設立・運営が，今後の十日町市の将来にとって重要な位置づけとなると理解され，「ネージュスポーツクラブ」が設立された．一般的にスポーツクラブのイメージは，「スポーツをする場」，「身体を動かす場」，「運動能力向上・体力向上の場」，「チャンピオン育成の場」として捉えられているが，十日町市においても総合型地域スポーツクラブ設立の段階では同様な理解であった．しかし，活動・運営を進めていく中で疑問の声がわきあがり，「寝たきり予防の場」や「子育て支援の場」，「医療費削減」といった役割も必要，ということとなった．そして，「人々の豊かな暮らし」，「地域の活性化」をなし得るための道具としてスポーツクラブが存在し，1つひとつのプログラムは手段であると考えるようになってきた．すなわち，自分たちは「人々の豊かな暮らし」や「地域活性化」を実現するために各種事業・活動を行っている，という理解に変わってきたのである．

　これらを背景に，スポーツクラブの一般的なイメージや地域性を考慮し，さらにクロアチア代表チームキャンプ地運営後の反省に立って，既存の各種団体・組織と協調し，地域の活性化を明確に打ち出した新たな組織の設立を検討した結果，十日町市内における各種分野の代表格と思われる団体・組織からなる「十日町市スポーツコミッション地域再生協議会」（以

2008年5月1日
十日町市スポーツコミッション地域再生協議会発足

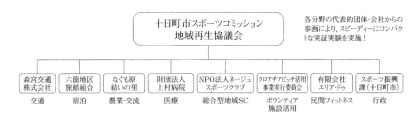

図4-2 十日町市スポーツコミッション地域再生協議会の概要

下,「協議会」という)と命名した組織を2008年5月に設立したのである(図4-2参照).

4.2 協議会の活動

協議会の目的は,スポーツを活かした地域づくりや地域の活性化を図るために「スポーツキャンプ拠点」を形成させることである.具体的に言うならば各種団体・組織連携による「スポーツイベント実施による直接的・間接的経済効果」,「スポーツ環境を活かしてのキャンプ,合宿等誘致による直接的・間接的経済効果」の可能性模索と事業の実施.さらには,「地域からの各種情報の発信」,「地域の魅力発掘とローカルプライドの構築」,「地域アイデンティティ醸成」,「地域の新たなコミュニティの形成やこれまでのコミュニティの再生」などの地域づくりや地域の活性化に欠かすことのできない社会的効果を発揮させるための活動により,スポーツキャンプ拠点を形成していこうとするものである.

また,十日町市におけるスポーツにかかわる財産,資産を活かして「ス

ポーツ屯田村」という名称のもと，スポーツ選手のセカンドキャリアとしての受け皿づくりを企画し，進めてきている．農業団体からは，着任時における生活基盤確立のためのいわゆる6次産業構築．医療機関からはキャンプ地としてのバックアップ体制づくりと一般市民向けの健康プログラムづくり．旅館組合からはキャンプ・合宿体制の確立と健康食メニュー開発．総合型地域スポーツクラブでは，セカンドキャリアとして指導環境整備とスポーツと健康に関する市民意識の改革である．また，セカンドキャリアとしての指導だけでなく，スポーツキャンプ地としての基盤とイメージの確立により，「健康に資するキャンプ地」づくりや「市民の健康維持増進」も目的にすえている．それぞれの組織・団体が各々の役割分担をもって活動をすすめるという，まさに横の連携によるスポーツを活かした地域活性化のための実践活動である．

4.3 スポーツコミッションによる地域づくりへの展開

スポーツコミッション形成のための取組み

キャンプ・合宿の実態を把握するため，2008年から十日町市における調査を実施している．2007年時点で約7,000名の年間キャンプ・合宿による来訪者数であったが，これを如何にして当面の目標である1万5,000名に高めるかという具体的な話も出るようになった．また，調査にとどまらず合宿誘致のチラシ印刷・配布や旅行代理店回りなど，具体的取組みを実施することにより，その来訪者数は2011年9月末時点で約1万1,000名に増加した．

キャンプ・合宿地の環境整備の一環として，2009年3月15日には，ネージュスポーツクラブの設立1周年に併せ，「スポーツを活かした地域活性化プロジェクト」と題して，特別視機能研究所の内藤貴雄氏を招聘し，「ビジョントレーニング」の講演を行うとともに，国内におけるまちづくり，地域活性化の専門家およびスポーツビジネスの第一人者を招聘したシンポジウムを開催している．スポーツにかかわる方のみならず多くの市民，教職員から参加を得ることができたことは，スポーツを活かした地域活性化への期待の表れだと理解できた．

表 4-5 「十日町長距離カーニバル」出場者数比較

区分	2010年度		2011年度		2012年度		2011-2012年度比較	
	人数	比率(%)	人数	比率(%)	人数	比率(%)	人数	比率(%)
出場者数	1,031	−	1,067	−	1,224	−	157	114.71
うち男子	650	63.05	741	69.45	855	69.85	114	115.38
うち女子	381	36.95	326	30.55	369	30.15	43	113.19
うち市内	226	21.92	299	28.02	282	23.04	-17	94.31
うち市外	805	78.08	768	71.98	942	76.96	174	122.66
うち県外	4	0.39	81	7.59	119	9.72	38	146.91

出典:「第25回十日町長距離カーニバル 実績報告書」(十日町市陸上競技協会, 2012).
注:2011年度は豪雪・豪雨災害年.

　キャンプ・合宿地および「スポーツ健康都市」(2006年10月9日,合併による新十日町市にて宣言)としてのイメージづくりの必要性から,総延長約5kmの中心商店街のアーケードを利用して,2009年より「まちなかまちじゅう　ナイトウォーク」を実施している.総合型地域スポーツクラブが中心となり,医療機関,健康運動指導士,商店街,行政(新潟県,十日町市)がタイアップし,シャッター通りとなっているメインストリートのアーケードを活用したウォーキングである.シャッター通りに賑わいを取り戻し,中央商店街にウォーキングを活用した新たなコミュニティを創出することにより,地域イメージをつくる取組みである.

　一方,スポーツキャンプ拠点におけるプラットホーム(縦横総合調整の場や組織)構築のため,2011および2012年にはスポーツ競技団体(十日町市陸上競技協会)からの一部受託(第24回十日町長距離カーニバル2011年9月23日開催.第25回十日町長距離カーニバル2012年9月29日開催)により,「招待選手調整」,「広報」,「選手受付」,「組合せ抽選」,「宿泊・交通調整」,「プログラム印刷」を実践し,直接的経済効果ならびに間接的経済効果の検証を行った.

　スポーツイベント開催による経済効果は,支出額の総計(直接効果)と支出額をもとにした産業連関分析による生産誘発額(経済波及効果)を合計した数値で測定されるが,一部受託により開催した第24回および第25回十日町長距離カーニバルでは,各種聞きとりによる数値を参考に,経済波及効果を積み上げ方式によって算出した.

表 4-6 「十日町長距離カーニバル」応援・観客者数比較

年　度	過去平均	2011 年度	2012 年度	増　減	比率(％)
人　数	1,000	2,500	3,000	500	120
備　考	時間に偏りあり		平均した観戦者		

注：一部カウントならびに目視による概算人数．
出典：「第25回十日町長距離カーニバル　実績報告書」(十日町市陸上競技協会，2012)．

表 4-7 「第25回十日町長距離カーニバル」経済効果

区　分	金　額
直接的経済効果[1]	5,500,000 円
間接的経済効果[2]	10,917,000 円
合　計	16,417,000 円

注1)：直接的経済効果
　　運営経費が，十日町市内の各所に直接的に支払われたことによる経済効果を示している．なお，十日町市内に直接投下される経費との考えから，招待選手等諸謝金を直接的経済効果から控除した．
注2)：間接的経済効果
　　十日町市内の各所に，本事業への参加者・観客・その他自宅や職場，友人たちを含む関係者が消費することによりもたらした間接的な経済効果および各種マスメディアによる報道経費（広告宣伝費）を積み上げた．
出典：「第25回十日町長距離カーニバル　実績報告書」(十日町市陸上競技協会，2012)．

　スポーツやスポーツイベントの開催は，多様な効果の発揮が見込める（表4-5～4-7参照）．その効果としては直接的経済効果，経済波及効果そして「地域情報発信」や「交流促進」などの社会的効果がある．一般的に，スポーツイベント開催などによる経済的効果は一過性であるが，社会的効果が事後に発揮され，社会的効果による新たな経済的効果を生むことに繋がる．

　今回の第24回および第25回十日町長距離カーニバル開催においても，いくつかの社会的効果が現れてきている（表4-8）．大きなものとして「スポーツツーリズムを視野に入れてのプラットホーム」づくりの機運が生まれたことである．スポーツイベント実施において，1つの窓口により，競技会の広報（情報発信）から問い合わせ，申し込み，宿泊調整，選手等輸送，周辺観光案内などを実施したことで，複数の異業種・団体による構成組織の必要性を痛感した．このような組織が生まれたならば，あらゆるスポーツイベントに対応できる，「スポーツツーリズム プラットホーム」が整備されることであり，地域活性化に大きく貢献するものと思われる．

　また，フィットネスイベントを「企画」から「インストラクター交渉・

表4-8 「十日町長距離カーニバル」開催に伴う社会的効果

区　分	社会的効果・内容
人材の育成	スポーツイベントの企画から運営，各種調整を行える人材が育つとともに，「スポーツツーリズム プラットホーム」の必要性を認識し，踏み出す人たちが出てきた．
地域アイデンティティの醸成	スポーツイベントへの日本トップアスリート出場と，好記録続出競技会のイメージにより，「陸上王国復活」，「長距離のまち十日町」の自負が生まれてきている．
地域情報の発信	箱根駅伝等の報道媒体により「十日町市」の情報が発信され，キャンプ地のイメージのみならず「十日町長距離カーニバル」開催のまち，アスリート集結のまちとして全国に発信されている．
ノウハウの習得	参加人員1,000名を超え，さらに観客2,000人以上を動員するスポーツイベントのノウハウが蓄積されつつあり，十日町市にとっての貴重な財産になりつつある．
交流の促進	さまざまな団体に協力要請し競技会を実施したが，過去の協力団体のみならず，新たな団体との協力関係が生まれた．さらに，競技会の事前PRは，十日町市の情報発信が行われることにより，競技会観戦などの新たな交流にも結びついた．また，出場者においても1,000名を超え，十日町長距離カーニバルを通して選手同士，選手と役員，チームと十日町市民との交流が生まれ，商品流通にも発展してきている．

出典：「第24回および第25回十日町長距離カーニバル　実績報告書」（十日町市陸上競技協会，2011年，2012年）．

調整」，さらには「広報」，「参加者申込み受付」，「宿泊・交通調整」，「周辺観光設定」など，スポーツツーリズムに資する自主事業を実施し，プラットホームを実践することにより，問題点の洗い出しを行ったが，今後も事業を継続することで，スポーツキャンプ拠点のイメージづくりとプラットホームの構築を図ることとしている（表4-9，表4-10）．

昨今，全国各地において「地域の活性化」を目的として，スポーツイベント誘致のための組織・団体が設立されているが，スポーツイベントの誘致は「地域活性化」のための手段であることを忘れてはいけない．十日町市においては，スポーツキャンプ拠点の形成にかかわる組織の設立やイベント，あるいは競技会等の実施や誘致は，選手をはじめとする多くの人々が十日町市を訪れることになり，大きな経済効果をもたらすとともに，情報発信やボランティア参加者などのアイデンティティの醸成，新たなコミュニティ形成，さらには交流の促進などの社会的効果をもたらし，スポーツを媒体としたまちづくり，地域づくりに繋がっていることは事実である．また，スポーツツーリズムに資するものとなってきている．

表 4-9　取組み検証による問題点の洗い出し

問題点	解決の方策
地域づくり，地域活性化の取組みにもかかわらず，ビジネス意識が市民にあり，他人事である．（地域づくり，地域活性化は，長年植え付けられてきた「行政が行う」の意識）	住民意識の改革の必要性 ◇地域づくりの立場からのボランティア組織結成 ◇積極的情報収集，情報発信 ◇地域のイメージづくり（地域アイデンティティ醸成，ローカルプライド構築）
事業の取組みに対し，競合する事業者としての意識が生まれ，抵抗勢力化と化す．	連携組織体の必要性・縦横総合調整の場の必要性……十日町市スポーツコミッション ◇情報共有，情報収集・発信 ◇制度の壁をクリアー ◇地域内「競争」から地域内「協創」へ ◇還元の仕組みづくり
「地域づくり」，「地域活性化」の必要性の認識欠如．	社会的効果・経済的効果の効果測定の必要性 ◇何をもって「地域づくり」に結びついたか？ ◇何をもって「地域活性化」に結びついたか？

出典：「十日町市スポーツコミッション地域再生協議会資料」(2011年)．

表 4-10　実績（事業費）

年　度	年間事業費	摘　要
2008	20万円	参画組織にて各々事業実施（組織別事業予算にて）
2009	20万円	参画組織にて各々事業実施（組織別事業予算にて）
2010	200万円	第23回十日町長距離カーニバル事務局として：150万円 キャンプ・合宿誘致事業（受託）：50万円
2011	850万円	第24回十日町長距離カーニバル事務局として：540万円 フィットネスまつりin十日町企画・調整業務：230万円 キャンプ・合宿誘致事業（受託）他：80万円

出典：「十日町市スポーツコミッション地域再生協議会資料」(2011年)．

十日町市スポーツコミッションへの移行と期待される効果

　「スポーツコミッション」とは「フィルムコミッション」を基にした言葉であるが，アメリカ合衆国においてはスポーツイベント等を誘致していく組織であるようだ．また，経済的視点に立っての組織である．しかし，日本そして十日町市は風土も違えば「スポーツ」の意味合いも違う．独自のスポーツコミッションの形成が求められていると思う．そして，その独自のスポーツコミッションとは，競技やビジネスとしてのスポーツだけでなく，教育や福祉，健康維持増進，さらには人々の日々の運動までも含んだものとして捉え，スポーツを通した「まちづくり」に資する活動や提言などを行う，官民一体となった組織であると考えている．

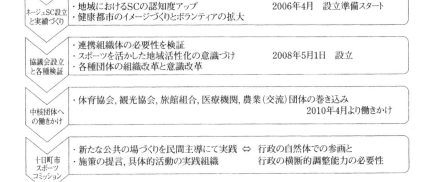

図4-3 スポーツコミッション設立までの流れ

　十日町市スポーツコミッション地域再生協議会では，各分野の代表的組織，あるいは会社から参画をいただいて，コンパクトかつスピーディーな実証・検証事業を進めてきた．そして，十日町市の最大の資産と思われる「スポーツ」は，地域活性化の起爆剤になり得るものであるが，洗い出された問題点の解決の方策として「スポーツを活かした地域活性化」のグランドデザインあるいはプランニング，プロデュースする組織・人が必要であり，また重要であった．

　以上をふまえ，協議会（NPO法人ネージュスポーツクラブ）と十日町市体育協会，一般財団法人十日町市観光協会（第2種旅行業）は，新たなスポーツを活用したまちづくり，地域づくりを展開する組織として十日町市スポーツコミッションを2013年5月29日に設立した（図4-3参照）．十日町市における中核的組織・団体の連携は，民間主導による「新しい公共の場」づくりの実践であり，行政の自然体としての参画（行政任せからの脱却）を可能とするものとも思われる．取組みの1つとしてスポーツツーリズムを推進し，スポーツキャンプ拠点の形成をめざすが，各種施設の使用率の向上，縦横総合調整の場（プラットホーム）としての役割・機能の充実，そして，スポーツキャンプ拠点におけるトップアスリートの生業の創造に結びつくものと思われる（図4-4参照）．

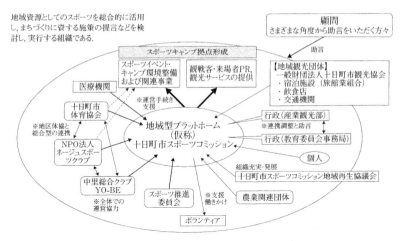

図 4-4　十日町市スポーツコミッションの概要

　行政任せから脱却し，補助金・助成金に頼らない，自力自走する民間主導組織の設立・運営こそ，十日町市における「地域づくり」，「地域活性化」に必要不可欠であり，新しいスポーツコミュニティ「十日町市」形成に結びつくものと大いに期待できる．

　キャンプ地になるだけでは「場所貸し」であって，キャンプ地を活用した地域の活性化には繋がらない．キャンプ地となったことによるノウハウや情報発信，あるいはそこでのボランティア活動の精神などを十日町市のまちづくりに資するものとしていくことが重要であり，このことなくしてキャンプ地を活かしたまちづくり，地域づくりを展開する，といった十日町市スポーツコミッションの精神を満たしたとは言えない．また，スポーツコミッションに参画する地域の企業や組織，あるいは行政や住民ボランティア等が一体となってスポーツやスポーツイベントの開催，あるいはスポーツキャンプを展開していかなくては社会的効果をはじめ，経済的効果も地域において発現されないことから，十日町市スポーツコミッションでは，スポーツを幅広く捉え，かつその効果を活かしたまちづくりや地域づくりに向けた方策をも当初より目論んでいくことが重要となる．

　すなわち，スポーツやスポーツに関連するイベントを開催したことによる社会的効果を活用したまちづくり，地域づくりを展開していくためのプ

ラットフォームが十日町市スポーツコミッションであると言える.

5. おわりに

　スポーツを行う人たちはもちろんのこと,スポーツそのものやスポーツをする人たちを支え,さらには観る・応援する全ての人がかかわることができる,それがスポーツである.今後,さまざまな地域において,さまざまな団体・組織を連携した「地域の活性化」を目的とするスポーツ活用の新たな組織づくりが必要である.十日町市においては「十日町市スポーツコミッション」であると考えるが,全国各地において,地域のスポーツ関連資産を活用したスポーツコミッションが設立され,その連携のもとにスポーツ,あるいはスポーツをキーワードとした地域の活性化が図られることを期待している.

参考文献
越後妻有大地の芸術祭実行委員会(2000)「越後妻有アートトリエンナーレ2000　大地の芸術祭　総括報告書」.
国土交通省都市・地域整備局企画課(2005)「スポーツタウン活性化モデル事業報告書」.
大地の芸術祭実行委員会(2006)「越後妻有アートトリエンナーレ2006　第3回大地の芸術祭　総括報告書」.
大地の芸術祭実行委員会(2010)「越後妻有アートトリエンナーレ2009　第4回大地の芸術祭　総括報告書」.
大地の芸術祭・花の道実行委員会(2003)「越後妻有アートトリエンナーレ2003　第2回大地の芸術祭　総括報告書」.
十日町市陸上競技協会(2011)「第24回十日町長距離カーニバル　実績報告書」.
十日町市陸上競技協会(2012)「第25回十日町長距離カーニバル　実績報告書」.
新潟県十日町市(2008)「十日町市スポーツ振興基本計画」.
新潟県十日町市住民基本台帳.
新潟県十日町市ホームページ.http://www.city.tokamachi.lg.jp/
日本建築士事務所協会連合会(2012)『日事連』2月号,pp. 4-13.
堀繁・木田悟・薄井充裕編(2007)『スポーツで地域をつくる』東京大学出版会.

第5章

人を育てる

スポーツイベントによる人材育成と地域づくり

丸田藤子

1. はじめに

 21世紀の今日,人づくりや絆の重要性が叫ばれてきている.断絶から「結ぶ」へ,我々はどんな人と縁を結ぶかが,人生の大きなテーマになってくるのではないだろうか.生き抜くことが困難な時代には,失うものがあるけれど,生まれるものもある,という希望に繋げる受け皿が必要とされているのである.

 筆者は,自然豊かな善光寺平の東に位置する長野県須坂市に生まれ育ち,結婚後は専業主婦をしていたが,1982年に文部省の外郭団体である国際婦人教育振興会(現国際女性教育振興会)の海外視察研修事業に視察団の一員として南欧4カ国(ユーゴスラビア,ギリシャ,フランス,イタリア)を訪問し,国内外の第一線で働くさまざまな女性たちと交流する機会に恵まれたことが大きな転機となった.

 1984年に労働省婦人少年室の育児休業普及制度普及指導員に就任し,育児休業普及指導員を続ける中で女性に対する多くの偏見や障害をあらためて感じていたころ,長野へオリンピックを招致しよう,という招致活動が始まった.行政や男性が中心だった招致活動に女性も主体的に参加して,長野の熱意を形にし,長野でオリンピックを開くための知恵と汗を流そうと,1991年に「NAGANO女性未来」という組織を各界の女性リーダーた

ちとともに立ち上げた．そして1994年6月に婦人少年室を退職し，同年7月から第18回冬季オリンピック・パラリンピック大会（以下，「長野オリンピック」という）のボランティア組織を統括する推進会議事務局長に就任した．その後，長野オリンピックの「ボランティアコーディネーター」となり，県議会幹部の非常勤のボランティアコーディネーターとともに二人三脚で新たなスタートを切り，「ボランティアコーディネーターには『こうでなきゃいけない』なんてことはない」という自由な発想をモットーに，新たな挑戦の日々が始まり，それは長野オリンピックが終了するまで続いた．この長野オリンピックの招致の背景には，札幌で開催できた冬季オリンピックを長野で開催することにより，雪国として札幌に負けない誇りを長野県民や市民に持ってもらうことができるのではないか，あるいはオリンピックという雲の上の存在とも言える国際的スポーツイベントの招致を行うことにより，新たな地域のイメージが構築されてくるのではないか，といった背景があったと思う．また，それまで女性の社会的地位が低かった長野において，女性が中心となって活動を行うことにより，女性の地位の向上にも繋がってくるのでは，と考えてもいた．

　本章は，これら長野オリンピックの招致活動やオリンピックにおけるボランティアコーディネーターとしての活動をとおし，またその後の長野オリンピック大会を契機としたボランティア活動をとおしたさまざまなまちづくりや地域づくりに資する活動や経験を元に，ボランティアを中心とした人材育成と地域づくり活動について述べる．

2. 長野オリンピックにおけるボランティア活動

2.1　長野オリンピックの開催

　1998年2月に長野市を中心に山ノ内町，軽井沢町，白馬村及び野沢温泉村の1市2町2村において開催された冬季オリンピックは，日本では札幌市に次ぐ2回目の冬季オリンピックで，第18回大会であった．この長野オリンピックは，日本選手の大活躍とともに長野県の地域住民を中心と

写真5-1　ボランティアによる屋内コース整備

したボランティア活動によるホスピタリティにあふれ，心温まる大会として現在も多くの人々の記憶に残っている．この長野オリンピック開催時のボランティアが参画した業務内容は18項目にもおよび，多方面にわたって地元住民をはじめとしたボランティアが活動を行っていたことが分かる．

また，長野オリンピックは，スポーツを通じて自分の限界に挑む選手たちの姿と共に，延べ3万2,000人におよぶボランティアが大会を陰で支え，その活躍が世界中の人々に大きな感動を残した大会であった．

ボランティアは，大会の設営や運営に直接かかわったほかに，実にさまざまな形で携わり，その力を発揮した．そして，「ボランティアスピリットが1つにまとまったら何ができるか」を世界中に示したことは，長野オリンピック開催の大きな成果であり，社会を変える力はこのようなところにある，との思いを強くした．また，この長野オリンピックというスポーツイベントをとおして，「私たちは自分だけでは生きていけない」という他者とのかかわりの中で生きていくことの大切さも体験することができた．

表5-1 長野オリンピック後の一校一国運動の推移

学校 年度	小学校数			中学校数			合計	
	全体数	来日交流 (うち一校一国)	来訪交流 (うち一校一国)	全体数	来日交流 (うち一校一国)	来訪交流 (うち一校一国)	学校数	交流数 (うち一校一国)
2001	47	11 (7) 不明2	3 (2)	17	4 (1) 不明2	0 (0)	64	18 (10)
2002	48	6 (5)	4 (2)	19	5 (1)	0 (0)	67	15 (8)
2003	49	8 (3) 不明1	4 (2)	17	3 (2)	0 (0)	66	15 (7)
2004	49	6 (1)	5 (3)	18	1 (0)	1 (1)	67	13 (5)
2005	54	5 (1)	2 (0)	23	5 (1)	6 (0) 不明1	77	18 (2)
2006	55	4 (1)	5 (2)	24	1 (0)	2 (1)	79	12 (4)

出典：長野市教育委員会『一校一国運動活動事例集（平成13年度～18年度）』をもとに作成．

2.2 長野オリンピック後の住民参加活動

　長野オリンピックの開催に合わせて行われた住民参加活動として，一校一国運動がある（表5-1）[1]．この活動は，長野オリンピック時に展開されたばかりでなく，その後現在に至る15年間継続され，地元の小学校，中学校の児童・生徒の交流のみならず，関係国の人々との交流にも展開し，子供たちの国際交流や国際理解，あるいは地域理解に資する活動となってきている．

　一方，地域住民がボランティア活動として参加する団体や参加人数についてその経緯を見ると，図5-1のようになる．これからオリンピック開催以前の1995年度にボランティアを主にしている団体と主にしていない団体の合計は264団体・4万5,000人，オリンピック開催年度の1998年度に同じく449団体・4万8,929人であったものが，2009年度では967団体・8万2,758人となり，団体数は1995年度の約3.7倍，会員数は同じく約1.8

---

[1] 一校一国運動は，1994年の第12回広島アジア大会の一館一国運動から始まり，その後の福岡市でのユニバーシアードにおいてこの名称が使用されるようになった．その後，世界各国の大会で同様な活動が行われるようになっている．

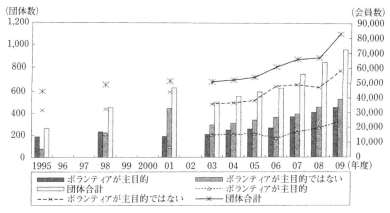

図5-1　長野オリンピック後の住民活動団体数と会員数
出典：長野市ボランティアセンター調査による．

倍（1998年度のそれぞれ約2.2倍と約1.7倍）となってきている．

いずれにしても，長野市におけるボランティア活動にかかわる団体数，参加人数ともオリンピック開催以降，年々増加してきており，その活動の充実振りがうかがえるようになってきている．

3. 長野オリンピックにおけるボランティア参加者の意識

長野オリンピックでは，延べ3万2,000人もの人々がボランティアとして参加していたが，この人たちの男女・年齢・参加地域などの基礎的事項及び参加意識などについて，当時の国土庁が「国際的イベントを活用した地域づくりに関する調査報告書」（平成9年度国土庁大都市圏整備局）として取りまとめており，その概要を述べると以下のとおりである．

3.1　アンケート調査の概要

調査の目的

国際的イベントにボランティアとして参加する人々のイベントに対する考えや地づくりとのかかわりなどについて，その実態を把握することを目的に行った．

調査の概要

調査時期：1997年12月18日〜1998年1月31日

調査対象：NAOC（財団法人長野オリンピック冬季競技大会組織委員会事務局）へ登録したボランティアの人々を対象に長野オリンピック実行委員会（以下，「NAOC」という）の協力により979人を抽出し，実施した．

調査方法：郵送調査

有効回収：297人（30.3％）から回答があった．

調査機関：財団法人日本システム開発研究所

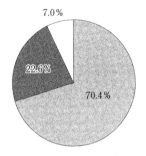
地域コミュニティ活動

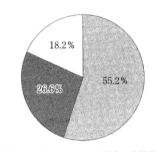
地域アイデンティティの醸成・情報発信

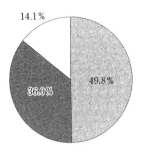
地域の人材育成

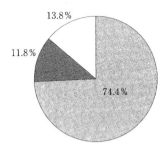
他地域・海外との交流促進

■はい ■いいえ □無回答

図5-2 社会的効果への期待

3.2 単純集計結果

属　性

性別：男性が29.6％と少なく，女性が69.7％と多い．
年齢：10代から30代までが56.2％となり，若年層が多い．
職業：会社員が多いが，主婦は専・兼合わせて21.9％，学生も21.2％を占める．
居住地域：長野県内在住者が過半数を超えているが，東京圏からの参加者も23.2％あり，広範囲から参加している．

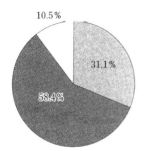

地域コミュニティ活動
（回答者数：209人）

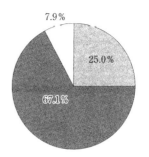

地域アイデンティティの醸成・情報発信
（回答者数：164人）

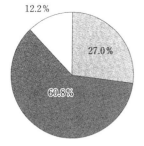

地域の人材育成
（回答者数：148人）

他地域・海外との交流促進
（回答者数：221人）

■はい　■いいえ　□無回答

図5-3　社会的効果のためのボランティア活動への参加

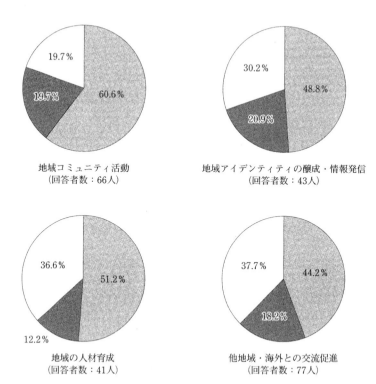

図5-4　自治体への要望

オリンピックによる地域への効果

1) 社会的効果への期待

オリンピック開催による社会的効果への期待は,「他地域・海外との交流促進」が74.4%,「地域コミュニティ活動」が70.4%と高くなっている(注:社会的効果の具体事例を,地域コミュニティ活動,地域アイデンティティの醸成・情報発信,地域の人材育成,他地域・海外との交流促進の4項目としている).

2) 社会的効果を促進させるためのボランティア活動への参加

「地域コミュニティ活動」は31.1%,「地域アイデンティティの醸成・情

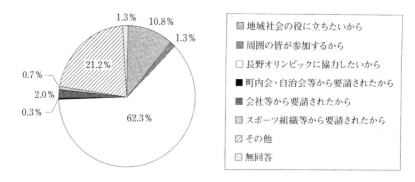

図5-5　ボランティアへの参加動機

報発信」は25.0％,「地域の人材育成」は27.0％,「他地域・海外との交流促進」は33.9％といずれも3割近くの人々が参加している（回答者は，各社会的効果が期待できると回答した者である）.

効果を促進させるための自治体への要望

社会的効果を促進させるための自治体への要望は，いずれの効果に関しても約半数の者が要望があるとしている．要望の内容については，図5-4のとおりである（回答者は，社会的効果を促進させるような活動に参加している，参加したいと回答した者である）.

ボランティア参加の動機

ボランティア活動への参加の動機は,「長野オリンピックに協力したい」が62.3％と多く,「地域社会の役に立ちたいから」の10.8％と合わせて73.1％が自発的な参加をしている．これを年齢別に見ると，若者ほど「オリンピックに協力したい」が多く，年齢が上がるにしたがって「地域社会に役立ちたい」が増えている.

図5-6　ボランティア参加により考えるようになったこと

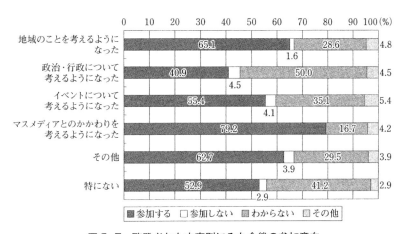

図5-7　啓発された内容別にみた今後の参加意向

ボランティア活動参加で考えるようになったこと

　ボランティアに参加して「地域のことを考えるようになった」が21.2%あり，「イベントについて考えるようになった」(24.9%)に次いで多くなっている．

　これを年齢別にみると，若者ほど「イベントについて考えるようになった」が多く，年齢が上がるにしたがって「地域のことを考えるようになった」が増えている．このようにボランティア参加を契機に地域のことを考えるようになったことは，国際的イベントが地域づくりに資するものとな

第5章 人を育てる

っていると言えよう．

啓発された内容別にみた今後の参加意向

　ボランティアに参加するようになって考えるようになったこと（啓発されたこと）から内容別に今後の参加意向をみると，「マスメディアとのかかわりを考えるようになった」が79.2%と最も多くなっている．

4. 長野オリンピックのボランティアの財産を根づかせるために

　長野オリンピック終了後，オリンピックというスポーツイベントにボランティアという立場で参加した地域の人々は多くの財産を得たが，これをその後の長野の財産としていくために行政と民間がそれぞれの立場で長野という地域づくりに活用していくための組織を設立し，さまざまな活動を行ってきている．そうした組織の設立と主たる活動について述べると以下のとおりである．

4.1　官民でのボランティア関連組織の設立

民間におけるボランティア組織の設立（「21世紀ボランティア研究センター」の設立）

　オリンピックの本番を前に，ボランティアの中ではポストオリンピックに向けた模索が始まっていた．

　筆者をはじめ，長野オリンピックにかかわった女性が中心となり，「ボランティアを文化として手渡したい」，「ボランティアの心という財産を未来に繋げたい」，「オリンピックで培ったスキルやボランティアが流した汗と涙をそのままにしておくのはもったいない」というような気持ちで，1998年7月に「21世紀ボランティア研究センター」を設立した．

　阪神・淡路大震災時に，多くのボランティアが活躍したように，日本の個々のボランティアのレベルは決して低くはない．しかし，個々人のエネルギーや善意の心をまとめるためには，長野オリンピックでの体験を活かし，ボランティア活動の調査・研究やコーディネートを行うボランティア研究の核となる機能が必要になっていた．そして筆者が経験したボランテ

ィアコーディネーターの役割も未だ明確にはなっていなかったのが現状であった．ボランティア活動は，自分自身の意志や自己発見から始まるものであることから，若者にも是非ボランティアに参加して，感動できる環境を大人がつくっていく必要がある，という思いから「21世紀ボランティア研究センター」を設立した．

21世紀ボランティア研究センターでは，オリンピックで培った財産を活かし根づかせること，オリンピックで得た成果を受け継ぎ，全国ネットワークを活用しつつ多様な活動を促すこと，世界規模の課題を考える「地球市民」を育てる基盤の整備，市民社会と行政・企業・学校とのパートナーシップやグローバルシップを形成することなどを目標に掲げて活動している．

行政における組織の設立（「ボランティア交流センターながの」の設置）

長野オリンピック終了後の1998年9月，長野県庁の生活文化課内に「ボランティア交流センターながの」（以下，「交流センター」という）が設置された．本来，長野県には社会福祉センターを中心とした福祉活動の拠点はあったが，長野オリンピックで誕生した「人のためにではなく，新しい自分との出会い」を目的としたボランティアの交流拠点ではなかった．そこで，長野オリンピックの終了後も，ボランティアのよりどころとなる場所を確保しなければ，あの高揚感を共有したボランティアに申し訳がないと思い，ボランティア活動に参加した者が中心となって長野県に申し入れを行い，実現した．

筆者もボランティアアドバイザーとしてかかわった交流センターは，オリンピックボランティアの財産を根づかせるため，その後次々と繰り出されたアイデアやその実施時に，強力なボランティアのパートナーとなった．交流センターの職員の努力により，同センターがボランティアにとって居心地の良い居場所となり，ここを拠点として数多くのボランティア支援を実現させた．

「小さく生んで大きく育てて」が，交流センターの開所式に臨んだ長野県知事のメッセージであった．このメッセージのとおり，それから15年，

第5章　人を育てる　　　　　　　155

数多くの果実が実った．その後，時代とともに交流センターの役割は変わったが，現在も県民協働・NPO課となってNPO支援を続けている．

4.2　官民のボランティア組織が協働して実施している主たる活動

　長野オリンピックの開催を契機としてはじまったボランティア組織の下で21世紀ボランティア研究センターが中心となり，中越地震での支援活動などの災害支援にかかわるボランティ活動のみならず，さまざまなまちづくりや地域づくりに資する活動が展開され，現在ではその活動はより盛んになってきている．これらの主たる活動は以下のとおりである．

長野オリンピック記念マラソンにおける活動
　長野オリンピックの翌年の1999年から長野オリンピック記念マラソンが開催されているが，このマラソン大会は現在では，選手にホスピタリティを感じさせ，国内では選手が出場したい大会として1, 2を争うものとなっている．
　この長野オリンピック記念マラソンは，1958年に信濃毎日新聞社主催の実業団を中心としたマラソン大会としてスタートした．その後，長野オリンピックを契機に1999年から長野オリンピック記念マラソンと名を変え，トップランナーと市民ランナーによる大会に進化して開催されるようになった．長野オリンピック記念という栄誉ある冠をもつ大会となった背景には，主催の信濃毎日新聞社だけでなく地元市民の熱い願いにIOCが応えたという事情があった．この長野オリンピック記念マラソンは，長野オリンピックで得たホスピタリティを活かした大会であり，市民ランナーやボランティアにとって，あの長野オリンピックで得た感動を再び感じることができる機会となっている．
　一方，参加するエチオピア難民ランナーへの支援を通じ，1つ貴重な体験があった．エチオピアのランナーの中で政治的理由により迫害を受けてケニア難民として暮らしている者がいたが，ひたすら走ることに意欲を燃やしていたことから，それをNGOとボランティアが協力した支援により，長野オリンピック記念マラソンへ参加できるようにした．長野オリンピッ

クのボランティアであった人々とも協力して，募金活動やTシャツ販売を通じた資金面の支援，長野滞在支援，練習場への送迎ボランティア，選手の歓迎食事会，沿道会場での声援，エチオピア国旗づくり等々の支援を行った．そしてボランティアたちは，2つのプログラムを用意した．1つはマスメディアを通じて彼らの現状を知ってもらうこと，もう1つは高校生に世界の厳しい現実を知ってもらうことであった．全財産を失い逃れた先のケニア・カクマキャンプでの生活は厳しく，ランナーの走る目的は，「国際マラソンでよい成績が得られれば，難民仲間に希望と勇気を与えられる．そして彼らを少しでも良い生活へ救ってやれる」ということであった．このエチオピア難民ランナーへの支援を通じ，参加したボランティアたちは言葉の壁を越えた活動を行ったが，ランナーから学ぶことも多く，やり遂げたという満足感を得た．

このような支援活動の軌跡から，「イベントは人を育て，人が地域を育てる」ということを実感し，平和の祭典オリンピックの原点がここにあるように思えた．

青年ボランティア世界会議の開催に向けて

筆者をはじめとした21世紀ボランティア研究センターでは，21世紀が始まる2001年が「ボランティア国際年」という情報をきっかけに，2001年に「青年のための世界規模のボランティア会議」を是非オリンピックのまち長野で開催したいと考えるようになった．

長野オリンピックで芽生えたボランタリズムを広め，深め，そして次世代を担う若者のエネルギーを引き出すためのボランティア活動の環境や機会を提供するために，世界規模の会議として招致したいと考えていた．また，21世紀ボランティア研究センター設立の目的でもあった「若者にボランティアを文化として手渡したい」という願いを国際会議において発信しようと，国際会議招致の活動を展開した．

この会議のテーマは「新しい世紀を担う青年ボランティア」，サブテーマは「ボランティアは奇跡を起こす！若者と共に新しい世紀を築くボランティアパワーの発信を目ざして」であったが，長野での開催目的は，長

野オリンピックのボランタリズムを広め，深め，高める若者のエネルギーを引き出すボランティア活動の環境づくり，機会を提供するボランティア国際年を「ボランティアを脇役から表舞台へ」の年に，ということであった．

そして長野での大会の中心的役割を果たしたのは長野青年会議所であったが，21世紀ボランティア研究センターにかかわる数多くのボランティアの協力を得て無事開催でき，参加者のみならずボランティアにも大きな収穫があった大会となった．

スペシャルオリンピックス（SO）開催に向けた活動と支援内容

その後，スペシャルオリンピックス[2]（SO：知的発達障害のある人たちの成長にスポーツを役立てる活動）の世界大会の長野開催をめざした活動を展開したが，長野オリンピックで培ったボランティアの誇りを，もう一度SO運動にかけてみたいとの思いからであった．

2004年2月に長野でプレ大会が開催され，2004年9月から，2005年冬季世界大会「500万人トーチラン」が全国でスタートした．このSOの第8回冬季世界大会は，2005年2月に長野で開催され，84の国と地域から200人近いアスリートが参加し，日本選手団も150名が参加した．そして，スポーツプログラムだけでなく，文化交流プログラムも併せて開催された．

21世紀ボランティア研究センターでは，「500万人トーチラン」のTシャツ販売を通して，広報活動の一端を担い，SOタウンの運営やサンクスパーティの企画運営などを行った．交流プログラムの中でも，特にふるさとの味で訪れた方々へのおもてなしや長野のお母さんのぬくもりを長野の思い出に添えて持ち帰っていただくことができた．

---

[2] 1963年にEunics Kennedy Shriverが自宅の庭を知的発達障害のある人々に開放して開いたデイキャンプが始まりで，ジョセフ・P・ケネディ財団の支援のもと1968年に組織化されて「スペシャルオリンピックス」となり，世界中に活動が広がり，1988年にはIOCと「オリンピック」の名称使用や相互の活動を認め合う議定書を交わすまでにいたった．

グループホーム交流プロジェクト

　一方，SOの思いを一過性のものに終わらせないために，知的障害をもっている人たちとの交流を「グループホーム交流プロジェクト」として立ち上げた．

　活動内容は，「近所のおばさん感覚」のとてもシンプルなもので，週1回，土曜日・日曜日に各々自宅にある食材を持ち寄ってホームを訪ね，ホームの方々と一緒に料理をして食卓を囲んで楽しく交流を深める活動である．ホームを訪ねた後，参加者それぞれが素直に感じた「気づきを日誌」として記述したものを「交流日誌」として冊子にまとめ，これをベースに長野県の「人権尊重プログラム」として提案した．

ラオスにスニーカーを送ろう2006活動

　21世紀ボランティア研究センターは，長野朝日放送主催のラオスにスニーカーを送る運動に参加し，交流センターを拠点として県の職員にも呼びかけ，スニーカーを100足集めて贈った．そして，世界の子供たちの貧困撲滅のため，ホワイトバンド活動にも参加し，活動を通して集まったお金でサッカーボール300個を購入し，スニーカー100足と一緒にラオスの子供たちに贈った．

　さらに，日本の子供たちからのメッセージを添えて贈ろう！ということで，長野市内の小学校を訪問し，子供たちにラオスの子供たちが裸足でボロボロのサッカーボールで遊んでいる写真を見てもらい，子供たち自身自らが力になってあげたい，という思いをもってもらったうえで，ラオス語で「ミタ パープ（友達）」というメッセージを書いてもらった．このような活動を盛り上げたのは，ボールを格安で提供していただいたスポーツ店の方々，真新しいスニーカーを提供していただいた靴店等々，交流センターのスタッフの方々，そして主催者の長野朝日放送のスタッフの方々であり，多くの人々の心強いサポートがあったからこそ実現できた活動であった．

　なお，このサッカーボールをラオスの子供たちに届ける運動は，長野朝日放送によってテレビで放送され，子供たちの手に渡るまでを見届けるこ

とができた.

5. 長野オリンピックの財産——成果の先に見出したもの

5.1 ボランティアイメージの変化

　長野オリンピックは3つの財産を残したと考える．1つ目は，これまで福祉の分野で多く語られていたボランティアのイメージが，オリンピックというスポーツイベントを通して，新しいボランティアのイメージに変化したことである．従来，ボランティアのイメージは，人のために我慢をしてする活動であったが，オリンピックでのボランティア活動は，そんなイメージを明るく変えた．

　「イベントに参加して，自分を試したい！」，「沢山の仲間との出会いを楽しみたい！」，「もしかしたら選手たちに出会えるかもしれない！」という自分発の主体的で単純明快な動機こそ，ボランティアイメージを明るいイメージに変え，ボランティア活動の垣根を取払う役割を果たしたと思っている．

　一方，筆者がコーディネーターとしてかかわった長野オリンピックでのボランティア活動で実った財産を，どのようにして地域に根づかせるか，どのように恒常化させていけばよいのか，その方法を探りつつ見えてきたのが「イベントは人を育て，人が地域を育てる」というテーマであった．

　スポーツボランティアから出発した我々は今，「街中賑わい研究所（愛称：まち研）」を立ち上げ，ここを拠点に「スポーツによるまちづくり」へと歩みを進めている．

5.2 NAGANOホスピタリティの高揚

　2つ目は，長野のホスピタリティ，すなわち「おもてなしの心」を高めるきっかけとなったことである．今もとても大切にしている「おもてなしの心」を長野オリンピックから得て，多くのことを学んだ．普通なら10年かかっても会えない世界の人たちと一度に出会えたとき，大会にかかわ

った人もかかわっていない人も，誰もが，何かできるか？とまちへ繰り出していって，それぞれに来訪者へのおもてなしの心を形にしていった．このボランティアをはじめとした住民のおもてなしの心が，出場者がまた参加したいマラソンとして1,2を争うレベルの大会となっている長野オリンピック記念マラソンや国際会議，あるいはスポーツイベントなどで反映されてきている．

5.3 新しい行政と住民とのパートナーシップの構築

3つ目は，21世紀型パートナーシップの構築である．長野オリンピックにおいて，初めてボランティアをスタッフとして迎えた．このためボランティアへの研修は，2年をかけて実施したが，多様な価値観をもとに行動するボランティアの存在は，大会成功への大きな鍵を握っていたと言える．スタッフとしては大会を滞りなく進めるために，従来の縦組織の枠組を堅持し，公平・平等の原則をもとにした運営をめざした．

一方，ボランティアは，自分の想いと創造性や機動性を重視し，横並び意識を運営の上でも求めていた．ボランティアは，命令されて動くものではなく，消極的な存在ではなかった．大会を成功させたいという思いは同じでも，それを実現していくプロセスに大きな違いがあり，それぞれの違いをお互いに認め合って，合意・形成するプロセスを大切にして手にしてこそ，ボランティアをスタッフとして受け入れた価値が生まれるのだと実感した．

この長野オリンピックのボランティア活動の経験から学んだ行政と住民との関係は，21世紀型パートナーシップの構築とも言え，時代を経た現在では，まちづくりや地域づくりのキーワードになって，あらゆる協働の場に引き継がれてきている．

長野オリンピックは，冬季大会であり，自然環境との対応を如何にしていくかによって大会の運営が決まってしまう，という背景があったように，イベントにハプニングはつきものである．思わぬところでさまざまな突発事故やトラブルに出会うが，これを如何にして克服していくかがその後のノウハウや知見となってきている．例えば，スタッフを徴兵，ボランティ

アを志願兵に譬えてみると，組織のもとで指揮命令に従わざるを得ないスタッフと，自分の自由の意思で参加し，責任も自らが負うボランティアがおり，この後者こそがイベントにつきもののハプニングを解決できる鍵を握っていると言える．

ボランティアは「どんな状況の中でも逃げない」ということを信じ，ボランティアは組織の信頼を裏切ることなく証明してくれた．ハプニングこそボランティアの本領発揮，出番なのである．

「トラブルの素は，スタッフのボランティアへの尊敬心の欠如である」．これは，アメリカ合衆国ホワイトハウスのボランティア執務長のクロードテーラー氏から長野オリンピックのボランティアスタッフに贈られた言葉である．そして長野オリンピックでは，このメッセージを最大のテーマとして取組んだ．ボランティア概論から始まる研修と同時に，県外のボランティアリーダーに講師としてスタッフの研修へ参加していただいたことも長野オリンピックのボランティア活動の特徴の1つであった．「ボランティアの多様なニーズに応えるために」をテーマに，ボランティアとスタッフのいい人間関係づくりに力を注いだことが，後に筆者が国内のイベント講師としてとびまわることに繋がってきている．

6. 長野オリンピックにおける成果を活かして

6.1 プレオリンピック，ポストオリンピック活動の課題と現状

長野のボランティアは，長野オリンピックをはじめとして，プレオリンピック，ポストオリンピックの活動として，長野オリンピック記念マラソン，SO等のスポーツイベントを活かして新しいボランティア感覚を身につけてまちづくりに活かそうと活動してきている．しかし，未だ行政がもっている力の源泉ともいえる「お金」に依存する体質から抜け出せていない．活動の始まりは，いつもお金が先か，気持ちが先かが問題になる．もちろん，ボランティアは「やりたい！」，「ほっとけない！」という気持ちが何より優先している．それでも活動には常にお金が先の世界がついてま

わるが，ボランティアは常に「お金が半分に減っても幸せは倍になる」という気持ちを大切に活動を続けている．

あるまちづくり活動の話し合いの場で，「行政から出るお金は今年は3分の1になった．その分ボランティアを増やして，別の方法で規模を縮小しないでイベントを乗り切ろう」という言葉があったが，これがボランティアのやる気をなくしていることに主催者側は気づいていない．これは，ボランティアをお金に代わるただの労働力としてみているともいえる言葉である．そこには，お金を出してくれる行政や経済団体などは来賓として迎えても，ボランティアを尊重して迎える心がない．この言葉に代表される「ボランティアをただの労働力としてみている」ことに対する疑問と不満は，長野オリンピック以降のまちづくりにおいても，いつも付きまとっている課題である．

ボランティアが対等なパートナーとして，何よりお金に代わる価値を生み出す大切な存在として認められる日はまだまだ先のようだが，胎動も感じつつある．若者のイベント参加によって，少しずつ変化の兆しが見えてきたように思う．この課題をさらに解決していくためには，まちづくりの一環として行われるイベントに，多様な人たちを巻き込む努力をすることではないであろうか．

「イベントは人を育て，人が地域を育てる」には，こうした努力が不可欠であると考えている．

6.2　東京オリンピック開催に向けた期待

1998年に開催された長野オリンピックは，陸の孤島と言われた長野を新幹線や高速道路などのインフラ整備によりアクセスしやすくしたばかりでなく，その後の長野における住民活動をも変えた．住民が主体となったボランティア活動によるまちづくり，地域づくりに資する組織の設立やその組織を中心とした住民活動が盛んになってきている．これまで，ボランティアというと社会福祉の視点が強く，どちらかと言うと弱者や被災者などの支援が主体であったが，長野オリンピックの開催を契機に国際的スポーツイベントの支援を通じて，地域情報の国内外への発信やスポーツの振

興，人材や組織の育成強化のみならず，住民の地域アイデンティティの醸成やコミュニティの強化や形成，あるいはさまざまなアソシエーションの形成，さらには住民と国内外の人々との交流の促進などが展開されてきている．このように，スポーツイベントの開催は地域の主体である住民の意識を変化させていく効果を有しており，ボランティア活動をとおしてスポーツイベント開催を契機としたまちづくりや地域づくりに資するものとなってきている．

　このようなことから，現在（2013年初夏）進められてきている2020年の東京オリンピック招致活動にも長野オリンピックで得たノウハウや知見をより活用していくことが望まれてきているが，その基本は地域住民のボランティア活動への積極的な参加ではないかと考える．住民の東京オリンピック招致へのボランティア活動への参加は，招致活動をより積極的にさせ，オリンピックの実現に資するばかりでなく，ボランティア参加者自らを磨き育てる手段ともなり，結果としてオリンピックが招致できなかったとしても，住民が東京のまちづくりにより積極的にかかわり，魅力的な都市を創造していくことになると考える．

7. おわりに——そして次なる目標は

　我々長野のボランティアは，シルバーのうえを行く「プラチナ世代」のトップランナーとも言え，とても元気である．この閉塞感に満ちた時代を生き抜くことが困難な今こそ，自分たちの置かれた環境をより良いものにしていくために，プラチナ世代の人々は，座して待つのではなく，「自分たちの居場所と出番づくりは自分たちの手で」を合言葉に「トライ＆エラー」の世界を繰り返しながら，失敗すら楽しんで活動してきている．

　プラチナ世代は，さまざまな活動によって「イベントは人を育て，人が地域を育てる」ことの証明に一役買ってきた．プラチナは錆びない！のだ．

　次なる目標は，スポーツを文化として暮らしの中に活かすためのまちづくり組織である「(仮) NAGANO スポーツコミッション」の設立である．長野オリンピック開催時には，筆者が体験したボランティアコーディネー

ターという行政とボランティアを繋ぐ役職があったが，初めての試みであり，数多くの試行錯誤があり，その結果が現在のまちづくりボランティア活動の展開へと繋がってきている．しかしながら，このボランティアコーディネーターは個人としての役割でしかなく，筆者が経験し，得たノウハウや知見を活かす場がなかったことから，21世紀ボランティア研究センターという組織を設立し，まちづくりや地域づくりに資するボランティア活動を行ってきた．

　このようなことを，近年位置づけが変化し，日常の生活における幅広い意味を有する「スポーツ」として捉えた場合，このスポーツを核としてまちづくりや地域づくりを展開する組織が必要ではないか，と考えた．これまで，人材育成やスポーツの振興に貢献してきたスポーツやスポーツイベントを，より活用してまちづくりや地域づくりのキーワードとしていこうとするものであり，縦割り行政をスポーツというキーワードで地域に根ざした横割りの政策提言や活動を行っていく組織としてのスポーツコミッションであると考える．

謝　辞

　本章の執筆にあたっては，東京大学アジア生物資源環境研究センターの共同研究員木田悟氏に多大なるご尽力を賜っただけでなく，筆者が一般財団法人日本スポーツコミッションの評議員としてかかわるようになった今日まで，さまざまな活動の場をいただき，息の長いご指導をいただいた．この場を借りて厚く御礼申し上げる次第である．

参考文献

木田悟（2011）「地域におけるスポーツイベントの社会的効果に関する研究――サッカーワールドカップのキャンプ地を中心として」（日本大学博士（工学）論文）．

長野市教育委員会（2001-2006）「一校一国運動活動事例集（平成13年度〜18年度）」．

マイナースポーツの協力から生まれた協働事業

新居彩子

　スポーツが学校教育の「体育」の域を超え，「スポーツ」として地域へと浸透し始めてから久しい．文部科学省が2000年にスポーツ振興施策を打ち出して以来，地域住民が気軽にスポーツに親しむことのできる総合型地域スポーツクラブの創設を後押ししてきた．現在では1,000を超える市区町村に3,000以上のクラブが存在し，この瞬間にも新しく立ち上げようと準備している人たちがいる．かくいう筆者も，大田区大森にある小学校跡地の体育館やグラウンドを使って地域スポーツクラブの創設を試みた1人である．筆者は，多種多様なスポーツを年齢や性別に関係なく，誰もが楽しみながらできるコミュニケーションツールとして捉え，地域に文化として自然に根づいていくことをめざして「日本スポーツ文化創造協議会」を立ち上げた．独自にスポーツコンテンツを持たず，さまざまな競技団体と協働することが前提で事業運営をしている．現在，小学生から大人を対象に6種のスポーツ関連教室を実施しているが，「スポーツクラブ」という名称は用いていない．スポーツ振興という目的ではなく，「まちづくり」のための地域協働事業だからである．

　当協議会が拠点を置く「こらぼ大森」は，大田区の市民活動を支援するための公共施設で，2002年までは小学校だった．廃校の有効活用のために地域住民が立ち上がり，「区と区民が協働で施設を活用する」ことを大田区に提言し，子ども交流センター（児童館）・シルバー人材センター・協働支援施設などが同居する複合施設として，区民が自主運営している．こうした経緯を辿ってきた施設にとっては，地域の人たちのために有効活用することが最も重要なミッションであり，当協議会としてはスポーツありきではなく，地域のニーズや方針に合った事業を求められたのである．おりしもサッカーや野球などのメジャースポーツではなく，マイナーなスポーツで事業を展開するにはどうしたらいいか，を考えていた矢先にこの施設を知り，スポーツで地域の人とひとを繋ぐ事業をスタートさせることになった．

　スポーツ事業の経験者なら誰でも分かることだが，場所の確保が最初で最大の難関である．体育館やグラウンドなどのスポーツ施設を持っているのは，学校・行政，指定管理者，民間のスポーツクラブくらいで，ほとんどのスポーツ

事業体は貸出施設に頼ることになる．運営のことを考えると比較的安価な公共施設を借りるのだが，たいてい希望者が殺到して抽選になる．筆者も定期的に場所を確保することの難しさを痛感し，高い理想と理念を掲げていても事業化できない現実の厳しさを実感した．初年度は，たった月1回の体育館の確保に苦労した上，不定期の開催に参加者が集まらず事業運営は逼迫した．そのためさまざまな知恵を絞り，あらゆる方法を試みた．貴重な体育館利用時間を有効に使うため，2つのスポーツを同時に体験できる教室にし，あえて学校やスポーツクラブなどではやっていないマイナースポーツを選び，その面白さや身体への効果を分かりやすく示した．また，地元のまちづくり系NPOと協働し，近隣小学校や町会などへの広報を協力してもらった．これらの戦略が功を奏し，定員を超えるほどの参加者が来るようになった．そして地域の子どもたちへの社会貢献事業として認められ，翌年からは大田区社会教育課との連携が実現し，月2回の体育館の確保が確実にできるようになった．実施競技は4種目に増え，運営は安定し，今ではキャンセル待ちが出るほどの人気教室となっている．

　ところが，文部科学省が推進する「総合型地域スポーツクラブ」化は実現できなかった．すでにクラブ創設の準備を進めていたスポーツ推進委員と方針が合わなかったのである．当協議会はコンテンツを持たず，事業は日本のスポーツ統括団体（日本協会）との協働で実現しているため，継続的・安定的にサービスを提供していくためには収益性を無視するわけにはいかない．また，こらぼ大森の「地域のための施設の有効活用」という方針の下に実施してきた事業でもあり，自分たちのやりたいスポーツの振興ではなく，求められるスポーツの場の提供でなければならなかった．あらためて事業を見直し，どういう形のスポーツのあり方が地域にとってベストなのかを考えた．そして，スポーツを社会教育として捉えるのではなく，スポーツをまちづくりに活かす形へと生まれ変わらせた．それが大田区地域振興課との連携をスタートさせ，地元のまちづくりNPO，地域貢献を理念に掲げているサッカークラブとの協働事業へと繋がったのである．

　国内においてスポーツによる地域づくりの先駆者といえるJリーグの規約には，「Jクラブはそれぞれのホームタウンにおいて，地域社会と一体となったクラブづくり（社会貢献活動を含む）を行い，サッカーをはじめとするスポーツの普及および振興に努めなければならない[1]」とあり，スポーツが生活に溶け込み，人々が心身の健康と生活の楽しみを享受できるまちづくりをミッションに掲げている．この「地域社会と一体となって」活動をするという考え方は，大田区地域振興課が進める連携・協働に合致する．2005年に施行された大田

区区民協働推進条例には,「区民,区民活動団体,事業者及び区が協力し,及び連携して公益の増進を図り,もって豊かで魅力に満ちたまちづくりを実現することを目的とする[2]」とある.

　今,我々が行っているのは,地域の市民活動団体と区が協力して,地域住民のコミュニケーションの場を提供し,スポーツによる健康増進を進める協働事業であり,スポーツ振興を第一の目的としていない.人とひとを繋げるツールとしてスポーツを使っているだけである.地域密着型のスポーツ事業を考えたとき,どうしても「スポーツ＝社会教育」という行政の管轄上の区分から生まれた常識にとらわれてしまいがちだが,事業の本質を深く考えれば,まちづくり・ひとづくりのための地域協働事業である方が自然ではないか.そのことに気づくまでに,ずいぶん時間がかかった.協働で活動を支えてくれた地元のまちづくりNPOのアドバイスがなければ,見えなかった視点である.そして連携・協働の面白さを教えてくれたのは,マイナーなスポーツ統括団体担当者の意欲と普及への執念だった.

　スポーツの可能性は実に幅広い.社会教育の一端を担いながらも,生涯の心身の健康を維持する役割も果たし,コミュニケーションツールとしてまちづくりに活かすこともできる.海外のプロスポーツやオリンピック,ワールドカップなどのビッグイベントでは,観光業界にも大きな影響力を持っている.スポーツのあり方は,地域,目的,内容によって多様に変化する時代になっている.それぞれのあり方にフィットした事業パートナーとの協働・連携が新しい日本のスポーツ文化を構築してゆくと筆者は考えている.

引用文献
[1] 日本プロサッカーリーグ定款「Jリーグ規約」.
[2] 大田区「区民協働推進条例」.

参考文献
文部科学省「スポーツ振興基本計画」.
文部科学省「総合型地域スポーツクラブ育成マニュアル参考資料　スポーツの実施状況等について」.

第6章

クラブをつくる

Jクラブをつくるところから考える地域づくり

藤口光紀

1. スポーツでまちづくり　スポーツで人づくり　スポーツで家づくり

　地域活性化，まちの活性化という表現がよく使用される．「活性化」という言葉は使う側からすると非常に便利な言葉である．受ける側も響きがよく，何となく分かった気にしてくれる．「まちづくり」と同じように「活性化」という言葉には，多くの意味が含まれていて，奥が深い．

　まちづくりの本質は，その地域に住んでいる人たちが「自分たちのまちを元気なまちにしたい．住みやすいまちにしたい．将来このようなまちにしたい」といったように，自ら考え，自ら行動し，皆が参画し取組むことが不可欠である．そうすることによりまちは活性化され，活き活きとした元気なまちになっていくのである．もちろん，外部の人の助言やサポートを得ることも時には必要なことであるが，全てを外部に任せてしまっては一過性のものになり，活性化には繋がらない．

　Jリーグ浦和レッズの社長を務めた経験を活かして，まちづくりをサッカーなどのチームづくりに譬えて考えてみたい．よいチームをつくるためには，よいリーダー（指導者），よい素材（選手），よい環境がなければできない．そして，一時的によいチームはできるが，常時よいチームであることが重要である．そのためには年齢構成も非常に大切なことである．よいメンバーに恵まれ強いチームができ，同じメンバーで複数年闘い，よい

結果を出しても，そのことはあまりよいことではない．必ずその後，反動が来るからである．メンバーの若返り（新陳代謝）を視野に入れて取組まなければならない問題である．

　元気なまちとは，そこに住んでいる人たちが元気でなければならない．そのためには，高齢者にも若い人たちにも住みやすいまちづくりをしていかなければならないのである．元気なまちの定義などどこにもないであろう．あえて一例挙げるとすれば，「子供たちが外で元気に走り回れるまち」と定義したい．それは，公園の芝生の上やスポーツクラブの十数面ある芝生のサッカーコートの上で子供たちが元気にボールを追いかけていて，その光景を眺めながら脇のベンチに腰をかけた老夫婦が談笑している，三十数年前にヨーロッパでみた姿である．数年前に比べれば，日本でもそのような光景が増えてきていると思うが，まだ少ない．

　人間も血液の循環によって栄養や酸素が運ばれて，それが滞ると病気になるように，社会や組織も，それらの栄養や活力の源泉となる人の循環が悪くなり，停滞が起こるとその社会・組織は弱体化する．そうならないためにも，若い人が成長し，いずれ活動の中心になり，熟練者はそれをサポートし，見守り，共に組織の繁栄に努めるようにならなければならない．人を育てることは簡単ではないが，それを怠っては組織の成長はあり得ない．組織も会社も地域も，人の集合体でできていることを忘れてはならない．

2．Jリーグの貢献

　日本は1998年のワールドカップフランス大会に初めて出場してから4回連続でワールドカップに出場し，2010年大会では2度目のベスト16入りを果たした．この結果からも日本のサッカーが成長していることが窺える．その成長の要因として1993年に開幕したプロサッカーリーグ「Jリーグ」がある．Jリーグ誕生によりプロサッカー選手になりたい子供が増えて，プロ野球選手と並んでプロサッカー選手も子供たちの将来の夢の1つになった．しかも，数多くの選手が海外に行き，欧州のリーグで活躍して，さらに飛躍が期待される．

ワールドカップ南アフリカ大会で活躍した本田圭佑選手のメディアに対する発言と試合中の自信に満ち溢れたパフォーマンスと結果を出す姿を見て，多くの子供たちが触発されたのではないだろうか．子供たちの夢を育むことができるのもスポーツの持つ魅力の1つである．

Jリーグがスポーツにもたらした最大の効果は「一年中緑の芝生」である．Jリーグ誕生前は，一年中緑々とした芝生はゴルフ場のグリーンを除いては存在しなかった．「冬になると芝生は枯れるもの」という認識が日本では当たり前であった．

筆者は1970年代に海外遠征でヨーロッパに行き，緑々とした芝生の上でボールを蹴り，練習をしていたら，短期間（約1ヵ月）であったが実際に上手くなり，サッカーの楽しさを加速させて帰国したことを明確に覚えている．日本でも一年中緑々とした芝生はできないものかと関係者に相談して回ったが，「日本とヨーロッパでは気候が違うから無理だね」と一蹴されたことを今でも覚えている．

それから二十数年後のJリーグ開幕にあたり，試合を開催する競技場（スタジアム）のピッチは「常緑の天然芝であること」が『J.LEAGUE HANDBOOK』（Jリーグ規約・規定集）に明記されたことにより，芝生の研究が進み，日本のスタジアムのピッチは今や世界で最高の評価を受けるまでになっている．Jリーグに関連するさまざまな研究会の中でもスポーツターフ研究会は，芝生の専門分野の大学の先生，企業のその道の権威者，地方自治体の方，Jクラブ関係者などが全国各地から集まり，非常に熱心に取組まれていた．このようなところにも日本人の優秀さが表れていると思う．「やればできる」．その気になれば徹底して研究して質の高いものをつくり上げることができる．それが日本のよさである．その気になる環境をJリーグが提供したことになるが，研究に投資して良質な芝生ができればビジネスになるという経済原理からすればもっともなことである．四季のある日本の気候に合い，地域性も考慮に入れた天然芝の開発が活発に行われて，世界でも最高品質の芝生がつくり上げられた．

Jリーグ開幕当初の浦和レッズのホームスタジアムの駒場競技場は，サッカー専用競技場ではなく，キャパシティも最初は1万人で，日本一のス

タジアムと言えるものではなかった．それでも，何か1つでも日本で一番のものを持ちたいという関係者の熱い気持ちが「緑の絨毯」のような素晴らしいピッチをつくり上げたのだった．プレシーズンマッチで対戦したマンチェスターシティのピーター・リード監督がピッチを「パーフェクト」と絶賛したことは有名であり，クラブ・サポーターの誇りともなっている．

また2001年に開催されたFIFAのコンフェデレーションズカップにおいて，ボールが見えなくなってしまうような激しく，強烈な雨が降りしきる天候の中での試合であったが，水たまりも全くできず，緑々とした芝生の上で普通に試合が行われた横浜国際総合競技場（現日産スタジアム）を，FIFAのブラッター会長も絶賛し，日本サッカー協会に感謝状が届けられたことがある．

東日本大震災で使用することができなくなったが，1997年にオープンしたナショナルトレーニングセンターのJヴィレッジの存在も芝生開発に大いに影響を与えた．Jヴィレッジのグリーンキーパーであった松本栄一氏は，芝生のプロになろうと決心し，浦和市役所を退職して，昼夜芝生と向き合い，丈夫で美しい芝生をつくり上げた立役者である．このように新しい文化が生まれる時には，一大決心をして未知の世界に足を踏み入れる人物が必ずいるものである．

こうして当たり前になりつつある天然芝のグラウンドの効用は，怪我もなく，楽しくボールを蹴ることができるようになったことである．現在，高齢になってもサッカーボールを追いかけ第二の青春を楽しんでいる光景がみられるようになった．子供たちに対して「スポーツをしなさい．健康のために体を動かしなさい」と言うよりも，芝生の広場を用意してあげれば，自然に子供たちは体を動かし始めるようになる．ボールを使った遊びや鬼ごっこ，ゴロゴロ転げ回るなど自分たちで遊び方を工夫して楽しむものと思う．これからは「芝生の広場があるまち」がまちづくりの大きなポイントになるだろう．そして身近なところにスポーツクラブや広場があり，いつでも，どこでも，誰でもいい汗をかける環境が必要である．Jリーグはサッカーのソフト・ハード両面の環境整備をしてきたことにより，日本サッカーを成長・発展させた以上に，地域の環境整備の考え方を変えたと

言えるだろう．

3．Jクラブをまちにつくる——浦和レッズの事例

　浦和レッズはJリーグが開幕した1993年5月の最初からの10クラブの一員である．しかし参加するまでには紆余曲折があり，万全な体制で始動できたわけではない．浦和レッズの前身は三菱のサッカー部であり，日本サッカーリーグ（以下，「JSL」という）時代の拠点は東京であった．三菱重工業株式会社（三菱重工）本社の勤労部が管理部門であり，選手たちは全て社員で，企画・広報・人事・勤労・資材・営業などさまざまな部門に配属されていた．三菱自動車工業株式会社（三菱自動車・自販）勤務の者も半数近くいた．

　三菱重工サッカー部は1950年に中日本重工本社（神戸）でサッカー愛好者により創部された．1952年に中日本重工が新三菱重工に社名変更し「新三菱重工サッカー部」となった．その後，1964年に「三菱重工サッカー部」となり，翌年の1965年開幕したJSLに参加し，1969年に日本リーグ初優勝，1971年天皇杯初優勝，1973年日本リーグと天皇杯の二冠を獲得，1978年日本サッカーリーグ・JSLカップ・天皇杯の三冠を獲得するなど，三菱重工サッカー部時代には日本サッカーリーグ優勝4回，天皇杯全日本サッカー選手権大会優勝4回，JSLカップ優勝2回と日本サッカー界を牽引してきたチームであった．1990年に三菱重工はプロチームを持たないとの結論に至り，三菱重工に代わって大衆製品を扱う三菱自動車工業株式会社がプロ化に向けたチームを引き受けてその年から「三菱自動車工業サッカー部」となった．そして，プロ化に向けて準備を進める中で，大きな問題として，ホームタウンをどこに設定するかが残り，関係者は頭を痛めていた．三菱サッカー部のプロ化に向けた準備室で当時の三菱サッカー部部長の清水泰男氏，副部長の森孝慈氏と共に東奔西走していた佐藤仁司氏（現Jリーグ事務局員）によれば，ホームタウン候補地は関東地区に絞られ，東京・埼玉・神奈川の5都市6競技場を挙げていて，浦和もその1つであった．

浦和というまちは，静岡（清水・藤枝）・広島と共に日本サッカーの御三家と呼ばれてサッカー熱は高く，中でも高校サッカーは浦和高校・浦和西高校・浦和市立高校・浦和南高校が全国制覇を成し遂げ，「浦和を制する者は全国を制する」とまで言われたこともあった．それだけに，日本で初のプロサッカーリーグが誕生するというニュースに，浦和の人たちが黙っているはずもなかった．「何としても浦和にプロのチームをつくろう．プロチームがほしい」という動きが活発になり，1990年9月に「浦和にプロサッカー球団をつくろう会」が発足した．

この「浦和にプロサッカー球団をつくろう会」は，浦和青年会議所（JC）のメンバー（OBも含む）が中心となり市民団体として活動した．最初は和光市と狭山市に工場がある本田技研と話を進め，順調に推移していたが，最終的に本田技研本体の決断は「プロチームを持たない」というもので，「浦和にプロサッカー球団をつくろう会」の計画は全くの白紙に戻ってしまった．

しかし，それであきらめてしまう人たちではなかった．熱い気持ちを持ったメンバーは11月になると浦和駅前で，どうしてもプロサッカーチームを呼ぶための署名活動を始めたのであった．

その頃三菱サッカー部は，関東エリアでホームタウンの候補を定めたものの，なかなか折り合いがつかず，ホームタウン決定には至っていなかった．当時筆者は三菱重工相模原製作所に勤務していたが，「浦和にプロサッカーチームをつくろう会」のメンバーの1人（学生の頃からの友人）から「三菱の活動拠点は決まったのか」という電話があった．浦和は本田のホームタウンになるものとの情報が入っていたので，初めは耳を疑ったが，浦和と本田の話が解消されたことは事実であった．そこで，三菱サッカー部森孝慈副部長に連絡，三菱サッカー部にとってもこれ幸いのタイミングであった．

その後浦和と三菱の間で直接交渉が始まり，サッカーによって結ばれた純愛物語「浦和レッズ」の誕生に繋がるのである．11月4日，JSLの三菱対日本鋼管戦があった雨の西が丘サッカー場での試合後に，当時三菱サッカー部部長の清水泰男氏と副部長の森孝慈氏，「浦和にプロサッカー球団

をつくろう会」のメンバーの新田博利氏，吉田浩氏が初めて面談して，お互いが同じ光を見た瞬間であった．

　それから9日後には，三菱サイドは浦和をホームタウンにする方針を役員会で決定するという，異例の素早い決定であった．そのことからも，三菱サッカー部にとって浦和の話は「偶然の必然」であったと言えよう．12月には，三菱サイドは埼玉県庁，浦和市役所（当時）を訪れて，お互いが協力して地域に根づいたスポーツクラブの醸成を誓った．

　1991年2月に，JFAは浦和市を本拠地とする三菱サッカー部を含む10団体を発表．日本で最初のプロサッカーリーグ開幕に向けてスタートを切った．三菱サッカー部も最後のJSL（1991年シーズン）を戦いながら，プロサッカークラブづくりに向け，埼玉県・浦和市・埼玉県サッカー協会・商工会議所・青年会議所・浦和スポーツクラブなど，多くの関係者と協議を重ね準備をしていった．

　1992年3月31日，浦和市内のホテルで記者発表会を開催した．正式名称「三菱浦和フットボールクラブ」（1996年に「浦和レッドダイヤモンズ」に名称変更），クラブマーク，キャラクター「レディア」，クラブの組織体制，クラブの活動方針などを発表．未知の世界への挑戦がスタートした．

　翌4月1日から，三菱自動車100％出資の法人，株式会社三菱自動車フットボールクラブは，プロのサッカークラブとしての運営を開始した．オフィスは，まだ三菱自動車本社がある田町の小さなビルの一部屋であった．浦和市役所での打ち合わせや埼玉県サッカー協会での会議にはその都度出向き，対応していた．

　9月に開幕するプロのクラブとしての最初の興行であるヤマザキナビスコカップの準備に費やせる時間は，5カ月しかなかった．そして翌年5月に開幕するJリーグまで13カ月となっていた．全く何もないところからのスタートで，マスタースケジュールを決めて計画を立てるが，見直しの連続で，頭で考えるより体で対応しなければならないことがよくあった．「走りながら考える」を実践してきたのだ．

　クラブのオフィスも都内であったが，チームの練習場・クラブハウスも

三菱サッカー部時代から使用している東京都調布にある三菱重工所有のもので，活動拠点は本拠地の浦和ではなく全てが東京であった．そのためか，浦和の人と話をしていても距離感や温度差を感じ，物事の進みが遅く感じた．

そこで，計画を前倒しにして，チームの活動拠点を都内から浦和に移すことを最優先課題とした．選手が浦和に住み，生活することにより，浦和市民との触れ合いが生まれ，少しは身近に感じてもらえるのではと思い，まずは毎日使用する練習場の確保，選手・監督・コーチングスタッフの住居の確保にクラブスタッフも最大限の努力をはらった．

しかし，「サッカーのまち」浦和であったが，サッカー専用競技場をはじめ，サッカー場・練習場は数少なく，浦和レッズ専用の練習場確保は簡単なものではなかった．それでも市の協力を得ながら探したが，荒川河川敷のグラウンドを転々として練習せざるを得なかった．東京農業大学使用のグラウンド（現レッズランド敷地）もその1つであった．シャワーなどもなく，プロとしての環境からは遠く離れたものであり，アマチュアの三菱サッカー部時代の方が余程プロらしい環境であった．

独身者が多かったので，クラブハウスの代わりに北浦和駅近くのホテルを借り上げ，独身寮代わりにも使用していた．まず，練習前にそのホテルに集まり，練習着に着替えて車に分乗し，河川敷のグランドに向かい，練習後は軽く汗を拭いただけでホテルに戻りシャワーを浴びる．チームにとっては非常に厳しい環境であったが，森監督の指導の下，チームは泣き言も言わず新しいスポーツ文化「Jリーグ」という未知への挑戦を始めたのであった．

その後1993年5月にJリーグが開幕したが，その時もまだ河川敷での練習が続いており，開幕から2カ月後の7月にやっと大原グラウンドの整備が完了して使用できるようになった．独身寮の完成は11月であり，Jリーグ開幕から半年を経過してようやくチームは腰を落ち着けて活動できるようになったのである．クラブ本体のオフィスも1992年の年末，12月25日に東京から浦和に移転．Jリーグ開幕まであと5カ月半という時間との闘いも併せ持っていた．オフィスの場所をどこにするかというのは，非

常に大きな問題なのである．その後のクラブの活動に大きな影響を及ぼすからなのだ．候補地がいくつかあった中から浦和レッズとして活動していく上で，最も適していると思われる場所をよく吟味して，最終的に浦和の街中のビルの2階ワンフロアーを選定した．その当時は，ヨーロッパのクラブ環境の情報が現在のように瞬時に把握できる環境にはなかったが，幸い現役時代にドイツ・スペインなどを訪れ，実際に見ていることから大体は把握できたので参考になったことは事実である．それにサッカーのことは何でも来いというサッカーに詳しく，特にイングランド通のスタッフがいたことも大きかった．

　クラブの拠点として考えられる場所は，ホームスタジアムの中，トレーニングセンターの中，それに街中のビルの一角といったところである．その選択肢の中から選ぼうとしても，ホームスタジアム予定の駒場競技場はJリーグ開幕（1993年5月）に向けて改修中であり，また，クラブの本体が入るようなスペースもない．トレーニングセンターについては，まだ全く整備されておらず対象外であることから，街中のビルの一角を借りてそこをクラブの本拠地とせざるを得なかった．

　結局，市役所，県庁，警察，消防，浦和駅等に歩いても行け，商店街の中にあるビルの2階をワンフロアー借りてクラブオフィスとした．1階も空いており，将来的にはグッズショップの設置も可能であることも選定のアドバンテージであった．

　現在のクラブオフィス本体は埼玉スタジアム2002の中に移転したが，街中のビルの1階は「レッドボルテージ」という名称のレッズのグッズショップとして存在している．

　プロのクラブとして活動を始めたが，ハード面の環境整備も全くのゼロからのスタートであった．それだけに地元自治体の方々，市民の皆さんの協力，支援がなければできない大プロジェクトであった．ソフト面でも試合運営，チケッティング，スポンサーシップ，ファン・サポーターとの関係づくり・地元対応など1993年5月15日のJリーグ開幕までの日々は勿論のこと，開幕してからも走りながら考えて実行していく日々が続いたのであった．

4. 地域づくりに必要な「参画」と「三角」

　Jクラブを通じた地域の活性化を図るうえでのキーワードは「参画」である．参加ではなく参画の理由は，参加とは仲間が集まることだが，参画とはその計画に自分の意志で加わり，活動するという違いを意識したためである．より自分の意志が強くなる．だからこそ，自分の意志で入る環境をつくっていくことが重要になってくる．

　Jリーグは地域に根づいたスポーツクラブづくりという大命題でスタートしたが，それまでは企業スポーツでやっている人たち，自分たちだけがよければよかった．だから新しいスポーツ文化「Jリーグ」の発足は，スポーツ界のみならず，日本社会に大きなインパクトを与えたことも事実である．

　そのような文化がない最初の頃は，「三菱さんよく来たね．それで何をしてくれるの？」という感覚で，「三菱ではなくて浦和レッズです．一緒にまちを元気にしましょう」と毎日同じ会話を繰り返したことを覚えている．「このようなことを一緒にしましょう．何かありませんか？」と投げかけて一緒に考える．これがポイントだと思う．浦和レッズは「一緒に」という言葉をどのようなパンフレットやチラシにも掲げていたが，それは昔も今も変わっていない．

　2006年にJリーグ初優勝した時も「All Come Together」という言葉を標語として，皆で一緒にスタジアムとまちを真っ赤にしようという活動を9月からJリーグ最終節の12月まで実施した．多くの市民やファン・サポーターと共に大いに盛り上がり，優勝できたものと思う．この「一緒に」という「参画」が重要なのである．

　もう1つのキーワードに「三角」がある．トライアングルパスなどサッカーではよく使用されるが，ポジショニングについてもトライアングルは非常に重要な要素である．ボールを保持している選手に対して前方と横，横と後方など，パスコースを2方向以上つくることにより，ボールキープができ，突破もできることになる．ディフェンスにおいても3人で3方向からプレスを掛けることにより，ボール奪取率が高まることになる．

これは市民・自治体・クラブの関係も同じで、三角形の距離感が大事になる。当事者同士ではなく、もう一人の第三者が加わることで問題解決に至ることは多々ある。また、三者が協力することにより大きなパワーに発展することもある。このようなことから、浦和レッズのオフィシャルサポーターズクラブの申し込みは3人以上でチームをつくって申し込むことになっている。トライアングルがレッズサポーターの熱きパワーを生み出している要因の1つになっていると言えるかもしれない。

「参画」と「三角」をキーワードとして、スポーツの持つ潜在的なパワーを引き出して、自分たちが住んでいるまちや地域を元気にしてほしい。たかがスポーツかもしれないが、されどスポーツ。日本におけるスポーツのパワーはまだまだ未知数であり、可能性は大きく広がっていくものと思う。

5. 市民・行政・企業の三位一体のJクラブ経営の核心

浦和レッドダイヤモンズが、多くのサポーターに支えられ、そして行政によってスタジアムが増改築され、地元企業にも愛されるようになったのは、Jリーグの掲げる三位一体のクラブ経営がなされたからに他ならない。しかしこの三位一体のクラブ経営は、言葉では市民と行政と企業が協力し合うことだと理解できるものの、その具体的なマネジメントは明示されているわけではない。

実はこの三位一体のマネジメントは、Jリーグの専売特許ではないのである。個人的な経験を話すことになるが、浦和レッドダイヤモンズの経営に携わる以前のサラリーマン人生のなかで、筆者の三菱重工業相模原製作所での経験こそが、市民・行政・企業の三位一体の経営の実践であった。すなわち新たな地域に大企業の工場が立地する時に、誘致した地元行政や議会、地元市民のなかにどのように溶け込んで愛される工場・地元企業になるかという努力（マネジメント）が、正にJリーグのマネジメントと同じだからである。

三菱重工業相模原製作所に赴任した筆者は、地元行政との付き合いでい

つも行政から「三菱さんは何をしてくれるのですか？」と聞かれることが多かった．そのときは決まって「みなさんと一緒にできることは何ですか？」，「一緒にやりましょう」と答えていた．つまり地元行政のみなさんに事業に参画していただき，一緒に生活課題の解決に向けた取組みをしていくという姿勢を鮮明にしたのである．これはJクラブも同じことで，Jクラブが一方的に地元に何かをするのではなく，何が必要であるか，何をするのかを地元の人たちと一緒になって考えることが大事なのである．こうして地元の人たちと考えた事業が，工場・事業所の毎年のイベントになり，地道に引き継がれているのである．おそらく日本の地方に進出した大規模の工場であれば，何かしら地元の人々との交流事業があるはずであるが，しかし，こうした事業も，事業所長の交代と昨今の経費削減でこれらの必ずしも義務ではない事業は中止にせざるを得ないケースがある．事業所として，地元とともにあったイベントが引き継がれないことが，結局Jリーグの理念である三位一体経営の見本の消失ともなっているのである．

　Jリーグの経営を文章で理解しても，地元行政や地元住民との協働事業という具体的な実践経験がないJクラブ経営者はこの点で苦労していると思われる．JSLに参加していた大企業からJリーグに参加したJクラブ経営者でも，事業所勤務経験がない場合は難しかったと思われると同時に，こうしたノウハウは個々人に蓄積されているため，Jクラブにおけるトレーニングを積み重ねない限り，三位一体経営の核心は引き継がれないのである．

Jクラブと地域との連携

池田健一

　日本プロサッカーリーグ（以下，「Jリーグ」という）は，1993年の開幕当初から地域密着を標榜している．ある意味，企業の広告宣伝の意味合いが強いプロ野球との差別化戦略で，各Jリーグクラブが存する自治体との連携を謳っている．プロスポーツが持つ公共性という視点から見れば，プロ野球もJリーグも位置づけや役割などは変わらないように見えるが，Jリーグのクラブには標榜しているだけではない実績がいくつかある．ここでは，そのうち以下の3点について述べる．

(1) 地域住民への優先的チケット販売

　まず，地域住民への優先的なチケット販売である．今でこそ空席も目立つJリーグであるが，開幕から数年間そのチケットは，いわゆるプラチナチケット状態であった．そのような中，地域住民がスタジアムに行きたくても行けない，という状態を避けるためにも，いくつものクラブが，「ホームタウン優先」などと称してチケットを販売したり，時に行政等と連動しつつ招待券を配布したりしてきた．これは，チケットを数多く販売してスタジアムを埋めたいというクラブ側の思惑と，ファン・サポーターのニーズを満たすという構図だけではなく，地域行政がJリーグとの連携によって住民サービスの一環としてチケットを配していく，という捉え方ができる．このスキームの中には，アルビレックス新潟のように，エリア区分をして無料招待チケットを配布していくようなやり方もあれば，プレイガイドよりも優先的に有料販売をしていくというやり方もある．

(2) 公共財としてのJクラブ

　公共財としての位置づけは，前述のとおりプロ野球，Jリーグ共に重要ではあるが，都市部のいわゆるビッグクラブと言われるクラブよりも，むしろ地方のクラブに垣間見られる事象として，Jクラブへの地域行政からの出向がある．これは収益性の問題から，各Jクラブが各地域行政へ直接的な金銭面からの支援を依頼しただけではなく，人的支援を依頼したことに端を発していることが

多いと思われる．行政サイドは，単に金銭的・人的な負担を強いられているという立ち位置ではなく，官民相まっての地域住民へのサービスとして資源供出をしている可能性が高い．実際，地方在住者にとっては，プロスポーツの興行というものは，長らくテレビでのプロ野球観戦，ということが多かったかもしれないが，J1，J2あわせて40クラブと地元のJリーグクラブを身近な存在として感じられるようになってきた．娯楽の中でも健全なサービス・コンテンツと位置付けられることが多いスポーツを相互に利活用し，スタジアムへ足を運んでもらうことの意味を，前述のチケット以外の面で官民が重層的に検討してきた結果であると言える．

(3) ITの導入

現在Jリーグではワンタッチパス（OTP）の導入により，シーズンチケットと一般販売チケットならびにファンクラブの会員など，どれくらい地域住民がスタジアムへ足を運んだのかを把握することが技術的には可能となっている．ITの利点を活かしていけば，クラブにとってはマーケティング活動の1つとし，地域行政にとっては住民サービスの1つとして，双方のステークホルダーにとっての思惑が一致する可能性が高い．この施策については，実行し始めてから数年が経ち，多くのクラブがOTPの機能を利用している．なかでもシーズンチケットの購入者のエリアマッピングや，地域住民のファンクラブへの加入率，あるいは着券率の把握など，地域との繋がりの大きな柱である「試合」というシーンにおける繋がりを定量的に掴むことができる．

上記のようなJクラブと地域行政との繋がりの実例は，まだまだ可能性としてはパイの拡大，関係値強化などの観点からいえばさらなる拡大が見込まれる．地域に存したクラブという位置づけから考えられるさまざまな方策は，クラブの収益性の安定化と健全な地域行政の確立という両面からさらなる発展を遂げられるものと考えている．

第7章

地域を変える

プロバスケットボールチーム誕生と地域社会

高畠靖明

1. 秋田にプロバスケットボールチームができるまで

1.1 秋田県とバスケットボール

　東北地方の日本海側に面した秋田県の人口は約105万人，そのうち県庁所在地の秋田市に約32万人が暮らしている．県下第2の都市は横手市で，約9万人の人口規模である．主要産業は「あきたこまち」を代表とする農業である．

　スポーツでは，ラグビーやレスリングなど全国大会上位の常連になる競技も多く，県民のアイデンティティ形成にスポーツが深く影響を及ぼしていると考えられる．

　特に，バスケットボールは秋田県民にとって特別なスポーツである．かつて実業団では秋田いすゞ自動車バスケットボール部が活躍し，高校バスケットボール界では秋田県立能代工業高校バスケットボール部が全国大会で58回の優勝を果たしている．

　秋田県北西部の，かつては「木材のまち」と呼ばれた能代市は，オリンピックの体操金メダリストの小野喬選手を生んだまちでもある．能代工業高校は，1960年に新人教諭として加藤廣志氏を迎え，バスケットボール部の監督に就任して8年目の1967年には国体で優勝．初めて全国優勝の

タイトルを獲得し，能代市はその後「バスケットボールのまち」と呼ばれるようになった．

1988年に能代工業高校チームは，アメリカ合衆国ケンタッキー州レキシントン市に遠征した．全米各地から選抜された強豪チームによる「ケンタッキー大学トーナメント」という権威ある大会に招待されたからである．トーナメントを行うバスケットボール専用コートは，商業施設やホテルが連結された街の中心にあり，市民も一体となる熱狂的なイベントとなっていた．加藤がレキシントン市を参考にして育てたイベントが，毎年5月のゴールデンウィーク期間中に，国内の強豪校を能代に招待して，能代工業高校を含めた6チームのリーグ戦で優勝を争う「能代カップ高校選抜バスケットボール大会」（能代カップ）である．1988年に第1回大会が開催されて以降，大会は回を重ねている．

1.2 プロバスケットボールチーム結成への動き

秋田県にプロバスケットボールチームをつくる動きは，湯沢青年会議所を中心とした有志による活動からはじまった．

2006年9月23日，秋田県南部の湯沢市で，秋田県内では初となる日本プロバスケットボールリーグ（以下，「bjリーグ」という）のプレシーズンゲーム「仙台89ERS×新潟アルビレックスBB」が開催された．このプレシーズンゲームによって地元は盛り上がり，子供たちのプロ選手への憧れや，キラキラした眼差しに勇気づけられ，bjリーグ参入に向けて秋田県内にチームを設立する活動がスタートした．振り返れば，このときの「大きな勇気と小さな最初の一歩」がその後の方向性を決定づけたといえる．

その後の2007年7月11日，湯沢市に「秋田プロバスケットボールチーム設立検討委員会」が立ち上がり，2008-09年シーズンからの参入をめざしてbjリーグに申請した．しかしこのときは，資金確保の見通しの厳しさなどを理由に，参入の承認は見送られた．

この参入申請が不調に終わった後，2008年4月，プロチームをつくる活動の中心は湯沢市から県庁所在地である秋田市に移り，検討委員会を母体として，同年6月19日，「秋田プロバスケットボールチームをつくる

会」(以下,「つくる会」という)が発足した．活動団体の名称と組織を一新し，つくる会の発足を記者会見で県民に発信して再スタートとなった．

　活動の合言葉は「秋田さバスケ！」であった．「秋田にバスケットボールチームを！」を秋田弁で言ったものである．この「秋田さバスケ」は，県民になじんだ合言葉として受け入れられた．活動の拠点を県内第1の都市である秋田市に移したことは，活動の広がりの大きな要素となった．

1.3　リーダーは「よそ者・若者・ばか者」

　ここでプロバスケットボールチーム結成の動きを担う人材について少し触れたい．後に社長となる水野勇気と筆者は，「つくる会」の立ち上げ当初から事務局専従であった．2人はともに秋田の出身ではない．水野は東京都杉並区生まれであり，講義をすべて英語で行うカリキュラムに魅かれて，2004年，秋田県の国際教養大学の第1期生として入学した「新秋田人」である．その後，在学中にオーストラリアへ留学してスポーツビジネスを学び，この活動に入った．一方，筆者は岡山県倉敷市に生まれ，筑波大学時代は水泳に没頭し，卒業後は木下サーカス株式会社に勤務し，日本各地でサーカスを興行するビジネスやスポーツマネジメントの会社に勤務していた．偶然にも当時のガールフレンドの故郷が秋田県であり，秋田定住を決意し，2007年秋田に移住した．2人は，水野が学生，筆者が地元中学校の臨時講師のときに湯沢市の有志によって引き合わされた．筆者はこのとき直感的に「面白い出会いになる」と予感したことをはっきり覚えている．つくる会では担当を分け，水野は秋田在住歴が長く，多くの経営者と交流を持っていたので，事務局長としてスポンサードを含む地元企業との交渉等，県内の業務にあたった．筆者はbjリーグとの折衝や各チームとの対話をメインに，県外の業務と経験のあるイベント興行の運営を担当した．地域のイノベーションにかかわる人材は「よそ者・若者・ばか者」と言われるが，秋田のケースも同様であると考えられる．

1.4　プレシーズンゲーム：参入2年前

　つくる会の手がけた最初の大きな事業は，2008年9月23日，秋田市で

初めてとなるプレシーズンゲームだった．地元に縁のある長谷川誠選手と高橋憲一選手の凱旋試合として，「新潟アルビレックスBB×仙台89ERS」のカードを組んだ．当時，資金はなく，金策に駆け回り，結果的には秋田県から支援を得ることができた．具体的には事業費の一部にあたる助成と，プレシーズンゲームを行う秋田市の秋田県立体育館の使用料の減免措置である．任意団体であるつくる会にとっては，非常に大きな支援であった．試合は収容人数約3,500席のところ3,335人の入場者となり，黒字で終えることができた．

プレシーズンゲーム開催の目的は成功実績をつくり，周囲の人々に「本気度を見せること」にあった．その結果，行政そして県内企業から支援を受けられるようになり，その実態をbjリーグ側に伝え，「秋田ならやれる」という点をアピールした．

資金面では，プレシーズンゲームまでの約半年間が無収入であった．経費を節減しても最低限の出費はあるため，筆者は食費すら削減して痩せていくことも経験している．しかし「つらい」と感じたことがなかったことからも，高いモチベーションとやり甲斐があったものと考えられる．

また，こうした経営面での苦境を乗り越えることが可能となった背景には，支援者からのサポートがあった．毎日の署名活動は，最初は2人から始まり，3人，5人，10人と，どんどん活動支援者が増えた．毎日，昼食のタイミングを見計らって弁当を差し入れてくれる支援者，水野と筆者がシェアした一軒家を破格の値段で貸してくれた支援者，さらに米，野菜，食料品を持ってきてくれる支援者もいた．このように，財布の中身より人のありがたみや優しさに触れ，「秋田にプロバスケットボールチームをつくる！」活動を続けることができた．

1.5 法人設立，そしてリーグ参入へ

つくる会では，正会員と賛助会員を募り，会費を集めて，各種事業費に充てていた．しかし，活動を進めていくうちに，任意団体のつくる会だけでは対応できず，組織の法人化の必要性が生じてきた．そのため2009年1月30日，チーム運営会社となる「秋田プロバスケットボールクラブ株

式会社」を設立し，水野が社長，筆者は取締役に就任した．3月22日には秋田市でトークイベント「東北 夢 トークセッション」を開催した．「秋田から世界へ　夢は必ず実現する！」というテーマを掲げ，ゲストとして招いていたbjリーグの河内敏光コミッショナーに，水野が新規参入申請書を直接手渡すというサプライズの演出も行った．会場の盛り上がりから秋田県民の熱意が河内コミッショナーに届いた瞬間となった．それから約2カ月後の2009年5月26日のbjリーグ理事会で，「秋田プロバスケットボールクラブ株式会社」の2010-11年シーズンからのリーグ参入が承認された．

bjリーグの河内敏光コミッショナーから，事務所で待機していた社長の水野のもとにその旨を伝える電話が入った．

「ありがとうございます！」

秋田県で初めてのプロスポーツチームが誕生した瞬間である．電話を受けた水野の顔は上気し，支援者とともに万歳三唱した．その場にいた筆者は，秋田県民だけでなく，リーグからの大きな期待も感じた．

2. bjリーグとは

bjリーグが主催するリーグ戦は，2005年11月5日に開幕した．河内敏光コミッショナーは，開幕のセレモニーで次のように宣言した．

「『バスケがしたい』．その想いで，我々はこの日のために準備をしてまいりました．多くの方々のご協力があり，今日ここにbjリーグをスタートさせることができます．選手，関係者，そして皆様ブースター（バスケットのコアなファン）が一緒になって『バスケをしましょう』．2005年11月5日，ここにbjリーグの開幕を宣言します！」

現在，2012-13年シーズンは21チームとなっている．所属チームは，東地区11チーム，西地区10チームの計21チームの構成になっている（表7-1）．

表7-1　bjリーグのチーム

イースタン・カンファレンス（東地区）	ウェスタン・カンファレンス（西地区）
岩手ビッグブルズ	浜松・東三河フェニックス
秋田ノーザンハピネッツ	滋賀レイクスターズ
仙台89ERS	京都ハンナリーズ
新潟アルビレックスBB	大阪エヴェッサ
富山グラウジーズ	島根スサノオマジック
信州ブレイブウォリアーズ	高松ファイブアローズ
群馬クレインサンダーズ	ライジング福岡
埼玉ブロンコス	大分ヒートデビルズ
千葉ジェッツ	宮崎シャイニングサンズ
東京サンレーヴス	琉球ゴールデンキングス
横浜ビー・コルセアーズ	

2.1　bjリーグの理念

bjリーグは2004年11月24日の「リーグ発足記者発表会」において「bjリーグ宣言」を発表し，以下に示す3つの理念を掲げた．

プロフェッショナル

　日本の男子バスケットボールは，1976年の第21回モントリオール大会の出場を最後にオリンピックから遠ざかっている．そんな現状を打破するため，バスケットボール界全体のレベルアップが求められる．そこでbjリーグでは，世界に通用する選手，チーム，リーグをめざし，日本のスポーツ界に新風を巻き起こす．

スポーツ・エンタテインメント

　エンタテインメントとは，人々を楽しませる娯楽をいう．スポーツ・エンタテインメント事業として，あらゆる意味でハイレベルかつプロフェッショナルなバスケットボールを提供することでバスケットボールの新しい魅力を創造し，スポーツを愛する人々や子供達に「夢」と「感動」を与える新しいスポーツ文化の創造をめざす．つまりbjリーグは，バスケット

ボールの競技観戦以外に，会場の空間演出，そして観客が一体となる雰囲気づくりも重視する．各チームが地域色を出し，オリジナリティあふれるアリーナ空間を創造し，家族で過ごす新しい週末のかたちを提供する．

グローカル＆コミュニティ

「グローカル」とは，グローバル（国際性）とローカル（地域性）を合体させた造語である．この「グローカル」のコンセプトを持って，バスケットボールを通じての1つのコミュニティの創造とその拡大により，社会に貢献する．具体的には，ホームタウン制と地元密着型チーム経営により，支持基盤の安定・拡大を図る．その証として，チーム名称は，地元の地域名称とニックネームで構成する．また，NBAなどの海外のプロリーグにチャレンジできる選手の輩出，オリンピックや世界選手権で勝てる日本代表チームへの選手の輩出をめざす．そしてバスケットを通じて，競技種目やスポーツの枠を超えた国際交流と文化貢献を行う．

2.2 bjリーグとJBL

日本の男子バスケットボールには，bjリーグのほかに公益財団法人日本バスケットボール協会傘下の「日本バスケットボールリーグ」（通称：日本リーグ．以下，「JBL」という）がある．JBLは現在8チームでリーグ戦を行っている．このJBLは2007年に設立された．日本バスケットボール協会はプロ化を模索した時期があり，2001年，日本リーグ1部を前身としてリニューアルし，8チームで「JBLスーパーリーグ」を発足させた．

プロ化のプロジェクトがなかなか進まない中，プロリーグ化を前提として，あらためて2007年，JBLスーパーリーグから新リーグへと移行したが，名称が「日本バスケットボールリーグ」，通称がJBLのため，現在のJBLは「新JBL」ということになる．

JBLに参加しているチームは，北海道と栃木以外は，企業主体のチームである（表7-2）．プロチームは，試合興行の集客が経営上生命線となるため，質の高いコンテンツとファンサービスを提供し，ブースターを多く

表 7-2　JBL のチーム

レバンガ北海道	リンク栃木ブレックス
日立サンロッカーズ	トヨタ自動車アルバルク
東芝ブレイブサンダース	アイシンシーホース
三菱電機ダイヤモンドドルフィンズ	パナソニックトライアンズ

獲得することが大事である．しかし，企業チームの場合，親企業の多様な目的追及のためにチームが存在しているために，試合興行に対する意識にも温度差があり，試合興行によって経営が成り立つ「プロ化」にすべてのチームが賛同することは難しい状況にある．

　bj リーグ所属の新潟アルビレックス BB と埼玉ブロンコスは，かつては JBL スーパーリーグに加入しており，脱退して bj リーグが誕生したという経緯があるため，JBL と bj リーグの関係は険悪だった時期もあった．その後，2010 年 4 月に bj リーグは日本バスケットボール協会に公認された．つまり，bj リーグ所属の選手が日本バスケットボール協会の登録選手になったことで，能力があれば日本代表選手にもなれる可能性が生まれた．2010-11 年シーズンに島根スサノオマジックで活躍した石崎巧選手は bj リーグから日本代表選手となった第 1 号である．また，国際バスケットボール連盟からは「1 国 1 リーグが望ましい」と勧告され，2013 年をメドに両者は統合をめざすことになっていたが，現状は新しいナショナル・バスケットボール・リーグ（略称：NBL）と bj リーグが並列する形で新たなリーグが始まることになっている．

3. 参入承認から開幕まで

　新規参入が承認された後 2009 年 6 月 1 日，bj リーグの河内敏光コミッショナーが秋田県に来県し，参入決定通知書が水野社長に手渡された．シーズン開幕まで残された時間はあと 1 年 4 カ月，課題は，組織をつくりながら，会社をどうまわしていくか，ということである．課題解決に向けたマネジメントは，やるべきことを明確にして，それを 1 つずつ潰していく方法をとった．仕事量は多く，あわただしい毎日となったが，仕事の方向

性が「bjリーグ開幕戦に向けて」と明確であるだけに，心理的なゆとりを持つことができた印象がある．以下，開幕までにプロスポーツチームが準備しなければならない事項について紹介したい．

3.1 チーム名の公募

チーム名は公募とし，2009年7月14日から1カ月半の公募期間で3,117通の応募があった．採用された「ハピネッツ」は，「Happiness（幸せ）」と「Network（ネットワーク）」を組合わせた造語で，「秋田を元気にしたい」という思いが込められている．そして「ハピネッツ」に，秋田市を拠点とする社会人ラグビーチーム「秋田ノーザンブレッツRFC」が用いる「northern（北の）」を冠して，「秋田ノーザンハピネッツ」（以下，「秋田NH」という）とした．チーム名は，2009年9月23日に秋田市で開催されたプレシーズンゲーム「仙台89ERS×浜松・東三河フェニックス」のオープニングセレモニーで発表された．

3.2 チームロゴ・チームカラー・チームキャラクター

bjリーグでは，各チームにシンボルとなるロゴマークとチームカラーがある．

ロゴマークは2010年4月に決定し，米どころの秋田をイメージした稲穂をあしらったロゴとなった．ボールと王冠で「バスケ王国・秋田」を表し，黄金色に輝く稲穂との組み合わせで，豊作と勝利への思いを込めている．

チームカラーを決定する際，雪国である秋田の長い冬をイメージさせる白と黒のモノトーンを払拭するために，ピンクをシンボルカラーに決めた．明るく軽やかな気持ちになれる「ハピネッツピンク」と「いなほゴールド」，「ノーザンブラック」を組合わせることになった（写真7-1）．

チームのマスコットキャラクターは，秋田県内の小学生を対象に募集していた．その原案をもとに，跳躍力抜群で天井直撃ダンクシュートが得意技のカエルをモチーフにした「ビッキー」が誕生した（2010年9月）．ちなみに秋田弁でカエルのことを「びっき」ということがネーミングにも反

写真7-1　秋田ノーザンハピネッツのロゴマーク

映されている．さらにユニホームのデザインも同月には公開された．ホームゲーム用は，いなほゴールドを基調に胸の部分に稲穂をあしらったデザイン．アウェー用は白ベースで，雪の結晶がアクセントとなった．地域をロゴ・カラー・キャラクターで表現することができるのもスポーツの特徴である．

3.3　チーム編成：秋田ゆかりのバスケットボール選手を大切に

　bjリーグ参入が決定しても，チームの実態はまだなかった．そこで2010年5月31日，選手との契約やチーム編成の責任者であるゼネラルマネージャー（以下，「GM」という）に大場清悦氏を決めた．大場は，能代工業高校時代に3冠を経験し，秋田経済法科大学（現・ノースアジア大学）で活躍した後，JBLのゼクセルでのプレー経験がある．

　選手契約については，2010年6月8日，bjリーグのドラフト会議によって，能代工業高校出身の信平優希選手と盛岡南高校出身の澤口誠選手を指名した．戦力の均衡を図るため既存チームがプロテクト（確保）しなかった選手を新規参入チームが指名できるエクスパンション（分配）ドラフトでは，新潟アルビレックスBB所属の水町亮介選手と大阪エヴェッサ所属の仲西淳選手を指名した．また，監督契約で基本合意していたFA権行

使の新潟アルビレックスBB所属の長谷川誠選手と選手契約を結んだ．能代工業高校時代に全国優勝5回の経験を持つ長谷川は，プレイングマネージャーが予定されていた．

2010年7月4日には秋田ノーザンハピネッツと仙台89ERSが合同チームトライアウトを開催した．参加していた菊地勇樹選手とその後選手契約を結んだ．菊地選手も能代工業高校出身で，日本人初のNBAプレイヤー田臥勇太選手と同学年プレイヤーとして3年連続高校3冠を成し遂げている．

さらに7月29日，滋賀レイクスターズの前ヘッドコーチのロバート・ピアス氏とヘッドコーチ契約で基本合意．8月16日には金銭トレードで高松ファイブアローズ所属の庄司和広選手を獲得した．9月のリーグ開幕前のプレシーズンゲームとして富山グラウジーズと対戦し，86-77で勝利をおさめた．そして9月10日から22日にかけ，4人の外国籍選手と選手契約で基本合意に達したことを発表した．

3.4 開幕直前と開幕戦

開幕直前は，チームを地域にお披露目するための活動を精力的に実施した．10月6日にはチームの選手・スタッフ18人で秋田市内の弥高神社で開幕戦の必勝祈願を行い，10月9日にはJR秋田駅前のアゴラ広場で県民を集め，シーズン壮行イベントを開催した．

10月16日の開幕初戦は，秋田市の秋田県立体育館を会場に，仙台89ERSとの「東北ダービー」となった（写真7-2）．秋田NHは3,152人ものブースターの大声援を受け第3クオーターまでリードしていたものの，65-76で惜しくも逆転負けした．翌日の試合も，会場には3,000人を超えるブースターがかけつけたが，秋田NHはbjリーグの先輩の仙台89ERSに75-94で連敗を喫した．

3.5 チアダンスで仲間になる

チアダンサーは会場では欠かせない存在で，ブースターと選手を繋ぐ「掛け橋」として華を添えてくれる．開幕9カ月前の2010年1月24日，秋田NHのチアダンスキャンプが秋田市でスタートした．これは，夏に実

写真7-2　満員のアリーナ

施するオーディションに向けて，トップチアダンサーを育成しようという試みであった．そして8月7日にはチアダンサーのオーディションを開催した．ダンス，モデリング，応援の掛け声などで審査され，翌日，10人のトップチアメンバーが選ばれた．チアダンス事業は女性を対象とした取組みであり，プロバスケットボール事業の派生コンテンツとして地域との関わり合いに大いに貢献している．

4. プロバスケットボールチームの経営

4.1　チーム経営のベンチマーク

　地方都市においてプロチームを運営するために，ベンチマークとなるチームを設定し，具体的な事業の参考にしている．まずは，同じ東北地方にある仙台89ERSである．bjリーグの初年度から参加しているチームで，大企業からの協賛を得ずに，自助努力でさまざまな問題を解決してきたチームである．仙台は，人口100万人を超える政令指定都市であり，プロ野

球の東北楽天ゴールデンイーグルス，Jリーグのベガルタ仙台など競合するプロスポーツがあるため，企業スポンサーの興味を引きにくいという不利な面もあるが，堅実な経営で，野球，サッカーとうまく共存共栄する道を選んでいる点も参考になる．

　もう1つは滋賀レイクスターズである．滋賀県といえば琵琶湖のイメージが強く，スポーツとのかかわりは見つけにくい．しかし京都や大阪に電車1本ですぐに行けるという大都市の近郊という立地にあり，ベッドタウンとして近年，人口が増えている．フロントスタッフの企画力と提案力で地元の住民をどんどん取り込み，チームのプロモーションを成功させている．今まで「私たちのチーム」と呼べるスポーツチームのないまちに，滋賀レイクスターズができたことにより，県民がアイデンティティを再確認していることは参考になっている．

　秋田NHの水野は，アメリカ合衆国留学経験もあり，アメリカンフットボールのプロリーグNFLの「グリーンベイ・パッカーズ」と秋田NHを重ね合わせている．アメリカ合衆国のウィスコンシン州にあるグリーンベイは，人口わずか10万人強という小さなまちであるが，パッカーズのファンは，成績にかかわらず，熱心で献身的に応援することで知られている．パッカーズの本拠地であるランボーフィールドは2003年の改修工事で7万3,000人収容となったが，毎試合，ファンが押し寄せ，シーズンシートは長年待たなければ入手できない．チーム成績も良く，2011年2月6日の第45回NFLスーパーボウル（優勝決定戦）では見事に優勝している．水野も「私たちもそんな『おらほのチーム（自分たちのチーム）』をめざしていきたい」と口にしている．

4.2　事業の規模

　地方都市でプロチームを経営する場合，事業に失敗し，多くの地元関係者に迷惑をかけることはチームだけでなく，スポーツ自体のイメージも悪くする．そのため秋田NHでは，持続可能な身の丈経営が大切と考えている．秋田NHの初年度2010-11年シーズンの事業規模は，1億5,000～6,000万円を計画し，その収入の内訳は，企業からのスポンサード収入が

6,000万円，チケット収入が6,000万円弱，グッズ収入で300万円，あとはチアダンススクールの収入，バスケットボール教室，秋田県・秋田市からの助成金などを合わせて1億5,000～6,000万円とした．

4.3 選手の年俸

プロスポーツ経営において，大きな固定経費は選手の年俸である．bjリーグは，日本のプロスポーツ界で，初めてサラリーキャップ制を導入した．サラリーキャップ制とは，各チームが所属する全ての選手の年俸の総額を，毎年一定の上限金額に規定する制度のことである．初年度2010-11年シーズンの上限金額は，7,600万円であった．これはあくまでも上限であり，私たちの場合はベースを5,000万円に置き，5,500万円までは上限金額として想定した．

バスケットボールの世界では，平均年俸5億円といわれる北米プロバスケットボールリーグNBAだけが群を抜く世界であり，選手総年俸5,500万円に抑えても，日本においてはプロチームが成立する．実際，北米にはほかにNBADL（NBAデベロップメントリーグ），ABA（アメリカン・バスケットボール・アソシエーション）などのプロリーグがあるが，年俸1,000万円を超える選手はめずらしい．bjリーグで契約している外国籍選手も，年俸という点では特別扱いしていない．彼らの間では，「ホスピタリティや治安の面で日本のbjリーグはすばらしい」という口コミが広まっており，日本国外のリーグとの年俸差がわずかであるなら，「日本でプレーしたい」と日本への憧れを持つ選手も多い．

bjリーグでの外国籍選手枠は，各チーム4人までが認められている．オン・ザ・コート（同時出場）制限については，第1クオーター，第3クオーターについては2人，第2クオーター，第4クオーターは3人までとなっている．

bjリーグの選手保有数は15人以内と定められている．秋田NHの場合は初年度2010-11年シーズン開幕時，契約選手は10人で，うち外国籍選手は4人であった．選手契約には，A契約とB契約の2通りある．A契約とは，契約期限は当該シーズン終了まで（7月1日～翌年6月末日），かつ

基本報酬は300万円以上（シーズン途中からの契約の場合は該当式にあてはめて算出）．B契約はA契約以外の契約のことで，期限の制限も，報酬の最低保障もない．外国籍選手は例えばプレイオフに進出できなくなった時点で契約解除，というような割り切りがあるので，契約期間を短くできるB契約になる場合が多い．

4.4 チーム経営と強化のバランス

初年度2010-11年シーズンからリーグ優勝をめざした秋田NHではあるが，すべてのことが初めてということもあり，練習場の確保，移動の問題等で，目には見えないストレスが選手たちに蓄積した．プレイオフ進出には4位以上が必要で，新規参入チームがそのシーズンにプレイオフに進出することは難しいとされていた．ケガ人も出て，成績は苦しい結果となった．健全なチーム経営と戦力強化は，コインの裏表の関係にある．2010-11年シーズンbjリーグ16チームのうち，黒字経営は6チームで，母体の工具メーカー「オーエスジー」から年間約1億円の支援を受けている浜松・東三河フェニックスは例外といえる．以前より健全運営してきた新潟アルビレックスBBと琉球ゴールデンキングスも黒字経営のチームである．

新潟アルビレックスBBは，サッカー，野球，陸上競技などと同じ「アルビレックス」の名称を共有している．琉球ゴールデンキングスは，2008-09年シーズンに優勝を果たしたのが黒字化に大きく貢献しているだろう．勝つことで，プレイオフ カンファレンス セミファイナルを主催試合として開催し，チケットの売上増収に繋げている．

それ以外のチームは赤字経営で，秋田NHも当初は赤字を覚悟していた．しかし，事業規模の圧縮，秋田県や秋田市などからの支援や，好調な観客動員数の結果，初年度より黒字経営で終えることができた．

初年度2010-11年シーズンの秋田NHの平均観客数は2,258人で，bjリーグ第2位の数字である．チームによっては，毎試合数百人で，集客に苦労しているところもある．しかし秋田NHは，12月最後の試合で3,500人以上の観客を集めた．もっとも，招待券を多く発行しているという事情もあり，観客1人あたりの単価は1,000円を切る場合もある．また，収容数

が1,500席という会場で試合をすることもあり，1試合あたりの平均チケット収入は2,300人×1,000円＝230万円となる．ホームでの試合数は26試合なので，合計6,000万円のチケット収入となる．

固定的な支出である人件費は，運営に携わるスタッフが水野社長と筆者を含めて10人である．このうち1人はインターン生，2人はNPO法人トップスポーツコンソーシアム秋田からの出向である．残り7人のうち，3人はふるさと雇用再生臨時対策基金を活用して秋田県から地域密着型スポーツクラブ推進業務を受託しての採用であった．選手に高額な年俸を払えれば有名選手やレベルの高い選手を迎えることができるが，会社本体の経営が苦しくなってしまえば，チームの永続的な経営もない．会社の経営と次シーズンのチーム編成は非常にバランスの難しい課題である．

4.5 自治体からの支援

秋田NHは，専用のホームアリーナがない．初年度2010-11年シーズンは，約3,500人収容可能な秋田県立体育館，秋田市立体育館をメインの会場として，施設使用料は半額程度の減免を受けた．そのほか，能代市総合体育館，大館市樹海体育館，由利本荘市総合体育館，湯沢市総合体育館を使用した．

練習会場は，秋田県内の国際教養大学，女子バスケットボールチームのある秋田銀行体育館，社会福祉会館体育館の3カ所で行った．筋力トレーニングについては，地元の秋田アスレティッククラブの協力を得て利用している．

その他，秋田NHの試合会場になるということで，シャワー施設がなかった由利本荘市総合体育館は，由利本荘市の予算でシャワー施設が整備された．ブースターとの交流イベントや，試合会場周辺ののぼりやバナーの製作についても，秋田県や秋田市の支援を受けている．

また，秋田市の「スポーツホームタウンにぎわい創出事業」ではバスケットボールのほかに，ラグビーとサッカーにも予算計上されている．秋田市は，注目度の高いトップレベルのスポーツクラブを重要な都市資源の1つと位置づけ，地域に根ざした存在とすべく環境整備を促進している．

「NPO法人トップスポーツコンソーシアム秋田」の動きも，この事業によるものだ．

秋田県は，2009年9月2日，「秋田県スポーツ振興基本計画」を策定し，「スポーツ立県あきた」を宣言した．県では「地域密着型スポーツクラブ推進業務」で，人件費助成のほか，ユニホームスポンサー料（500万円）やホームゲーム会場の仮設観客席設置費用も一部助成している．

さらに「秋田ノーザンハピネッツホームタウン協議会」が設置された．これは秋田NHを地域全体でサポートし，地域活性化やにぎわい創出をめざすことを目的にしており，現在，秋田県内の各市町村，各商工団体，各金融機関，各報道機関が参加している．

これらの行政などからの支援は，他地域のbjリーグチームと比較すると，かなり恵まれている．bjリーグに参入希望の関係者には，「行政の支援ありきでないと経営が成り立たない」と話をしている．秋田県と秋田市が地元のプロチームに対して支援する仕組みをつくることで，これが前例となり，他の自治体でも模倣しやすくなると考えている．

4.6 秋田SV-ハピネッツ

さらに，試合運営に欠かせない存在が，秋田SV-ハピネッツ（以下，「SV」）という組織である．SVとは，「スポーツボランティア」の意味で，秋田のbjリーグ参入決定後，つくる会から発展的に生まれた運営支援団体である．現在，SVのメンバーは，学生から社会人，シルバー世代まで幅広く，約100人が登録している．そのうち常時活動しているコアメンバーは30人ほどである．

試合前に，「何人お願いします」と依頼を出すと，リーダーが一斉に連絡をとり，ボランティア参加を呼びかけてくれる．その後，「今回は，何人協力できます」と連絡が来るかたちになっており，役割が分担されている．SVは試合運営に加えて，イベントやPR活動のときでも積極的に活動している．そして運営をただ手伝うだけでなく，秋田NHが「誇り」と「愛着」を持てるチームとなるべく，各人が意欲的に取組んでいる点はボランティア組織のモデルとなる．他チームでは，試合当日の運営スタッフ

写真7-3　作業をするスポーツボランティアの人々

の確保が課題となっていると聞く．その点でSVは，スポーツコート敷設から撤去まで多くを任せることができるため，チームにとって貴重な戦力となっている（写真7-3）．

4.7　他の競技との連携：トップスポーツコンソーシアム秋田

　秋田県にはバスケットボール以外にも国内トップレベルの実力をもつチームがある．それらのチームが県内で連携・協働するための組織が「NPO法人トップスポーツコンソーシアム秋田」である．この組織は，広島県で先行していた「トップス広島」を参考にしたもので，「スポーツをする人，観る人，支える人がそれぞれの立場でスポーツを楽しみ，感動を共有できるようにするため，秋田にあるトップレベルのスポーツクラブが連携・協調を図る」ことを活動の目的としている．秋田NHほか，ブラウブリッツ秋田（サッカーJFL），秋田ノーザンブレッツRFC（ラグビー），北都銀行バドミントン部（バドミントン），秋田銀行女子バスケットボール部（バスケットボール）が加盟している．

5. 秋田ノーザンハピネッツの地域に与えた効果

5.1 ブースターを増やす方法

　秋田 NH は，地域に密着し，ファン層を広げていくために，以下にあげるような広報活動を積極的に行っている．

ブースタークラブ

　ファンクラブのことで，初年度 2010-11 年シーズンの会費は，レギュラー会員が 3,000 円でジュニア会員は 1,000 円であった．クラブメンバーには，ポイントの付与，ホームゲーム観戦チケット 1 枚などの入会特典がある．「ホームゲーム先行入場権」は，一般の観客より 10 分間早く入場できる権利で，自由席の良席を確保できるので好評である．そのほか，ブースタークラブ会員対象のイベントもある．目標会員数は 1 万人である（2012-13 年シーズン 4,162 人）．

学校訪問など

　選手やチームスタッフが秋田県内全 25 市町村の小学校を訪れ，子どもたちと交流し，バスケットの魅力についてトークセッションを行っている．毎回，子どもたちから質問攻めにあうなど，充実した交流ができている．また，チアダンスチームのメンバーが地元のイベントに呼ばれることもある．そのほかにも，マスコットキャラクターが訪問する「ビッキー訪問」も行っている．

パブリックビューイング

　月 1～2 回程度，アウェイゲームのときに飲食店で試合の映像を中継し，みんなで応援しながら試合を楽しむ機会を提供している．ドリンクは自由に飲め，ワンプレートの食事がついて，参加費は 3,000 円程度となっている．アウェイゲームを直接観戦できないブースターに評判がよい．

ブースター感謝祭

シーズン終了後，選手からブースターへ感謝を伝えるイベントを実施している．

応援番組

地元の AAB 秋田朝日放送が，応援番組を制作している．地元メディアに注目されることは，地域密着にとって非常に重要なことである．

広報誌・地方紙

秋田県内全戸に配布される広報誌にハピネッツ情報が掲出されている．また，地元新聞社の秋田魁新報社でも連日取り上げられている．

ほかにも，バスケットボールクリニックの開催やチアダンススクールの運営などがある．

5.2　秋田 NH の地域への波及効果

経済効果

秋田経済研究所の試算（「あきた経済」2012 年 12 月号）によれば，秋田 NH が 2011-12 年シーズンの活動によって県内にもたらした経済波及効果は 5 億 2,000 万円となった．

内訳は，下記のとおりである．

・秋田 NH が 2011-12 年シーズン中に支出した会場設営費や広告宣伝費，人件費などのチーム運営費のほかに，県内外からの観客が県内で支出した宿泊費，飲食費，交通費，グッズなどの土産等購入費を推計し算出した直接効果の額が 3 億 4,100 万円．
・直接効果が県内に支出されると，関連する産業に次々と生産が波及していき，この第 1 次波及効果が 1 億 1,500 万円．
・直接効果，第 1 次波及効果によって生産が増加すると，雇用者の所得増加に結びつき，その増加分の一部が消費支出に回ることで，さらに生産が誘発されていく．この第 2 次波及効果が 6,400 万円．

表 7-3　秋田 NH の観戦者の意識

Q：秋田ノーザンハピネッツの誕生が地域の活性化に役に立っていると思うか？	（5 段階尺度）	4.42
Q：秋田ノーザンハピネッツの試合に対する満足度	（7 段階尺度）	6.16
Q：秋田ノーザンハピネッツの試合の再観戦意図	（7 段階尺度）	6.18
Q：秋田ノーザンハピネッツが誕生したことで，子ども達のバスケをすることへの関心が高まる	（5 点満点）	4.07
Q：秋田ノーザンハピネッツが誕生したことで，大人のバスケを見ることへの関心が高まる	（5 点満点）	4.30
Q：秋田ノーザンハピネッツへのコミットメント（チームに対する愛着，重要性，誇りにより測定）	（5 段階尺度）	4.38
Q：秋田へのコミットメント（地域に対する愛着，重要性，誇りにより測定）	（5 段階尺度）	4.29

出典：早稲田大学スポーツビジネスマーケティング研究室「秋田ノーザンハピネッツ bj リーグ観戦者調査報告書」．

まちづくりとしての効果

　プロスポーツである以上，チームの好成績は大事なことであるが，勝ち負け以上に，秋田 NH が地域に存在するによって娯楽や話題が創出され，地元市民が楽しめる空間と共通の話題ができたことは大きな社会的効果である．観戦者の立場で言えば，

・これまで存在していなかった愛着の持てる「おらほのチーム」ができたことで，秋田県民の中のアイデンティティを再確認する機会になった
・年齢や性別を超えて通ずる話題，新しいコミュニティが生まれた．例えば，無口だったおじいちゃんが 20 代の女性と笑顔で語り合える共通の話題ができた
・高齢化が進む中，おじいちゃん，おばあちゃんが月に 2 回デートする場ができて，生きがいもできた
・地元への愛着が増した
・雪の降りしきる冬のシーズンに外出するキッカケができた
・劇的な効果というわけではないが，若者の県外流出の歯止め効果も期待できる

などがあげられている．

　また，2012 年 4 月 7 日，8 日の両日で実施した秋田 NH のホームゲーム観戦者に対する調査結果は，表 7-3 のような結果になっている．回答は 5

段階評価もしくは7段階評価で行い，数字は回答者の平均値を示している．調査結果から，秋田NHの観戦者がチームに対して良い評価をしていることが分かる．また，秋田NHは，観戦者に新しい娯楽や話題を提供できている結果を示している．

6. 今後に向けて

筆者は中学校の臨時講師を離任するとき，「秋田にプロバスケットボールチームをつくる」と教え子たちに宣言した．そのことがこれまでのモチベーションとなり，途中，何度も壁に突き当たるたび，彼らとの約束を果たしたいという想いで活動してきた．秋田NHが誕生して，子供たちの将来の夢に「プロバスケ選手」や「チアダンサー」になるということが書かれてきたことも，身近な目標として受け入れられてきたと嬉しく思っている．大人が夢の実現に向けた行動を子供たちに見せることができれば，彼らにも何か大事なことが伝わるのではないかと思う．それが結果的に地域にイノベーションをもたらすのならば，こうした大人の情熱はなによりも地域づくりに大切なものではないだろうか．

筆者の現在の「夢」は，秋田に1万人収容の専用アリーナをつくることである．将来的には専用練習場をつくり，子どもたちや県民がバスケットボールを気軽に楽しめる空間をつくりたいので，レンタルコート事業ということも考えている．

チーム収益は，いくら自助努力を重ねても試合数を増やせない以上，限界がある．そのような状況で，会社が1つの事業だけで経営を成り立たせていくことは非常にリスクが高い．そこで今後は，秋田NHの強みを活かしながら事業の柱をつくる考えである．当社の強みは，「秋田NHという県内唯一のプロバスケットボールチームを所有していること」である．20代と30代の水野と筆者が，他企業のベテラン経営者の方々と肩を並べてビジネスを行えてきたのも，この唯一無二のチームのお陰であると認識している．

事業を展開するうえで同時に考えたいのが，選手引退後の「セカンドキ

ャリア」である．秋田NHでは，引退後に彼らの能力を活かせる「プロバスケットボール選手養成アカデミー」を設置することも検討したい．このアカデミー施設は，少子化の影響で統廃合の結果生じた廃校を利用することも考えている．この施設で秋田NHが練習し，一角には選手たちと交流できるスペースをつくる．また，住居スペースや合宿スペースを用意し，アカデミー生はそこで生活を送り，元選手たちの指導を受けながらバスケットの練習に励むことができる．アカデミー生には，トップチームの練習やホーム試合の運営の手伝いをすることなどの裏方の仕事を体験してもらう．また，農業教育を行い，選手引退後や選手になれなくても担い手不足の農業分野にキャリアトランジションすることも，地域と結びついたアグリビジネスとして検討できる．

　地域づくりにおいて，「よそ者」，「ばか者」，「若者」の3要素は欠かせないものだとされる．筆者も「秋田県外出身者だから」というハードルを何度か経験した．しかし，「よそ者」であっても「本気で訴えれば必ず伝わる」ということも知った．本気が伝われば相手は理解し支援してくれるということを体験して，この活動の意義と地元の人々への感謝，何より秋田県の可能性を感じることができた．「ばか者」には語弊があるが，情熱と本気を兼ね備えた強いこだわりを持つ人間のことだ．これも私たちに重なる．「若者」については，筆者はこの活動を通して以前と180度認識が変わった．これは，実年齢が若いことをさすのではない．活動を支援してくださった経営者，バスケットボール関係者，地域のボランティアスタッフの秋田に対する想いを実感したことで，本当に必要なことは「秋田を元気なまちにしたい！」，「秋田をもっとよくしたい！」という「健全な若い気持ち」がほとばしり出ることが重要なのである．プロバスケットボールチームを設立した経験から，高齢化社会とはいえ，気持ちはいつまでも若く，ときには「ばか者」になれるような地域社会が秋田にはあると感じられた．

地域政策推進の担い手となるプロサッカークラブ
イングランドにおけるFootball in the Community

北村　俊

　イングランドでは，プロサッカークラブが地域政策推進の担い手となっている．各クラブは，地域社会との結束を強くするためにFootball in the Communityというスキームを構築し，地域の自治体の政策に沿った活動戦略を立て，地域社会貢献活動を展開し，その活動が地域社会の潤滑油となっている．

　イングランドのサッカー界は，過去に1970年代から1980年代中頃にかけて，フーリガンによる暴動などスタジアム内外でさまざまな事件が多発したことで，ファンのスタジアム離れやサッカーに対する社会的な信用を失う事態を招いた．それらファンと社会的な信頼を取り戻すため，1986年にPFA（プロサッカー選手協会）が提唱したのがFootball in the Communityのスキームであった．現在イングランドでは，1部リーグから4部リーグまで合計92のプロサッカークラブが存在し，各クラブが地元地域社会においてFootball in the Communityスキームを展開している．昨今では多くのクラブが，地域社会貢献活動を専門に実行する組織として，クラブとは独立したRegistered Charity（NPO）を設けているが，これは一般的にはCommunity Trustと呼ばれている．

　Football in the Communityスキームの活動内容は，大きくは「健康」，「教育」，「雇用」，「スポーツ振興」という4つのテーマに分かれており，特に青少年の健全な生活の促進，人間形成をサポートすることに力を入れている．これは，自治体とクラブのみならず，サッカー協会やプロリーグ統括機構，あるいは政府までが，サッカーというスポーツそれ自体やサッカークラブが持つ性質やリソースがこれらの領域で役立つものであることを理解し，共有されているためである．政府や自治体にとっては，自分達が改善すべき社会問題に取組む上でスポーツを活用することが有効な手段となり，サッカークラブにとっては，地域政策推進の担い手となることでクラブブランドの向上が図れるし，かつ，ファンを増やすチャンスを得ることができ，市民にとっては，これらの活動によって生活環境が向上するなどといった恩恵を受けることができる．こうしてFootball in the Communityスキームは，地域社会に結束と活力をもたらし，

社会の好循環を促している．

　具体的な事例を挙げると，例えば青少年の非行を防止・撲滅する目的で政府と警察とサッカー界とで共同で活動しているプロジェクトがある．これはいわゆる安全でないとみなされている地域をターゲットとして，特に犯罪や反社会的な行為が発生しやすい金曜日や土曜日の夜に，青少年をサッカーを通じた活動に巻き込むことが効果的と考えられて始められた活動であり，実際にその効果として地域によっては犯罪が最高20％，反社会的行為が最高60％減ったといった調査結果も出ている．また，例えば雇用機会を増やすという目的で，いわゆるニートを対象にCommunity Trustのスタッフとして1年間の研修に従事させることで，何かしらの技能やスキル（コーチングライセンスの取得，車の免許の取得，基礎的な教養の習得など）を身につける機会を与えるプログラムがある．参加者は1年間の研修後に，一般企業への就職やそのままCommunity Trustのスタッフとして働くことが期待されている．

　このように，政府や自治体，サッカー界，そして地域住民の三者がともに恩恵を受けるFootball in the Communityスキームの仕組みは，非常に合理的である．日本でも，政府や自治体がスポーツを有効に活用することで自分達の政策をより効果的に推進できると理解し，その担い手としてスポーツ界がもっと自分達をうまく活用してもらうよう導くことができれば，結果的には政府や自治体が臨む社会問題が改善され，市民にとって豊かな地域社会がもたらされ，スポーツ界にも有形無形の利益が跳ね返ってくると考える．

第8章

政策を定める

日本のスポーツ政策と地域活性化

御園慎一郎

1. はじめに

　2011年は，ストックホルムオリンピック参加をめざして大日本体育協会が設立されてから1世紀，そしてこれまで日本のスポーツ政策の根拠法であった「スポーツ振興法」制定から50年という節目の年であった．さらに「スポーツ振興法」に代わり「スポーツ基本法」が公布，2011年8月には施行され，日本におけるスポーツ政策の転機の年と考えることもできる．また，東日本大震災の被災者を物心両面からスポーツを通じて支援し，力づけることを示した年でもあった．特にサッカー女子ワールドカップで優勝した「なでしこジャパン」は，被災した地域の人々だけでなく，すべての国民を勇気づけてくれた．彼女たちには国民栄誉賞が与えられ，また，年間流行語大賞も得るなど多くの人の心に記憶されることとなった．しかしその反面，相撲界では不祥事によって春場所が中止されるなど，スポーツ界のガバナンスが問われる事件もあった．

　スポーツと日本社会を取り巻くさまざまな状況を踏まえて，本章においては，今日におけるスポーツの価値を改めて見直すとともに，スポーツによる地域活性化をテーマとして取り上げる．このテーマを論じるにあたり，主に20世紀後半からの日本のスポーツに関連する政策の変化を取り上げ，スポーツ政策と地域活性化の課題と方向性について検討する．なお，筆者

自身が行政職員としての職歴のなかで経験したことにも触れることで，スポーツ政策と地域活性化の具体的な事例も紹介したい．

2. スポーツ振興法時代のスポーツ施策と地域活性化

日本のスポーツ振興法は，1964年の東京五輪の成功に向け，国民の体育・スポーツの振興を目的として1961年に定められた．このスポーツ振興法を根拠に，国や地方自治体は体育・スポーツ施設の整備のために財源を投入した．そしてその結果，全国に多くのスポーツ施設が整備された．また，国民体育大会（以下，「国体」という）を各都道府県持ち回りで開催するシステムがとられ，このことによって当然のこととして，開催地には日本スポーツ界が必要とする施設の整備が図られた．また，国体に関しては，不思議と言えば不思議なことではあるけれども，開催都道府県が優勝するという仕組みを維持するために，良い成果を残しうるアスリートを地方公共団体職員や体育教員として雇用することが当然のように行われていた．また，このこととあわせてトップレベルのアスリートの雇用を地元企業にも望むことによって，各地に実業団チームが結成されていった[1]．

このような過程も経ながら，日本においては地域のバランスをとった形でスポーツ環境の整備が図られてきた．この一方で，スポーツ振興法に則ったスポーツ振興基本計画は，法律制定から40年近い時間の経過の後，2000年になってようやく文部大臣告示として発表された．このスポーツ振興基本計画は，2001年からの10年間を計画したもので，5年が経過した2006年に改定がなされた．改定後のスポーツ振興基本計画では，3つの柱が立てられ，その1つに「地域におけるスポーツ環境の整備充実方策」として，全国の各市区町村において少なくとも1つは総合型地域スポーツクラブを育成することが掲げられていた．このための側面的施策とし

---

1) 国民体育大会の社会的なインパクトについて権（2006）は，スポーツ人口の増大や底辺の拡大，施設の整備・拡充，選手の強化など，日本の体育・スポーツの普及・振興に大きく貢献した反面，「ナショナリズム」に拘束されていること，地方行政が圧迫されること，教育現場への影響などの諸弊害を指摘している．

ては，1) スポーツ指導者の養成・確保・活用，2) スポーツ施設の充実，3) 地域における的確なスポーツ情報の提供，4) 住民のニーズに即応した地域スポーツの推進があげられていた．地域活性化の観点でみれば，スポーツ振興基本計画は，おもに地域住民のスポーツ・運動活動の活発化を主眼としたものであり，地域の「経済」の活性化を含んだ総合的な地域の活性化ということに関しては念頭に置かれていたものでもなく，また，直接的影響をおよぼすところでもなかった．

この一方で，1990年以降，「小さな政府」をめざし，「市場」を重視する新自由主義的な政策が推進されたこともあり，民間活力の導入に向けて1998年に市民による自由で自発的な活動に適した法人の設立を推進するための特定非営利活動促進法（以下，「NPO法」という）が成立し，スポーツ活動も特定非営利活動としてスポーツ団体がNPO法人格を取得することが可能となった．この制度化によって地域に密着したスポーツ活動の主体がさまざまな形で形成され，これらスポーツ団体の活動が地域活力を生み出してゆくことに繋がっていった．

そしてこの時代，スポーツ競技団体の事業として新たな仕組みを提示したのが1993年に開幕した日本プロサッカーリーグ（以下，「Jリーグ」という）である．Jリーグはドイツ型スポーツクラブを理想に掲げ，地域密着をキャッチフレーズに，企業（実業団）スポーツに代わり，地域の企業・行政・住民らが協力してつくる地域のサッカークラブによるプロリーグである．大都市をフランチャイズとするプロ野球や東京・大阪・名古屋・福岡で開催される大相撲とは異なり，地方都市でもプロスポーツチームが経営できることをJリーグが示したことで，これまでスポーツによる地域活性化を意識していなかった地方都市が，プロスポーツチーム誘致・結成に動くようになった．このJリーグに象徴される企業スポーツにかわる地域スポーツクラブという発想は，文部科学省が1995年から2003年度まで展開した地域のコミュニティの役割を担うスポーツクラブづくりに向けたモデル事業「総合型地域スポーツクラブ育成モデル事業」に繋がっている．またJリーグによって刺激をうけた他のスポーツ競技でも，プロバスケットボールのbjリーグ，野球の独立リーグ，フットサルリーグのF

リーグなど，地域に根ざしたプロスポーツクラブづくりの動きが加速した．そしてこれらの活動によって単にそれぞれの競技スポーツの振興ということだけにとどまらず，地域を巻き込んだまちおこし，地域活性化に繋がるさまざまな取組みがなされるようになっていったのである．

また，プロサッカーリーグの誕生により，ヨーロッパ諸国にみられるサッカーくじを導入したスポーツ振興の構想が進みだしたことも忘れてはならない論点である．成立までには紆余曲折があったものの，「スポーツ振興投票の実施等に関する法律」として1998年に成立し，2000年から一部で試験販売，2001年から本格的に発売された．このスポーツ振興くじの導入は，財源的な裏付けを確実に持つことが叶わなかった日本スポーツ界にとって，念願の施策実現のための安定財源として期待されたのであり，これによる財源の裏付けがあってこそ，文部科学大臣告示のスポーツ振興基本計画は打ち出すことが可能になったのである[2]．

3. スポーツ大会による地域活性化

これまでスポーツ政策と地域活性化を結びつけて考える場合，一般的なスポーツそのものによる地域活性化という観点から論じられることは少なく，イベントとしてのスポーツ大会開催による経済効果という議論が中心となってきた[3]．しかし国際的なメガスポーツイベントの開催で言えば，アリーナやスタジアムといった施設建設の経済波及効果とそれにかかわる新規雇用，また大会開催時における外部地域からの観戦者による消費などの増大などを，その得られる効果として期待するのが常であった．そのため一過性のものとして捉えられていたスポーツ大会においては，経済効果

---

2) 現実には，スポーツ振興くじの売上が伸びなかったために，スポーツ振興くじの売上による助成金は2006年には1億円を割り込むことになった．しかし，2006年に導入されたBIGという投票方法が爆発的な人気を呼び，2007年度は9億円，2009年度には100億円を超える助成がなされるようになった．
3) スポーツ競技大会の経済効果により，まちや国を元気にしたり，都市を変えたりすることを述べた著書に上條（2002）や原田（2002）がある．

は一時的なものであり，継続的な地域活性化に繋がるものでない，というように考えられてきたことは見落としてはならない観点である．

　スポーツ大会の開催には言うまでもなく，多くの時間と経費そして関係者のエネルギーが必要とされる．このようにして開催されるスポーツ大会であるから，一時的なもの，一過性のものとするのでなく，地域の活性化をめざすという観点からのアプローチが望まれるところであり，そのためには継続的に地域のスポーツ資源を活用した活動がなされるような仕組みをつくることが必要になる．この継続的という観点から見ると，地域で継続的になされているスポーツ行事として従来から各地で行われてきたスポーツ大会が思い浮かぶ．しかし，この行事としてのスポーツ大会は継続的であり地域に身近なものではあるが，地域の体育協会が自治体からの予算を元に事業を展開してきたものが大半で，その目的は地域住民の健康の維持増進や地域住民の楽しみのためであって，域外との交流を促進し，経済的な効果を生じるという，いわゆる地域の活性化に通じることは主要な目的ではなかった．

　継続的な活動という観点から見ると，スポーツ大会という範疇からははずれるが，プロスポーツクラブの活動は，今後のスポーツ政策と地域活性化という課題に大きな影響を与えてゆくと言えよう．言うまでもなくプロスポーツクラブはクラブ自体の生き残りをかけた事業体であり，域内，域外にかかわらず経済活動を行うことから，地域活性化に貢献する可能性を持つ組織である．さらに，彼ら自体が地域と一体となったクラブ運営という点において地域の活性化という視点をしっかり持っていることは大いに評価すべきところと言えるだろう．したがって，今後地域の活性化を論じる際には地域のプロスポーツクラブは重要な役割を果たすものとして捉えていくことが必要である．ただし，プロスポーツクラブ経営は100％成功を保証されたものではないため，倒産リスクを常に抱えた存在であることは地域の関係者は十分理解しておく必要がある．

4. スポーツ基本法と地域活性化

　2011年8月に施行されたスポーツ基本法の特筆すべき点は，「スポーツそのものの振興に留まるのではなく，スポーツの価値をより高い次元で捉えたうえで，スポーツを通して社会をより良いものにしていくことを目指している点」と河野（2011）は指摘している．このようなスポーツを通じて社会に貢献するという考え方は，国際連合のミレニアム開発目標達成に向けた取組みの中でスポーツが有効な「ツール」であることを述べていることとも符合しており，今回のスポーツ基本法の精神は，国際的な機関が現在取組んでいるスポーツを通じた開発（Development through Sport）の考え方を踏まえたものである．スポーツ基本法の前文には「スポーツは，人とひととの交流及び地域と地域との交流を促進し，地域の一体感や活力を醸成するものであり，人間関係の希薄化等の問題を抱える地域社会の再生に寄与するものである」として，社会への訴求力が述べられている．また，「スポーツ選手の不断の努力は，人間の可能性の極限を追求する有意義な営みであり，こうした努力に基づく国際競技大会における日本人選手の活躍は，国民に誇りと喜び，夢と感動を与え，国民のスポーツへの関心を高めるものである．これらを通じて，スポーツは，我が国社会に活力を生み出し，国民経済の発展に広く寄与するものである」と国民経済の発展にも貢献することが望まれている．

　このように，スポーツ基本法はこれからの日本の地域社会の構築，活性化に対してスポーツが重要な役割を果たし，その結果として日本社会が活性化してゆくことをめざすと宣言しているのである．今後，スポーツ基本法を踏まえた「スポーツ基本計画」が示され，その計画に沿った具体的な政策が打ち出されることになってゆくであろう．地域活性化の視点からも，スポーツ活動の普及・推進が地域社会における交流の増加に繋がることをはじめ，さまざまな形で地域の活力を高めてゆくことを期待したい．そして，スポーツによる地域の活性化が画餅になることのないよう，着実に施策を展開してゆく関係者の不断の努力が求められている．

5. これまでの地方自治体のスポーツ政策

　近年，地方自治体においてはスポーツ政策に関して，国のスポーツ振興基本計画の策定などを受けてスポーツ振興条例を制定し，これに基づいてスポーツ振興を図る動きが見られる．しかし，これまでの地方自治体の財政当局や総務部局の幹部職員として在職歴のある筆者の経験によれば，近年の条例制定などの動き以前の，地方自治体行政におけるスポーツ政策は教育委員会の学校体育や社会体育の政策にとどまり，他の政策と比較してその置かれた位置は，必ずしも重要性の高いものとは言えなかった．つまり，都道府県レベルのスポーツ政策は，教育政策としての学校体育の強化の側面と，社会体育である国民体育大会などの全国大会に向けての当該自治体の競技力向上という点を捉えて政策的なものがつくられてきたと言わざるを得ないだろう．しかも財政面で言えば，教育委員会予算の多くは教員給与をはじめとした当然必要とされる義務的経費に充当されるために，新規の政策経費の予算化は大変厳しいのが実態であり，仮に予算が計上された場合であっても十分な財源措置を伴ってはいないというのが現実であった．

　また，新規で予算化されるものの多くは，国体をはじめとする都道府県持ち回りで開催される特定の大会の強化目的のものであるために，当該地方公共団体が計画的にスポーツの振興を図ろうとして予算を計上したと言えるものではなかった．さらに，大会開催のための財源という性格から，必要な施策はスポーツ振興だけにとどまらず，大会の円滑な運営のための社会インフラの整備なども含んでいることが通常である．そのため，結果として予算はさまざまな部局にまたがり，その大会の準備等の関連施策にまでも充当されることとなっていて，事後の費用効果検証が難しくなっていることも事実である．しかしながら，スポーツ基本法が制定され，スポーツをめぐる社会的環境が変化してきた現状を踏まえれば，今後は，地方自治体が地域の活性化を念頭において，計画的かつ効率的なスポーツ政策をしっかりした財源の裏付けを持って進めてゆくことが望まれる．

6. 地方自治体のスポーツ政策の策定過程

　地方自治体のスポーツ政策の策定過程について，筆者のこれまでの経験によれば，スポーツ政策の予算編成過程では，知事や市長などの首長が直接スポーツ政策を重要施策に据えない限り，スポーツ振興などの観点での政策議論は，地方自治体行政の中心的な課題として取り上げられることは少ない．通常は，スポーツを担当する教育委員会，あるいは国体などのために特設された「国体局」などという部局の担当レベルの議論にとどまり，地方自治体の重要重点政策に位置づけられることはないのが一般的と考えられる．

　地方自治体のスポーツ政策は，特定のスポーツ大会が認められる場合に，財政措置がなされてきた．特に，開催自治体のスポーツ施設の整備予算はやむを得ない必要経費と財政当局も認識する傾向がある．そのため，周期的に開催の順番が回ってくる国民体育大会のスポーツ施設は，建物の耐用年数に近い年数でリニューアルされるという仕組みが成立していたとも考えられ，単純に国民体育大会不要論に与することには疑問が残る．そして常に変化するスポーツ競技に対応した施設や設備の整備は，地方自治体の競技力の維持・向上に役立つと認識されていたことも事実である．もちろん筆者の経験でも，予算査定は厳しく実施され，要求額がそのまま認められることはほとんどないというのが現実ではあるが．

　そのほかスポーツ施設整備というハード経費だけでなく，スポーツ競技団体に対し，遠征費，合宿費などの競技力向上のためのソフト経費も助成金として国民体育大会に向けて数カ年計画で徐々に増額計上されていた．しかし，競技力向上のためのソフト経費は，財政の査定によって厳しく削りこまれるのが通常である．したがって，各競技団体は割り当てられた予算の範囲で振興・強化策を実施するのが実態であるため，ごく限られたプロジェクトを除いては，地域のスポーツ振興や競技力向上についても計画性があったとは言えず，場当たり的な対策であると考える方が妥当である．

　こうした地方自治体におけるスポーツ政策が一時しのぎ的な政策に終始してしまう背景には，当該自治体に恒常的に集客のできるスポーツ大会が

なく，そのために担当セクションを「国体局」などのアドホックな組織としてしまうことも一因である．そのため担当部局に集められた職員も一時的イベントである「国民体育大会」を無事に消化することだけが至上命題となってしまい，スポーツ振興やさらには地域活性化などのスポーツ政策の理念が導入されることが難しいというのが実情だったと言えよう．また，財政部局としても国体などその時限りで，恒常的な財政支出を伴うことがないこのような仕組みの方が今後毎年毎年に発生する負担よりもましだと考える傾向にあるという，財政当局サイドの構造的な問題も存在している．

7. サッカーワールドカップと地方自治体の地域活性化

これまで日本では夏季・冬季オリンピック，アジア大会，各種競技種目の世界大会などが開催され，スポーツ振興の側面で大きな影響を残してきた．ここで筆者が直接事業に関与した2002年のFIFAワールドカップについて地域活性化の視点で紹介する．

2002年に開催されたサッカーワールドカップでは，10の開催自治体や出場国が利用したキャンプ地にさまざまなインパクトがあった．しかし，筆者は，サッカーワールドカップが初めての国内開催であったため，経験のない事項が多くあり，サッカーの世紀のイベントを利用してスポーツの振興や地域の活性化に繋げることができた地域は少なかったと考えている．例えば，スタジアム整備で言えば，屋根つき4万人収容のスタジアム整備が10の開催自治体に課された．1995年に日韓での開催が決定されたのだが，当時屋根つき4万人収容のスタジアムなど日本のどこにもなかった．開催決定により1995年から2002年までのわずか7年間で10のスタジアムを建設しなければならなくなった．この事業をこれまで通りの公共施設建設の方法である文部省や建設省の補助金を利用して順次整備するという方法では，2002年の開催には到底間に合わなかった．そこで，各自治体においては，財政的には自治省の提示した地域総合整備事業債制度を利用することとし，また，サッカーという単一競技のそれも一過性のイベントのために多額の支出をすることに難色を示す市民・県民に対しては，例え

ば予定が決定している国民体育大会の会場を前倒しで整備するのである，というような名目をつけて屋根つきスタジアムの建設を始めたというのが実態であった．そのため，スタジアムという大切な地域の資産建設にあたって，ワールドカップ後のまちづくりの拠点としての位置づけ，あるいはスポーツ振興の核としての位置づけを検討する十分な余裕がなく，ともかくワールドカップに間に合わせようという形で事業が進んでしまった．さらに，スタジアムの設計も魅力的なサッカー観戦がワールドカップ後も可能な施設を熟慮すべきであったにもかかわらず，十分に時間をかけることができなかった．結果的にトイレをはじめとした施設内の使い勝手や，交通アクセスなどの社会インフラとしての基本事項に関しても，後に利用者からの不満が述べられていることを考えても，拙速な計画であった．

そのほか，スタジアム建設に限らず大会運営においても，2002年のワールドカップでは，地方自治体は職員を派遣するなど，あらゆる面で積極的に関与した．このように開催地である地方自治体はさまざまな形で世界最大のスポーツイベントに参画したのであるが，参画するにあたっての組織としての目標をしっかり検討し，それを意識していたかというと怪しいと言わざるを得ない．

具体的に検証してみよう．ワールドカップのようなスポーツイベントは地域外からの訪問客との交流の絶好の機会である．地方自治体はこのことも開催目的の1つとして位置づけてイベントに臨むのが通常である．しかし，2002年大会において各自治体は今述べたような観点から大会の位置づけを行っていたであろうか，すなわち，ワールドカップ大会を契機として海外からのインバウンドの観光客との交流や情報の発信などの措置が十分であったのかという点に関しては，十分検証しなければならないと考えている．例えば，札幌市などは英国とアルゼンチン間で武力闘争にまで発展したフォークランド紛争の余波がイングランド―アルゼンチン戦に影響していた．すなわち，険悪な関係にある両国の国民感情からスタジアムの中で両国サポーターの乱闘が起きるのではないか，などとの想定をしてしまった．加えてイングランドから来る観客の大半はフーリガンで危険ではないかなどと判断したために，スタジアム周辺のみならず札幌の街の中ま

で極端な規制をかけてしまった．その結果，ススキノなどの繁華街では繁華街自体の売上も伸ばすことはなかったし，せっかく来た海外の観光客もススキノの街を楽しむことがなかったと聞いている．このことは国際的なスポーツ大会を開催した経験の少ない地方自治体にとって，開催のノウハウや経験を伝える努力や仕組みが必要であることを示している．

さらに大会のレガシーの利用についても，大会後の海外とのコンタクトを持ち続けている例は，クロアチアにキャンプ地を提供し，大会以降も彼らとの交流を続けている新潟県の十日町市など少数にとどまっている．また，大会に参加したボランティアが大会後に組織化され，その後のスポーツイベントの円滑な運営に寄与している事例も少ない．こうしたことを踏まえれば，地域活性化の観点からはボランティアで大会に参加した人々に対して，次の活動の場所を提供し，地域活性化の旗振り役を委ねるなどの施策が必要であることがわかる．

8. まとめ

ここまで日本の近年のスポーツ政策の変遷と，それに伴う地方自治体のスポーツ政策について述べてきた．スポーツ政策にはスポーツ施設・設備の整備といったハードの政策と，スポーツ振興・競技力向上・大会開催などのソフトの政策がある．これまで日本では，スポーツ政策の多くが教育委員会によって担われていたため，経済的，社会的な地域活性化とスポーツイベントの連動を機能させることは難しかった．一方で，2007年の「地方教育行政の組織及び運営に関する法律」の改正によってスポーツ政策を教育委員会ではなく，地方公共団体の首長部局が担当できるようになったことで，スポーツ政策の政策効果を健康福祉政策や経済的な地域活性化の政策と連動して捉えることが可能になった．

このことは，スポーツ大会の開催理念にも影響し，スポーツ大会が当該地域にとってなぜ必要なのか，そしてどのように行うことで目的が達成できるのかという点を認識することが今後重要になってくると思われる．サッカーのワールドカップであれば，大分県という名を世界に発信する，埼

玉県のフットボールの底辺を拡大するなどの目標を関係者で共有し，その効果を最大にするべく方法を検討し，計画を作成し，努力していくことが必要である．また，イベント終了後は，県民・市民も巻き込んでその理念を現実のものにする作業を継続していくことが求められる．

　しかし，現在の日本のスポーツ政策は，スポーツイベント中心に組み立てられ，展開が図られているという面は否めない．このような現状から考えれば，ワールドカップに限らずスポーツイベントの実施主体は，地方自治体において暫定組織であり，その組織が大会の終了とともに解散するのが通例であることもやむを得ないだろう．このためイベントの開催自体が最終目的となってしまい，そのイベントによって生じた知識も継承されることもない．しかし，この点が日本のスポーツ施策における重大な課題なのだ．この課題の克服にはスポーツと地域活性化を専門に扱う常設の組織を設置すること[4]，そしてスポーツ政策に携わる職員の専門性を磨くための仕組みの導入などが求められている．地方自治体の中においてこのような組織的な手当てをすることによってスポーツ政策と各種地域政策を結びつけることが可能になり，また，一過性の施策でなく継続性をもって地域社会に幅広く働きかける活動が展開されていくこととなると考える．このことによって従来はバラバラに活動してきた地域の民間事業者にもスポーツを核として協働作用が生じてくることが予想される．そしてそのような社会的効果が発生することが，スポーツによる地域活性化のきっかけになってゆくと言えるだろう．

　従来のように教育委員会の一部門だけにスポーツ施策を担ってもらっていたのでは，残念ながらスポーツで地域全体が活気づくということには繋がらない．行政が組織一体となったスポーツ振興のためのサポート体制を

---

[4]　さいたま市では「さいたまスポーツコミッション」という組織をさいたま観光国際協会内に設置し，スポーツツーリズムによる地域活性化を目的に，多くの部局にまたがる諸問題をワンストップで調整し，解決する方策を模索しはじめている．また，新潟県十日町市では「スポーツキャンプ拠点の形成」によるまちづくりに向けて行政と関係団体，民間企業が参画して活動を行う組織として総合型地域スポーツクラブが核となって「十日町市スポーツコミッション」が設立されている．

つくり，そのことを背景に地域のさまざまな組織や人々が参加していい汗を流せる状況をつくり出していくことで地域は活性化してゆく．スポーツ基本法がうたっている理念を現実のものにできるか否かは，それぞれの地域のスポーツにかける思いと実行力にかかっていると言えるであろう．そしてそれはまた，スポーツを通じてより幸せな世界をつくるという地域間の競争にもなってくるのである．

参考文献

上條典夫（2002）『スポーツ経済効果で元気になった街と国』講談社＋α新書．
権学俊（2006）『国民体育大会の研究——ナショナリズムとスポーツ・イベント』青木書店．
河野一郎（2011）「スポーツ基本法成立とわが国のスポーツのこれからの展開」『文部科学時報』10月号, pp. 9-11.
原田宗彦（2002）『スポーツイベントの経済学——メガイベントとホームチームが都市を変える』平凡社新書．

組織委員会から見えるまちづくりや地域活性化へのヒント
"スポーツコミッション"への胎動

大前圭一

　近年の国際的なスポーツ大会の開催は，熾烈な招致活動を経て決定するが，その後，大会の組織委員会が設立される．この組織委員会の規模は，大小あるものの，事務局は官民からの派遣や出向者を中心に組織・構成されるのが一般的となっている．

　筆者は1998年の長野オリンピック，2002年のFIFAワールドカップ^{TM}日韓大会および2007年の世界陸上大阪大会と3つの大会の組織委員会事務局職員として，また，2016年の東京オリンピック招致関連活動をしていた期間も含め，4つの国際スポーツイベントの運営等に参画した日本では数少ない経験を有しており，その体験をまちづくりや地域の活性化の視点から述べてみる．

　まず，1992年から1998年までの6年間在籍した長野オリンピック組織委員会（NAOC）では，各種専門委員会の立ち上げから携わったが，数十名の小さな事務局からスタートし，本番時に約1,000名の組織になるまでの間に，当初は競技運営の一部，警備，医事衛生（ドーピング）など，専門外の業務も兼務しつつ最終的にはIOC（国際オリンピック委員会）やNOC（出場国の国内オリンピック委員会），あるいは一部市町村の宿泊関係業務を担当した．

　当時はあまり意識していなかったが，振り返ればまちづくりや地域の活性化にかかわる興味深い側面の宝庫であったように思われる．

　なかでも現在まで印象深く感じているものに各国のNOCハウスがある．ここはメダルを取った自国選手のパーティや記者会見を開催したり，地元住民との交流が繰り広げられる場となっていた．今でこそ国際的スポーツイベントのたびに「JAPANハウス」などの運営が盛んに行われているが，当時はまだ手探り状態で，各国大使館などを通じて準備を行っていた．主催者側にも運営上の義務はないため，組織委員会としては，悪く言えば隙間の業務として活動を行っていた．したがって，はっきりした担当部門もないため，対応に手間取ることになるのであるが，さまざまな関係者が主体的に準備を行っていたことは事実である．例えば，ドイツチームは，気に入ったお寺を貸切りにしてドイツハウスとしていたが，ドイツのメディアも大々的に情報発信を行っていたおか

げで，大会終了後にそのお寺はドイツ連邦共和国から功労勲章を授与され，境内に長野オリンピックゲストハウス記念碑まで建立している．

こうした国際大会における地域での国際親善・国際交流といった事例を，今後の日本で開催する国際スポーツイベント時のまちづくりや地域の活性化の参考とすることが可能である．また，事例の一部であるが，大会関係者用のホテルに五輪マークが浮き出るように育てた地元のリンゴを設置したり，IOCのレディースプログラムとして冬の巨峰狩り体験を組み込むなど，地域のPRに努めていたし，選手村の食堂では今で言う「地産地消」が既に行われていたことも付け加えたい．一校一国運動も然りである．

余談になるがピンバッチコレクターである筆者として外せないのがエンブレムに見る地域性である．小さな存在のピンバッチであるが侮れない．初めてその国や都市を訪れた人には，例えばリレハンメル五輪ではオーロラのデザインが美しい北欧の夜空を背景に開催される史上最北の大会を，長野五輪のエンブレムであるスノーフラワーには「自然との共存」をテーマとした大会の象徴としての高山植物を想起させることで，地域性を印象付ける役割を少なからず果たしている．小さなスポーツツーリズムである．

FIFAワールドカップ™や世界陸上においては，事前キャンプの情報収集や発信に努めたが，当時の大分県中津江村（現日田市中津江村）の事例などで周知のとおりである日本人のホスピタリティや治安，食事，練習会場を含めたインフラなどの環境の良さから，2008年の北京オリンピック開催時も含め，日本は事前キャンプ地として人気を博し，地域の活性化に一役買ったことは記憶に新しいところである．

改めて長野オリンピックに戻るが，筆者の出身地である長野でのオリンピックに携わることができたことは，眠っていた郷土愛を呼び覚ますことになり，閉会式で消えた聖火は，心の中でいつまでも燃え続けている．

英国チーム関係者の宿舎へアン王女がお忍びでサプライズ訪問したことに感激のあまり涙したボランティアのNさんとその時の写真をいまだに掲げているGホテル．ドタキャンで空いた穴を埋めるべく無理を承知でお願いし，最初は乗り気でなかったが，だんだんと情が移ったか，担当国が金メダルを取った際に喜び勇んで携帯に報告してくれた語学ボランティアのOさん．抑留された経験のあるロシアを担当し，地元紙で特集され同窓会で嬉々として語られていた年配のロシア語ボランティアの方．何もないけれど，宿泊先がなく困っている外国人観戦客を野沢菜と自宅の和室でもてなし，帰国後も自国でその体験と喜びが語られていることを知らされ，充実感に浸ったホームステイボランテ

ィアの家族.このように何らかの形でオリンピックにかかわった人々にはその思い出や誇りが永遠に残り,スポーツを通じて地域への愛着心の深まりに繋がっている.

　こうしたことこそが国際スポーツイベントの持つ最大のレガシーの一面でもあり,有形無形の財産が,大会が終了するたびに各地に埋もれることの「公罪」を防ぐべく,正に今,官民からなるスポーツやスポーツイベントを活用したまちづくりや地域活性化をめざす「スポーツコミッション」という組織の存在が求められているのではないだろうか.以前,いくつかの組織委員会経験者を集めれば,株式会社組織委員会ができるのではないか,と仲間内で冗談を言っていたが,そのイメージが最近「スポーツコミッション」という姿と重なって感じられてきている.

　そもそも,オリンピックやFIFAワールドカップ^{TM}を開催するためにできているまちなど最初からないことから,準備においてさまざまな苦労をするのである.スポーツイベントを開催することは,日常ではない臨時の空間＝まちを創り出すことである.例えば,普段一緒に活動をすることのない自治体,警察,消防,病院といった組織の方々との協働体験などの組織委員会での活動は,まさにまちづくりそのものと言える.

第9章

経済が活きる

スポーツイベントと地域経済の活性化

髙橋義雄

1. スポーツイベントと地域経済

　日本の労働力調査の産業別就労者数のデータ（総務省『労働力調査』）[1]によれば，製造業の就業者数は最近10年で減少のトレンドを示している．背景には，今日のグローバルな経済競争の結果，人件費の安価な海外労働市場との競争に敗れ，日本に製造拠点を置くことが難しくなっていることがある．一方，情報通信業，医療・福祉業，その他サービス産業の就業者数割合は上昇し，雇用を支える産業に変化が生じている．地方では，郊外の大型店舗やネット販売の普及で従来の中心市街地の商店街が衰退し，中山間地や離島では過疎化と高齢化で共同体の維持が危うい地域もある．

　前静岡県知事の石川（2010）[2]は，地域活性化の3つのポイントとして，第一に人口構造の変化に伴う国民の消費需要の変化に対応した供給体制の早急な整備，具体的には医療，介護，子育て支援サービスの充実，第二に外国人観光客の増加への取組み，そして第三に「スポーツ」を取り上げている．石川（2010:7）[2]は，スポーツによる健康増進効果やそれに伴う医療費の低減や増加抑制効果への期待，スポーツビジネスによる経済効果，スポーツクラブの普及による雇用機会の発生，交流試合や合宿による交通・宿泊需要など多面的なスポーツの重要性を述べている．

　スポーツは，活動内容によって，教育的な機能，健康・医学的な機能，

社会におけるコミュニケーション機能，文化・政治的な機能が働く．スポーツのこうした機能を最大限に利用することで，地域の人々の活動が活発になり，結果的に経済的な便益を得ることも可能である．

　文部科学省は，2010年8月におおむね10年間のスポーツ政策の柱となる「スポーツ立国戦略」をまとめ，スポーツ振興が地域経済へ影響することについて触れている（文部科学省，2010）[3]．そして1961年に制定した「スポーツ振興法」が，50年ぶりに全部が改正され，2011年8月に「スポーツ基本法」が施行された．「スポーツ基本法」では，さまざまなスポーツの機能を通じて，日本社会に活力を生み出し，国民経済の発展に広く寄与するものとしている．

　本章ではスポーツを，スポーツ競技だけでなく健康目的のエクササイズも含めた身体運動を含む活動と捉え，これらが広く地域住民に親しまれ，地域のスポーツ活動が活性化することによる地域経済への影響について述べることとする．

2. 国際的なメガ・スポーツイベントの招致と都市開発

　1964年の東京オリンピックは，太平洋戦争敗戦から日本が立ち直る高度経済成長期における社会基盤整備の国家プロジェクトとしてのスポーツイベントであった．原田（2002）[4]は，「大会運営費（100億円）や選手強化費（21億円）といった大会開催にかかる直接費に加え，東海道新幹線建設費（3,800億円），オリンピック道路建設費（1,840億円），地下鉄建設費（2,330億円），上下水道，ゴミ焼却施設や隅田川浄化施設，そして東京国際空港やホテル，旅館などの建設費が間接費として投入され，その総額は約1兆円という額」が動いたことを述べている．

　その後も日本では，1972年に札幌で冬季オリンピック，1985年に神戸で夏季ユニバーシアード，1994年に広島でアジア大会，1995年に福岡でユニバーシアード，1998年に長野で冬季オリンピック，そして2002年には全国10都市でサッカーのワールドカップなど，国際的なメガ・スポーツイベントが開催されてきた．原田（2002）[4]は，当時の神戸市長の論文

を引用して，地方自治体は，メガイベントを立ち遅れがちな都市整備を一気に，しかも総合的に行う促進剤として利用することがあることを紹介している．一方で，各自治体においては，都市整備と同時並行で適切なスポーツ政策を実行しない場合は，スポーツイベントのさまざまな機能を引き出せないこともある．

　これまでスポーツ大会による地域への経済効果が発表されてきたが，しかしその報告を鵜呑みにすることは避ける必要がある．原田（2002）[4]がメガ・スポーツイベントの経済効果について「参加者1人当たりの消費額は推計であり，多分に期待を込めた額に落ち着くことが多い」と指摘するように，経済効果は，誇大に喧伝することで，公的資金をスポーツイベントにつぎ込むことに対する理解を得ようとする傾向がある．また，大沼（2006）[5]は北米におけるスタジアム建設と経済効果に関する研究に基づいて，スポーツイベントの経済的効果に対する限界について紹介している．例えば，新規に建設，あるいは改修されるスタジアムの経済効果が個人所得において不確かであることや，関連した地域に否定的な影響があること，さらには，プロスポーツ自体がエンターテイメント産業の一領域にすぎず，域内消費者のわずかな可処分所得と余暇時間を争うだけのことであり，費やされたお金が域内生産であれば，同一域内の娯楽産業の支出がスポーツに移動したにすぎない，などの理由をあげている．そのほか，2002年のFIFAサッカーワールドカップの経済的なインパクトを分析したHorne & Manzenreiter（2004）[6]は，Szymanski（2002）[7]を引用して，2002年のワールドカップがGDPに対してマクロ経済学的には統計的な正の効果はなく，開催国は経済効果を生み出すものではなく，国家のプロモーション活動として支出もしくは投資として考えるべきであるとしている．また，DeSchriver & Mahony（2007）[8]は，スポーツ経済学の分野で重要なテーマであるとして，地域外の観戦者による支出，それによる税収，雇用の創出において正の効果があることを述べた研究成果を紹介しつつも，逆にスポーツイベントの経済効果に懐疑的な研究成果についても紹介している．さらにDeSchriver & Mahony（2007）[8]は，スポーツイベントの経済効果の結果を見る際に，①誰・どんな組織が調査をしたのか，②どのような

調査がなされたのかの2点について常に問うことが必要であるとしている．このように近年の研究結果は，メガ・スポーツイベントの開催による経済効果を肯定的にもまた否定的にも述べており，経済効果が常にプラスとは言えないことを示している．

　重要なことは，国際的なメガ・スポーツイベントは，年に複数回開催されるプロスポーツのリーグ戦興行とは異なり，数日しかも一度きりの一過性のイベントである特性を踏まえて，開催地の都市開発や地域活性化を考える必要がある．メガ・スポーツイベントが地域に有効に機能したかを測定するためには，地域の解決すべき課題を前もって明確にし，課題に対する結果を測定する方法が妥当である．つまり，地域の経済効果を単純計算するのではなく，開催までの競技場建設や事前の準備期間において課題とされる都市機能を如何に改善するかについての検討が必要である．地域住民は残されるスポーツイベントの遺産を事前に理解し，それを将来にわたって活用するための計画づくりや大会前からの準備作業が必要である．長野オリンピック開催後に残ったボランティア組織の活動は本書でも紹介されているが，住民が主体的に閉幕後の遺産の活用を考えることが大事である．

3. 地域経済とプロスポーツ興行

　日本では，大相撲やプロ野球がプロスポーツ興行として長い歴史を持つ．大相撲は，年6場所と地方巡業からなる．本場所は3回が東京の国技館，残りの3回が大阪，名古屋，福岡で15日間開催される．地方巡業は，親方や力士など約270名が前日に到着し，当日夕方には次の巡業地へ移動してしまう短期間のスポーツイベントである．武藤（2009）[9]は，2001年度までは毎年60日以上開催されていた巡業が，2005年には13日と極端に減少していることを指摘しているが，現在は地方巡業が開催地の勧進元への売り興行であるため，地域の経済的な効果を得るためには巡業にあわせて域外からの観客を地元に宿泊させ，地元産品を購入してもらう仕掛けを勧進元が考える必要がある．

プロ野球の日本野球機構の公式戦は2リーグで，全12球団がそれぞれ144試合を開催し，そのほかにクライマックスシリーズや日本シリーズ，オールスター戦，さらにシーズン前後のキャンプなどがある．球団の本拠地はフランチャイズと呼ばれるが，約半数の主催試合が開催される．ただ一部の試合が球団の都合によって地方球場で開催されることもある．こうしたプロスポーツの場合は，単発的で一過性の国際スポーツイベントと異なり，本拠地である限り毎年一定数の試合興行が確保されるため，地域の経済的な効果を継続的につくる可能性も高くなる．プロサッカーのJリーグは，2012年現在，国内29都道府県をホームタウンとするJ1に18クラブ，J2に22クラブの計40のプロサッカークラブがある．また2012-13年シーズンのプロバスケットボールのbjリーグには北は岩手から南は沖縄の21チームが参戦している．

　また，都道府県や市町村が開催する公営競技に地方競馬，競輪，ボートレース，オートレースなども地域経済との関係がある．これらは畜産振興や船舶関連事業の振興のほかに，地方財政への貢献が目的の1つになっている．日本生産性本部（2010:52）[10]によれば，中央競馬を除いた公営4競技は1991年に5兆4,830億円あった市場規模が，2009年には2兆1,490億円にまで縮小している．近年は収益悪化による経済的な負の効果とギャンブルに対する政治的な理由から公営競技事業を廃止する自治体もある（日本経済新聞，2010e）[11]．

3.1　プロスポーツと地域密着

　日本のプロ野球は，プロ野球関連行事の独占的な営業権，興行権の意味合いで「フランチャイズ」という地域を指定しているが，株主である親企業の経営戦略が影響する興行という色彩が強い．例えば，親企業が鉄道会社である阪神タイガースや埼玉西武ライオンズは，球団経営が鉄道沿線の都市開発と関係するため，スタジアムの立地する地域だけでなく，沿線地域での活動に力を注いでいる．メディア企業が母体の読売ジャイアンツや中日ドラゴンズ，飲料を全国に販売する東京ヤクルトスワローズや多角的金融サービス業が親会社のオリックスバッファローズは，全国的な取引関

係があるために特定の都市に限定して活動することにメリットは多くない．

　しかし，近年のプロ野球経営にも変化が見られる．パシフィックリーグでは，1989年に福岡ダイエーホークスとなって本拠地を大阪から福岡に移転したのを皮切りに，1992年に千葉ロッテマリーンズが川崎から千葉へ移転，2004年に北海道日本ハムファイターズとなって東京から札幌に移転，2005年には仙台に新しい球団である東北楽天ゴールデンイーグルスが誕生した．パシフィックリーグのフランチャイズを変えた球団は，「地元密着」の方針を掲げ，地域社会との連携を始めた．所沢市に本拠地をおいた西武ライオンズも2008年からチーム名を埼玉西武ライオンズと改め，地域密着をめざした経営を始めている．こうした地域社会と密着した活動は地域の興行権の意味ではなく，球団が地域社会とともにスポーツを通じたまちづくりをしているという意味である．その後も「地域密着」を掲げ，2005年に四国アイランドリーグ（現在：四国・九州アイランドリーグ），2007年にベースボール・チャレンジリーグ，2009年に関西独立リーグ，2010年にジャパン・フューチャーリーグが開幕し，日本女子プロ野球機構も，地域活性化を掲げて球団を経営している．

　しかし，もともと「地域密着（ホームタウン）」戦略を日本のプロスポーツの経営に導入したのはプロサッカーのJリーグである．Jリーグでは「フランチャイズ」を「ホームタウン」と呼び，当初ドイツ型の地域スポーツクラブをモデルとして地域に根ざした球団経営をめざした．Jリーグの地域密着戦略は，親企業の経営戦略の下にあるプロ野球との差別化ともなっている．「地域密着（ホームタウン）」戦略は，他のアマチュアスポーツにも模倣され，2005年にはバスケットボールでも地域密着型のbjリーグが開幕している．

3.2　アマチュアのトップレベルスポーツと地域の関係

　2012年のロンドンオリンピックでは26競技が行われたが，日本でも多くの競技にはプロ興行の仕組みがなく，現在もアマチュアのスポーツとして存在している．アマチュアの団体ボールゲームで日本を代表する9競技12リーグが加盟する日本トップリーグ連携機構の資料によれば，現在全

国に日本のトップレベルのリーグで活動するチームが217チームある（2012年7月現在）．これらのチームの経営形態は1つの企業社員で組織する企業チーム，スポーツクラブに選手が所属するというクラブ型チーム，大学や専門学校の学生が結成した学校チームがある．

　企業チームは実業団チームとも呼ばれ，チームは活動経費を負担する企業の正社員，もしくは契約社員で構成され，施設も福利厚生で用意されている．活動は企業の福利厚生や社員の士気高揚が目的のため，地域社会を巻き込んだ活動は本来の目的でない．そのためトップレベルのチームであっても活動が地域の人々に伝わらないことが多い．試合興行の主催も企業の本来業務でないために，地元のスポーツ競技団体が主催して試合運営し，チームは試合会場に行って試合をするだけになる．昨今は企業スポーツをCSR活動に位置づけ，地域社会にスポーツを通じて貢献することをめざすチームもあらわれている．また，学校チームの場合も選手は学生であり，学生の運動部活動であり，純粋に強化の場でもある学校チームが地域社会との関係の形成を考慮した活動をすることは今後の課題である．

　他方，クラブ型チームの選手は，プロ選手以外はクラブから金銭が支払われないために，何らかの職に就く必要がある．また，協賛企業を集めてクラブの収入を得る必要もあり，地域の企業との関係づくりが必要となる．しかし，所属するアマチュア選手の意識は，個人的な競技における目標の達成が中心であり，このことが選手やチームと地域社会との繋がりを希薄なものとし，外部からの注目を集めないが故に，競技を人気のないマイナーな立場に追いやることになる．メディア露出は少なく，地元住民の認知度が低く，結果的に試合の観客も少なくなり，企業協賛の価値も低下する．

　日本では，マイナーな競技種目であっても国民体育大会の種目であれば，都道府県が得点を稼ぐために強化費によって活動を支え，選手やチームの活動費を地元企業に負担させてきた．国民体育大会閉会後もチームの存続を考えれば，マイナー競技であろうとチーム関係者は地域に向けた活動を展開し，地域に開かれたチームであることを認めてもらう活動が必要である．そうすれば，地域としても地域に眠る貴重なスポーツ資源として活用していく機運が生まれると考えられる．

3.3 地方でのトップスポーツチームの経営

　トップレベルのスポーツチームは地域の貴重な資源ではあるが，チームの経営は簡単ではない．スポーツチームにはチームの経営スタッフ，選手，試合会場と練習会場が必要である．そしてスポーツチームの経営スタッフは，選手獲得に先立って，さまざまな準備が必要である．活動拠点となる施設は，新たに土地と建物を調達する場合には費用と時間がかかる．そのため地元自治体の支援を受けて，公共スポーツ施設を優先使用できれば，費用と時間の削減になる．試合興行の会場と日程が決まれば，予想される収入を見越して選手・監督・コーチ・チームスタッフを集めなければならない．選手はバスケットボールやフットサルのように控え選手を含めても数名ですむ競技と，アメリカンフットボールのように数十名が必要となる競技もある．選手給与はチームが支払う場合や，選手を地元企業に雇用してもらうことで，人件費を外部に負担してもらう方法もある．そしてリーグ参入が認められ，公式戦が決まれば，用具費用，交通費・宿泊費，試合運営費用などが必要になる．

　一方，収入は，企業協賛，チケット販売，グッズ等販売，ファンクラブ会費，自治体の補助金などがある．これらの収入も企業協賛のように多くが開幕以前に決まる商品と，チケットのように開幕以降になって販売がなされるという商品もある．開幕までの初期費用を負担できる資金を調達することが必要であり，少額の資本金，少ない支援者で事業を始めることはキャッシュ不足に陥る危険性が高く，十分なキャッシュを備えた大企業の支援や金融機関からの融資がない場合は，地元金融機関や地元経済界といった信頼される小口支援者を揃えておく必要がある．

　スポーツチームの経営では，人気に左右されず安定的に協賛するメインスポンサーを確保することが大事である．プロスポーツや経営規模の大きなチームは，メインスポンサーの協賛金額も大きくなるが故に，親企業の経営不振がチームの経営破たんに直結する．プロ野球では2005年に経営がダイエーからソフトバンクに，また撤退する近鉄に代わり楽天が仙台に新しく東北楽天ゴールデンイーグルスを創設した．Ｊリーグでも1998年

に横浜フリューゲルスが横浜マリノスと合併している．Ｊリーグでは，こうしたチームの経営破綻防止に向けてクラブの経営を安定化させるために2005年に独自に「公式試合安定開催基金」を設け，経営難により公式試合の参加や継続が困難な場合，基金からチームに運営資金を提供している．同基金による救済はすでに4クラブが受けており，身の丈にあった経営が難しいことを示している．Ｊリーグは2013年シーズンからクラブライセンス制度を導入し，アジアサッカー連盟の制度に基づいて，「競技」，「施設」，「組織運営・人事体制」，「財務」，「法務」について審査する．このことはスポーツクラブの経営に必要な知識の標準化であるとも言える．

野球の独立リーグはアマチュア野球界とは連携がなく，また，プロ野球（NPB）との関係もないなか，一部の野球愛好家が球団経営者という夢を追って地方球団を設立している．四国・九州アイランドリーグでは，2009年度に福岡レッドワーブラーズが撤退，続いて2010年度には長崎セインツが資金難のため破産，また三重と大阪の2球団で構成するジャパン・フューチャーベースボールリーグは，資金難のために2011年度のリーグ戦休止を決定している．これらのケースをみると，プロとアマチュアの壁のある野球では野球関係者からの経営支援を受けにくく，高校野球や社会人野球，プロ野球と伍していく商品を提供することも難しく，地元財界を束ねる力がない場合には経営が困難である．

さらに，スポーツチームの経営が難しい要因に，事業収入を得るための商品の利害関係者が多岐にわたり，利害関係者の求める価値に見合った商品の中身とその提供の仕方のバリエーションが多様なことがある．スポーツ観戦は物理的に手に取ることができず，また，時間とともに消失するサービス商品であり，さらに観戦者はサービスに参加し価値を高める必要がある．また，面白さや勝敗などの試合内容は売り手のコントロールが難しい．つまらない負け試合でも，もう一度来場したいと思わせるようなきめ細かなサービスが必要になる．選手やフロントスタッフは，試合に勝つために全力をつくすのは大前提であるが，負けることも想定したサービスが提供できなければならない．

また，スポーツチームはスポーツを指導して受講料を得る事業も可能で

あるが，出張指導でない限り，固定的に常に利用できるスポーツ施設の確保が必要である．つまりスポーツ施設を所有するか，公共スポーツ施設や学校体育施設などを優先的に借用できる立場を構築しなければならない．

そのほかスポーツチームが販売できる価値には，ブランド，名声，集客力があり，それらを活用した商品を開発し，商品パッケージ化して企業に販売することも可能である．近年は，スポーツチームと協賛企業が「Win・Win」の関係になるサービスを開発し，「スポンサー」ではなく，共同事業を行う相手を意味する「パートナー」という表現が用いられる．これ以外にスポーツチームの商品には，メディア会社に販売するテレビ放映権収入があるが，この収入はテレビ視聴率が見込めるメジャーな試合に限られており，どのチームも見込める収入ではない．

3.4 地域のトップチームの経営を支える仕組み：フランチャイズとホームタウン

プロスポーツリーグは，チームの主催試合を主に行う地域を特定し，同じリーグに属する他のチームをお互い排除した形で独占的に事業を行う契約をリーグ規約に定めている．こうした保護地域は，プロ野球では「フランチャイズ」，Ｊリーグでは「ホームタウン」と呼ばれる．

プロチームは，フランチャイズやホームタウンとした保護地域から観客，協賛，さらには公的な支援を受けるために「地域密着」をアピールし，さまざまな地域活動を行う．Ｊリーグはサッカー以外のスポーツ活動や中高年者の健康教室など，リーグ主導で各クラブの地域活動を資金的に援助し，クラブ間の情報交換を行うことで，地域活動の活性化を狙っている．プロ野球はフランチャイズでの試合を行うことが中心で地域活動に積極的でなかったが，プロアマの交流を盛んに行うようになり，ジュニア野球教室を開くなど近年では地域活動に力をいれている．ただプロスポーツチームの経営は地域密着を掲げて営業地域が保護されるとはいえ，プロ野球であれば球団経営に年間最低でも 60-70 億円，Ｊリーグであれば J1 で約 30 億円，J2 で 13 億円，バスケットの bj リーグでも 2.5-3 億円が必要になる．したがって，どうしても保護地域は人口や産業が集積する一定以上の規模の都市に限られるのが現状であり，拠点となる都市が小さい場合には保護地域

を都道府県に設定することになる．

　プロ野球では，日本プロフェッショナル野球協約第37条に「この組織に属する球団は，この協約の定めによりそれぞれの地域において野球上のすべての利益を保護され，他の地域権を持つ球団により侵犯されることはない」とし，第38条で各球団の保護地域を都道府県単位で設定している．各球団は，保護地域内の一個の専用球場で公式戦ホームゲームの50％以上を主催することになる．そして「ある球団が，この組織に属する他の球団の保護地域において試合を行い，又は野球に関係する行事を実施するときは，あらかじめその球団の書面による同意を得なければならない」とされ，保護地域内では試合や野球関連イベントを排他的に行うことができ，球団の地域密着をお互いが認め合う仕組みになっている．

　「ホームタウン」を使うJリーグは，Jリーグ規約の第21条で，「特定の市町村をホームタウンとして定めなければならない」とし，以下の三条件を満たし理事会の承認を得た場合には「複数の市町村または都道府県をホームタウンとすることができる」としている．その三条件とは，

　(1) 自治体および都道府県サッカー協会から全面的な支援が得られること
　(2) 支援の中核をなし，市町村の取りまとめ役となる自治体を定めること
　(3) 活動拠点となる市町村を定めること

となっている．

　そしてクラブは「ホームタウンにおいて，地域社会と一体となったクラブ作り（社会貢献活動を含む）を行い，サッカーをはじめとするスポーツの普及および振興に努めなければならない」ことが決められている．またクラブは，原則としてホームタウンを含む都道府県を活動区域に指定し，「Jクラブは，活動区域において主管した公式試合に伴う広告料および公衆送信権料等につき，理事会の定めるところにより分配を受けること」や「活動区域におけるサッカースクール，講演その他サッカーに関する諸行事の開催について，優先的にJリーグの公認を受けること」ができるとしている．

　さらに，地元で競合するサッカーの試合を排除するために，地元のサッカー協会と連携し，「クラブがその活動区域内で有料試合の開催を予定し

ている日には，その活動区域内では原則として協会または協会加盟団体の公式試合は行われない」や「クラブがその活動区域内で有料試合の開催を予定している時間およびその前後2時間を含む時間帯には，原則としてその活動区域内においては，協会が主催または主管する試合のテレビ放送は行われない」を規約で決めて徹底的に試合興行の権益を保護している．このような保護地域の規定は，プロバスケットのbjリーグも規約に決められている．

　これら一般企業であればカルテルとされるような，地域での経営権を業界として取り決めることが認められるのは，お互いが競争しつつも，相手チームが倒産しては試合という興行ビジネスが成立しないためである．

3.5　地方自治体の支援

　スポーツチームを活用した地域づくりには，スポーツチームのビジネスがしやすい環境を用意できるかがポイントである．まず，スポーツチームづくりに情熱をかけられる住民や競技に携わる関係者の存在が大前提である．さらに，彼らと地元のまちおこしなどに関係する地元財界，地元金融機関，地元メディアの連携体制があることが望ましい．

　続いてスポーツビジネスの視点で整備されたスタジアムやアリーナ，チームの練習施設は，チームの費用削減に貢献する地元の自治体の支援が必要になる．アメリカ合衆国では，プロスポーツチームがビジネスのしやすい環境を求めて，より良い条件を提示する都市へのフランチャイズ移転が行われ，スポーツチームによって都市が値踏みされ，自治体がプロスポーツチームのための公共施設を新設・改修したり，利用料減免をしたりする関係になっている．

　日本のプロスポーツチームは，プロ野球や一部のJリーグチームを除いて大企業の後ろ盾がなく，数多くの中小企業の協賛金に依存することが多く，資金的には脆弱な組織が多い．そのため興行の支出を抑え，地元から収入を集めるためには自治体の協力が欠かせない．自治体の支援でみられるのは，チームへの出資，補助金といった直接的な資金援助のほかに，施設使用料の減免措置，チームを施設の指定管理者や都市公園法に基づく管

理許可制度によって管理者に指定して，施設からの収入確保への道を開く方法，チケットを市民や学校向けに買い上げたりする方法がある．

　専用施設でない公共スポーツ施設での興行は，仮設施設のコストが嵩むため，本来であれば，同じ本拠地の施設で試合を開催したいにもかかわらず，使用料の安い施設に移動して開催するようなこともある．多くの試合を地元で開催してほしい自治体と安く地元での試合を開催したいチームにとって施設使用料の減免は魅力的な提案である．また，公共スポーツ施設の利用は，利用者の抽選で決定される．プロチームの場合シーズンのスケジュール計画のためには，数カ月前から施設の使用を確定することも必要である．プロスポーツチームが株式会社であることだけで，特定の私企業に便宜を図ることができないとして優先を認めない自治体などではプロスポーツチームの経営は難しい．

　そのほか，自治体によっては複数のプロスポーツチームやトップレベルの実業団チームが本拠地を構える場合がある．自治体として特定のスポーツ競技種目に肩入れすることも難しく，こうした場合，チーム側が異種目交流のためのコンソーシアムをつくって行政との窓口にしている事例もある．

4. スポーツと地域の新たな視点——スポーツツーリズム

4.1　スポーツツーリズムと地域経済の活性化

　スポーツとツーリズムは，スポーツが身体を動かす活動であるために，移動・宿泊を伴うツーリズムとの親和性が高い．これまでも移動と宿泊を伴うスポーツ活動が存在していたが，近年ではそれを「スポーツツーリズム」として新たな旅行経験として捉えようという動きがある．学術誌では，『Journal of Sport & Tourism』が1993年に創刊され，スポーツとツーリズムに関する研究が取り上げられるようになった．日本では，観光庁が2010年5月に「スポーツ・ツーリズム推進連絡会議」を立ち上げ，スポーツツーリズムの振興に動き出し，会議の成果として民間の「日本スポーツツーリズム推進機構」が2012年に設立された．スポーツツーリズムは，

地域の観光資源とスポーツ事業を連動させ，より多くの観光客を誘致し，経済的な効果を狙うものである．日本は南北に長く，高低差もある地形から，さまざまなアウトドアスポーツに適した自然環境がある．

　また，スポーツツーリズムは，スポーツ観戦のファンやサポーターの行動についても当てはまる．相手チームのファンを試合開催地へ旅行させ，スポーツ観戦に加え，滞在地での観光活動を誘発する仕掛けづくりが用意されることでスポーツツーリズムは拡大する．具体的には，北海道日本ハムファイターズが，自身の事業を「集客型サービス業」と位置づけ，ファンサービスの向上の研究とともに，集客ノウハウを観光ビジネスに活用することを考えている（日本経済新聞，2010d）[12]．

　こうしたスポーツツーリズムの視点でみれば，スポーツチームのビジネスの対象はフランチャイズやホームタウンの活動拠点の地域だけではなく，試合に訪れる相手チームの地域も営業対象になる．この考えは海外にも拡張して考えられる．例えば，千葉ロッテマリーンズは，中国に野球を普及し，育成した中国選手が千葉マリンスタジアムでプレーし，その選手の活躍を応援に来日する中国からのツアー客の獲得，さらには中国の放送局からのテレビ放映権や中国企業のスポンサー協賛までも構想した戦略が立てられている（日本経済新聞，2010b）[13]．Jリーグでも2012年2月にタイ・プレミアリーグと運営面や競技面に関するパートナーシップ契約を締結し，Jリーグの地上波放送をタイ，ベトナム，台湾などで開始した．東南アジアの人々が日本のJリーグに関心を持ち，テレビ視聴者が増加すれば，東南アジアマーケットを睨む企業にとってJリーグが魅力のあるメディアコンテンツになる．そしてJリーグをきっかけに，日本に観戦旅行に来ればスポーツツーリズムが成立する．これまでスポーツチーム経営で重視してきた地域密着によってローカルなブランドを定着させることで，それが逆にグローバルな時代の差別化戦略としてグローバルなビジネスを展開することが可能になってきている．

4.2　ジョギング・マラソン需要に応える

　『レジャー白書　2010』[10] によれば，2009年のスポーツ部門の市場規模

は4兆660億円で前年比2.4%のマイナスとなっている．しかし，ランニング用品は好調に推移しており，「ジョギング・マラソン」は参加率が前年に比べ4.3%上昇するなど，最近の人気スポーツとなっている（日本生産性本部，2010:92-93）[10]．

2007年にはじまった東京マラソンは，都心の観光スポットを市民ランナーが走ることができるとあって，毎年参加申込者が増加している．日本経済新聞（2010a）[14]によれば，2011年大会の参加申し込みは史上最多の約33万5000人に達し，フルマラソンを走れる抽選倍率は9.2倍にもなったことが報道されている．東京都の東京マラソンによる経済効果は，電通による2008年大会の試算によれば220億円とされている（東京都，2008:6）[15]．東京都では東京マラソンと連動して，大会開催前の週の木曜日からランナーの参加受付とともに，スポーツグッズなどの展示即売会や各種イベントが行われる「東京マラソンEXPO2011」を開催し，できるだけ長く東京に滞在して消費させる仕掛けがなされている．

ジョギングやマラソンの人気と東京マラソンの成功によって，各地に市民マラソン大会開催ブームが生まれている．大阪府は橋下徹知事（当時）が「大阪を元気にするイベント」として「祭り」をテーマとして開催を予定し，そのほかに京都マラソン，ひょうご・神戸マラソン，奈良マラソン，名古屋のマラソンフェスティバルが計画されている．

ほかにも地元のフルーツを賞品にするマラソン大会が各地で開催されている．日本経済新聞（2010c）[16]によれば，山梨の「巨峰の丘マラソン」や「甲州フルーツマラソン」，福島の「伊達ももの里マラソン」，千葉の「白井梨マラソン」，山形の「ひがしねさくらんぼマラソン」などはマラソン大会によって域外のランナーを誘致し，地元物産のPRと販売に繋げるなど，まちづくりにも貢献している．

5. まとめ

本章では，スポーツイベントによる地域経済の活性化を実現する際に生じるスポーツ組織および地域社会の検討課題について述べてきた．スポー

ツ施設の維持費用を考えれば，施設を空けることなく，多くの住民が立ち寄り，消費活動が生じるような仕掛けをつくり，365日フル稼働させる知恵と実行力が必要である．

これまでスポーツイベントは，休日や祝日の非日常の興行として開催されてきた．地域経済の活性化をねらうのであれば，スポーツイベントは「酒の肴」や「井戸端での話題」のように日常化し，それに伴う経済活動と接続する仕掛けづくりが大切である．特に開催するスポーツイベントの誘引力によって地域外の人々が地域に訪れるようにすること，そしてスポーツイベントをきっかけに地域の魅力，"売り"を認識して，地域外の人々に対してマーケティングすることが求められる．

スポーツイベントを利用して地域活性化を成し遂げるためには，スポーツ組織と地域経済の担い手である地域の事業者の関係が密になりネットワークをつくることが必要である．地域経済の活性化は地域の事業者がスポーツイベントに連動した事業を創造することで達成できるため，両者による事前の情報交換とイベント価値を共有する場があると効果的である．

このような場の事例として，2008年に埼玉県内に本社や事業所などの拠点を置くスポンサー企業を中心に，「アルディージャビジネスクラブ（ABC）」を立ち上げたJリーグの大宮アルディージャがある（Jリーグ，2010）[17]．ABCでは，企業情報の交換会や会員間の事業の連携などを行い，会員同士のビジネスマッチングに繋げている．また，川崎フロンターレでは，2004年に「川崎フロンターレ連携・魅力作り事業実行委員会」を行政の外郭団体的な組織として結成し，地元川崎市の青年会議所に所属する経営者が委員長を務めている．そのほかスポーツ種目やチームを横断的に地域と連携づけ，スポーツイベントを新たにつくり出すための行政に近い組織として，「スポーツコミッション」などが各地で誕生している．こうした事例から，スポーツ組織を核に地元事業者が地域の活性化をめざして集まる組織が重要であることが言えよう．また若者という人材が集まる地域の大学や専門学校をスポーツイベントに巻き込むことは，若者というスポーツ組織にとって魅力的な顧客であるだけでなく，地域経済にとっても大事な顧客をつかむことにもなる．事実，スポーツ関連の学部や学科を持

つ大学がスポーツ組織のスポンサーとして連携し始めている．スポーツ組織は地元の教育組織と良好な関係を築き，スポーツの魅力を若者に伝えていくことで，未来の顧客をつくる努力も必要である．

一方で，スポーツイベントは青年やシニアといった大人も参加できることが魅力でもある．地域の経済活性化に結びつくスポーツイベントを見つけ，つくり出し，例年の固定化された行事だけを消化するのではなく，年齢層や社会組織など重層的な地域社会に対する常に高いマーケティングの意識が求められる．

引用文献
[1] 総務省統計局．http://www.stat.go.jp/data/roudou/
[2] 石川嘉延（2010）「地域活性化三つのポイント」全国市議会議長会・全国町村議会議長会共同編集『地方議会人』中央文化社，pp. 6-7.
[3] 文部科学省（2010）『スポーツ立国戦略――スポーツコミュニティ・ニッポン』，p. 2.
[4] 原田宗彦（2002）『スポーツイベントの経済学――メガイベントとホームチームが都市を変える』平凡社新書，pp. 49-50.
[5] 大沼義彦（2006）「都市とメガ・スポーツイベント研究の視角――都市の社会構造とスポーツに着目して」松村和則編『メガ・スポーツイベントの社会学――白いスタジアムにある風景』南窓社，pp. 20-40.
[6] Horne, J. D. & Manzenreiter, W.(2004) Accounting for Mega-Events: Forecast and Actual Impacts of the 2002 Football World Cup Finals on the Host Countries Japan/Korea, *International Review for the Sociology of Sport*, SAGE, 187-203.
[7] Szymanski, S.(2002) The Economic Impact of the World Cup, *World Economics* 3(1), 169-177.
[8] DeSchriver, T. D. & Mahony, D. F. (2007) Finance, Economics, and Budgeting in the Sport Industry, Parks, J. B., Quarterman, J. & Thibault, L.(Eds.) *Contemporary Sport Management, Third Edition*, Human Kinetics, 267-291.
[9] 武藤泰明（2009）「大相撲の巡業におけるビジネスモデルの変容」『スポーツ産業学研究』19（1）：17-24.
[10] 日本生産性本部（2010）『レジャー白書 2010』生産性出版，p. 52, pp. 92-93.
[11] 日本経済新聞社（2010e）「公営ギャンブル 生き残りレース」『日本経済新聞』2010年11月27日：29.
[12] 日本経済新聞社（2010d）「スポーツツーリズムで輝く」『日本経済新聞』2010年11月4日：24.

［13］日本経済新聞社（2010b）「『地元』の定義　リセット」『日本経済新聞』2010年10月5日：41.
［14］日本経済新聞社（2010a）「市民マラソン　都市を元気に」『日本経済新聞』2010年9月7日：33.
［15］東京都（2008）「スポーツが都市を躍動させる」『東京都スポーツ振興基本計画』，p. 6.
［16］日本経済新聞社（2010c）「『産地直走』果実の潤い」『日本経済新聞』2010年10月15日（夕刊）：1.
［17］Jリーグ（2010）「Jクラブと歩む『地域』『ひと』」『J.LEAGUE NEWS』174：8-9.

スポーツと文化による地域活性化
メキシコとカナダの事例

ギジェルモ・エギャルテ

1. はじめに

　20世紀の後半において世界の大都市開発は，その姿，形式，人口，インフラ，サービス，文化などの面において，多大な変化を経験した．都市の人口動態に沿って，郊外に拡大しつつある大都市のアイデンティティの形成は，現代社会の発展過程において最重要課題であった．さらに，それらの構造的変化の観点において1つの重要な課題は，独自性（アイデンティティ）の追求であった．多くの大都市は，お互いに相違性を持つためや再構築するために"テーマ"が必要であった．

　発展途上国や特定の地域において，コミュニティの構築に必要な背景は，スポーツと文化を通してであった．したがって，スポーツと文化を通じた地域社会の構築および差別化と統合という目的は，この時期において成功裏に達成された．

2. 都市や地域における新しいイメージの創造

　20世紀後半までには，世界のほとんどの国が独立し，再形成されていた．そして，物理的，経済的，あるいは政治的分野における世界的再編の結果として，都市そのものが新しい世界秩序の中で，新しいステータスと役割を得た．経済は再変動し，生産拠点はこれら再形成された都市部の消費需要に対応するよう計画された．主要都市は，経済発展と成長とにおいてその核となった．さらに，新しい地域において，増加しつつあるニーズに不可欠なサービスと住居の供給を求めた．都市のセンターを取り巻く近隣地域における新しい開発は，各々の国々において異なった形を取り入れ，新しい住民は"郊外型居住者"とのちに名づけられた．この郊外型開発は，新しいイメージが喫緊に必要とされる主要な舞台となった．都市や地域における差別化の欠如や統合された健全なコミュニティ形成が急務という事実は，郊外型居住者にとって，スポーツと文化の役割が重要であることを認識すべきことを，政治家や行政担当者に促した．

1950年代初期は，郊外型居住者にとって独特の創造が急務であることを認識するに至った．したがって，この複雑な状況と傾向において，スポーツと文化は，独特のコミュニティや郊外型居住者，あるいは都市の独自性を定義し，再形成し，認識し，さらには創造するための主要なコンセプトの1つと考えられた．

3. スポーツと文化が都市や地域の再生にとって，なぜこれほどまでに重要なのか？

第二次世界大戦後の，各国都市の再構築の結果として，国の新しいイメージの再構築の必要性が，多くの国々にとって国家の最重要課題の1つとなった．テレビが広く活発なメディアとしてニュースの発信や世界を描写する役割を持つように，より一層発達した．他方で，大きな国際的なイベントは，各国の新しい世代の都市の再構築にとって重要な手段となっていった．

この観点において，スポーツイベントおよび文化的イベントは発展途上国にとって，現実的ですばらしい開発について，より広い知識を得るための，かつ多くの聴衆にアクセスできる新しい手法として位置づけられていた．このことは1950年代のラテンアメリカの新興国，大戦後におけるアジアで経済的に発展した国々，さらに新たに都市を再構築したヨーロッパの国々にとっては，特筆すべき例であった．

全ての主な世界的スポーツイベントの中で，特に以下の2つの大スポーツイベントは，その特筆すべき目的・歴史，さらには，参加国数・関与度合いにより最も高く位置づけられていた．それは，オリンピックとFIFAワールドカップである．このうちの1つであるオリンピックには重要な役割があった．それは世界のほとんどの国が参加し，広域で，多方面にわたるインフラと多大な投資と緻密な企画を要したからである．

他方で，前述した国際的なスポーツイベントの他にも都市や国家を発展させる主要な舞台と高く位置づけられていた重要な文化的イベントがあった．それは万国博覧会である．第二次世界大戦前においてこのイベントは，世界にある国々を発展させるシンボルともなり，さらに当時におけるマスコミ報道において最も重要な機会と考えられていた．

第二次世界大戦後において，オリンピックは新たなメッセージを世界に伝える新しい世代の崇高なパフォーマンスを強化するという，新しい国家秩序のシンボルとなった．すなわち，スポーツおよび文化がその国民のアイデンティティの構築の手段として多大なインパクトを有していたということであった．

4. 一大イベントが行われた都市：1968年のメキシコシティと1976年のモントリオール

1960年代および70年代において，オリンピックやサッカーのFIFAワールドカップのような全世界的なスポーツイベントは，大都市の発展にとって主要な起爆剤であった．いくつかのケースにおいて，国や国際社会における都市・インフラの発展を試験的に世界に披露する機会であり，さらに新しい開発を伴う古い都市の社会的・物理的（構造的）統合を育成するという二重の目的があった．また，オリンピックやFIFAワールドカップは，1950年代以降の開発から出現した国家の新しいコンセプトにより達成された経済成長を象徴している．

オリンピックやFIFAワールドカップを通したこれらの地域コミュニティの統合・強化は，その成功にとって重要な要素であった．この観点においてメキシコシティとモントリオールはこの目標を達成するための北米に位置する重要な二大"イベントシティ"であった．この2都市を都市・経済・地域社会のそれぞれの観点から比較すると以下のとおりである．

オリンピックを開催した当時のメキシコシティとモントリオールの両市ともそれぞれの国の総人口の15%を占めていた（勿論，実際の人数とはかなりの隔たりがあったが，その比率は同一であった）．

この2都市における人口バランスはかくも短期間で経済成長を成し遂げた重要な要素であった．さらに，この両都市は，都市・地域社会・経済のモデルとして模写される格好の例となり得たのである．

しかしながら，メキシコシティの場合，都市・経済としてのモデルに関しては，その厳密な調査は限定的であり，都市の一層の開発を導くことに関しては不十分であった．しかし他方においては，地域社会という観点からのモデルとしては，十分に成功をみたのである．それはオリンピック開催後にこの都市のいくつかの地域が活性化したことからもうかがえる．

3つの例を紹介しよう．まず第一に，"スポーツシティ"はメキシコシティの中心部に位置し，包括的に企画された主要な2つの大通りを結ぶさまざまなスポーツ施設に囲まれていた．

二番目に，"ペリセリコ通りの一部"は，メキシコシティの物理的な拡大を抑制する巨大な"ループ回路"であり，オリンピックを主催するメキシコシティの全てのスポーツ競技施設を結ぶよう設計され，そこにはオリンピックに参加する国々の芸術家たちによって制作された都市型彫刻を展示するという独自性も備わっていた．

そして最後は，"パラシオ デ ロス デポルテス"である．これは巨大な屋根

付きドーム型で室内競技用および郊外居住者の開発を，既存のインフラと道路網に取り込むようにデザインされた．

一方，モントリオールの場合，経済的モデル・都市的モデルに関する検証において，"イベント都市"をただ1つのテーマ的メガスタジアムとするよりは，より包括的なテーマを持って投資すべきであった．

しかしながら，社会的モデルに関しては，スポーツをとおしてフランス系カナダ人と英国系カナダ人がうまく統合したという点では，大成功であった．モントリオールは，仏系・英系の両カナダ人の注目を集め，夏のスポーツは全てのカナダ人にとって大切な絆と輪をつくり出すためにも重要であることを示すすばらしい例となった（カナダは伝統的にウインタースポーツが中心である）．最後に，スポーツで統合する精神のおかげで，カナダの注目度は最大州の1つであり，より生産性のあるケベック州で，特にその多文化（複数文化）都市であるモントリオールに向けられた．全てのカナダ人がその言語や民族的背景に関係なく，カナダの勝利という目的を達成するためにスポーツを通して一丸となった．いくつかの競技は，当時のカナダにおいてさほど重要ではなく，それほど広く親しまれていなかったにもかかわらずに，である．このことは，多くの新しいイベントやスポーツに触れる絶好の機会となった．さらに，カナダの伝統的なウインタースポーツに限らず，他のさまざまなスポーツを通しても地域の統合を育むという絶好の機会にもなった．

5. イベント都市から観光イベント都市へ：メキシコシティとバンクーバーの例

1986年に二度目のFIFAワールドカップを開催したメキシコシティと2010年に冬季オリンピックを開催したバンクーバーは，明らかに異なっていた．両国および両都市はそのスポーツイベントを開催するに至る頃までには再組織・再統合（再整備）されていた．

メキシコシティの人口は1986年当時において全人口の22％を占め，メキシコの人口7,800万人の実に4分の1に近い人々がメキシコシティに居住していた．メキシコシティが位置するその大きな地理的ハンディキャップ（高度・渓谷）は，飲料水を渓谷の外か，あるいは地下の井戸に頼る必要があったことを考慮すれば，全人口の22％が住む事実はラテンアメリカおよび新興国としての都市の画期的出来事であった．

この時のFIFAワールドカップ開催の目的は，メキシコシティの経済的発展を強調することではなく，急成長しつつある観光産業とこの成長性ある産業への投資であった．その10年の間にメキシコ観光省が創設されたことは，メキ

シコの経済をさらに活性化させるための観光産業の重要性を示唆している．この時期は，CIPという概念が導入された時であった．CIPとは"統合計画センター"の略で スペイン語で "Centro Integralmente Planeado" という意味である．

　新しい観光産業の開発を育成するジョイントベンチャーの創設のために，メキシコ政府が初めて本格的にホテルの開発・不動産等に投資する潜在的投資家を支援した．最初で，しかも最も成功した例がCancun（カンクーン）であった．全くのゼロからの開発であり，しかも今ではメキシコで最も有名な観光地となり，世界中でも5本の指に入る観光地となっている．成功を収めたこの開発はメキシコ開催のFIFAワールドカップの主要な戦略の一部であり，観光産業が経済的新興国のコミュニティを構築するメインエンジンであることを象徴するものであった．

　一方，2010年開催のバンクーバーでの冬季オリンピックの場合も，主要な目的はカナダを観光地と位置づけ，特にアジアからの将来に向けた投資を呼び込むという点で非常に類似していた．バンクーバーは，全人口が3,200万人のカナダにおいてその8％を占めるが，それは特別な地域に位置していた．

　経済的ブームに沸くカナダ，特に西海岸は広く世界と結びついていた．民族的バックグラウンドは，広範なモザイクで，特にアジア人は，バンクーバーにとって，カナダのアジア経済との結びつきを強化するという点で大変重要であった．そしてそれは，カナダを21世紀へと導く道標であった．この点においてスポーツイベントである冬季オリンピックは，バンクーバーの観光産業の促進および世界の投資ビジネスの核として拡大するのには絶好の機会であった．これらの目標においてバンクーバーは，現在までのところ非常に成功している．アジア地域からバンクーバーへの観光客数（日本人が最大のグループ）は，2010年に飛躍的に増加した．日本人観光客の数は，このほぼ5年間で初めて飛躍的に伸びた．他方でカナダにとって競技としてのスポーツだけではなく，家族がスポーツを通して結びつきを強める社交的機会としてのウインタースポーツを育成するための "winter-sports-power" と，カナダを位置づけるのによい機会であった．

　スポーツをベースにしたこの社会的コミュニティの結集は，コミュニティとしての都市の乱開発や住民の孤立化が進行しつつあるカナダの各都市において，新しい社会的モデルを育む民族的統合の核となってきた．また，オリンピックは，カナダにとって大々的で包括的な観光産業のキャンペーンを助長した．この国の冬の利点と冬のシーズンの観光産業が広く知られているヨーロッパの主

要都市とは，何か違うものを見つけだすための大きな可能性を象徴していた．

6. 生活の中の日常的行動としてのスポーツ：メキシコのケース

オリンピックの選手村としてかつて使用された場所は，世界中から参加したアスリートのための宿泊施設として利用されるようデザインされたエリアだが，今日においての実際の居住者は次の試合のために練習するアスリートではなく，それはメキシコシティの一般の住人である．かつてこのスペースに居住していたのは，母国のために勝利する目的のアスリートであったが，今日においてその住人は鍛錬されたスポーツマンではない．彼らは競技をすることのために生きているのではない．彼らの目的は自分たちがプレーするスポーツを楽しみ，その感情や経験を他の友人たちと共有することである．彼らは競技に勝利するためにプレーすることよりは，余暇の体験を分かち合う目的を推進するコミュニティを構築することを好んでいる．それは楽しむことであり，他の友人と共通の輪をつくることである．

全てのスポーツマンの心に深く根ざす競争的精神，それは最後に勝利することが最高の目的であるが，メキシコにおいての主な目標は，そのときを最大に楽しむことである．さらに，メキシコシティが冬とはほとんど無縁であるという，素晴らしい気候条件を考慮することは重要なことである．したって青空の下でのアウトドア競技が多く行われた．

この他，メキシコの重要な地理的特徴は，海抜2,240mというその高い標高にある．メキシコの中央高地にあるメキシコシティの独特の位置は，スポーツ競技を行うことにおいて，稀にみる努力を要する高いチャレンジングな状況をつくり，特別な耐久力（忍耐力・持続力）を培ってきた．この耐久力はアスリートの競争的精神を高めて，他の状況下においても競技パフォーマンスを向上させた．さらに，1968年にメキシコシティで開催された夏のオリンピックにおいて，過去に夏のオリンピックがメキシコシティほど標高の高い場所で開催されたことがなかったこともあり，多くの持久力のあるアスリート達にとっても，当初この高度は順応することが困難であろうと懐疑的に考えられていた．しかし，驚いたことに，この高い標高と希薄な空気は，空気抵抗の要素が関連する走り幅跳び，三段跳び，走り高跳び，棒高跳びといったジャンプ競技や，円盤投げ，槍投げや短距離のトラック競技（100・200・400m）において，多くの新記録達成に貢献した．高い持久力が要求される1万mやマラソンといった競技においてさえも効果的であった．これはレースを完結するに必要な高いレベルの努力のおかげであった．

7. 自然の脅威を克服するために奮闘したスポーツ：カナダの例

　カナダの場合，この国における全ての活動やライフスタイルを定義づける主な要素は天候であるという，非常に独特でユニークな点がある．

　すなわち，四季がはっきりとしており，しかもユニークで際立っていること．四季の変化は，肉体的にだけでなく，感情的にもカナダのカナダたる広範な姿をつくり上げている．カナダは太平洋岸から大西洋岸までに広がる国であり（メキシコも同様だが，低い緯度である），主に以下の3種類の気候に分けられ，しかもすべて際立っている．

　第一は，中位の緯度に位置する湿った気候で，緯度55度以上の東部から大西洋岸の地域．夏の気温は20度から26度．冬の天候は北極圏周辺と類似しており，降雨量は一年を通して平均している．

　第二は，カナダの中心部の州で大陸の内陸部である地域の気候は，その気温と降雨量において，強い季節性のパターンとして特徴づけられる．この大陸的地形（位置）は，大陸の中のその閉ざされた位置関係により，大きな年間の気温変化をもたらしている．

　第三は，極地のツンドラ気候である．この気候は寒い冬，涼しい夏，そして夏期の降雨により特徴づけられる．

　これらの点から，カナダのスポーツを語る際に触れられるべき重要なことは，スポーツがその天候，文化，そしてライフスタイルに深く根ざしているということである．カナダ人は彼らの忍耐力，厳しい気象条件での高いパフォーマンスを示すことを誇りにしている．また，スポーツにおける個人的独自性は高く認識されている．チームワークは重要であるが，一般的にチームはチームメイトの強い個人的独自性を頼りとしている．最後になるが，勝利は主に各個人により達成されるが，それは，チームメイト皆のものとして広く受け入れられている．

　カナダ人が好むスポーツは，高い競争性と極限の戦いの末得られる勝利を伴うアイスホッケー，アルペンスキー，スノーボードなどである．他方で，天候が穏やかな夏の期間は，スポーツをとおして社交性を培うときであり，アウトドアスポーツを楽しむときである．気心の知れた人たちと集い，サマーコテージに行き，自然と共に水泳・カヌー・カヤックなどのアウトドアのスポーツを楽しむことを好む．カナダのスポーツシーズンは主に冬である．カナダ人にとって，彼ら自身がチャレンジし，コミットするのがウインタースポーツである．

8. おわりに

　メキシコで開催された1968年のオリンピックは，メキシコにスポーツ的・文化的コミュニティを構築するための，この国の極めて大きな努力の成果であり，新たに開発されたインフラにより，強固になった新しい郊外型居住者が住む，健康的で裕福な新しい地域社会を育んだ．スポーツと文化は，いままで都市の一部ではなかった新しいコミュニティのイメージを育むための実現可能な選択肢であった．

　一方で，1986年開催のFIFAワールドカップは，この国の観光産業の高い可能性を発展させる主要なイベントであった．また，この最も急速に成長しつつあり，政府の全面的支援と援助がなされた観光産業への投資の必要性を築いた．他方で，1976年開催のモントリオールの夏季オリンピックは，カナダに夏のスポーツコミュニティを築くための最も重要な取組みの1つであった．

　この国際的なイベントを組織・運営したことにより，カナダは多くの困難な状況を克服し，多様な文化（主に仏系カナダ・英系カナダ・先住カナダといった）が集合したモザイク国家のモデルとなった．

　また，バンクーバーでの冬季オリンピックの成功は，カナダをウインタースポーツの最も盛んな国と位置づけるだけでなく，スポーツと文化指向の強い地域社会を発展させることに力を注ぐ，21世紀の生活様式に沿った統合国家であることを世界に知らしめた．さらに，西部カナダ地方は，新しい投資と開発（特にアジア・太平洋地域からの）の場であると位置づけられたのである．

おわりに

　本書は，もちろん独立した一書であるが，6年前（2007年）に東京大学出版会から世に送り出した『スポーツで地域をつくる』（堀 繁／木田 悟／薄井充裕［編］）の延長線上に位置するものである．

　本書の構成は，I，Ⅱの2部から成り，I部は6名の学識者，実践家による座談会，Ⅱ部は同様の学識者，実践家の執筆による全9章と7編のコラムからなる．

　書名にある「スポーツ」を，我々は果たして適格に捉えているであろうか？

　I部の座談会は，セルジオ越後，髙橋義雄両氏を招いた形で，上記前書の執筆者中の4名が囲み，「スポーツとは何か」，「スポーツと体育と体操の違い」，「地域と地域づくりと地域の活性化」について議論を深め，地域づくりの実践活動に向けて多くの示唆を提示している．それは，日本の社会システムのあり方への問いかけへと及んでいる．

　Ⅱ部は，「地域づくりを支えるもの」との標題の下に「地域社会を活かす／プロジェクトをつくる／組織をつくる／人と組織を繋ぐ／人を育てる／クラブをつくる／地域を変える／政策を定める／経済が活きる」という小見出しの文脈に沿って，「スポーツ」をツールとして如何に地域づくりへかかわっていくかについて，理論の構築を試み，数々の実践経験の報告と経験から導かれた教訓と問題提起を行っている．

　第1章（木田）は，スポーツの捉え方の多様性（「自ら行う」スポーツ，「観る」スポーツ，支援の対象として，コミュニケーションのツールとして）を論じ，スポーツイベント（カルガリー冬季オリンピック，FIFAワールドカップの実例）について，地域活性化に及ぼす効果のうち，これま

であまり採り上げられることのなかった『社会的効果』に着目して，その重要性・有効性を論じている．

第2章（鈴木）は，スポーツで「豊か」になる「地域」とは「誰」なのかと問いかける．①「観る」スポーツを中心に，都市全体・まち全体を活性化しようとする試みとして，都市再生に関する数々の賞を受賞した北ロンドンのアーセナルFCの新スタジアムへの移転に伴う周辺地区の再開発事例を，②「する」スポーツを中心に，地域社会が抱えるさまざまな課題を解決しようとする試みとして，グラスゴーの地域の「縄張り主義」の中で生きる若者たちを健全な方向へ導くプログラム（サッカー教室，ダンス教室等のサービス提供）の成功例を紹介し，「スポーツが地域にどれだけ深く浸透しているか」が重要であると説く．結局，「地域」は「人」なので，地域においてスポーツが文化としてどれほど成熟しているかが大事であると指摘している．

第3章（木田）は，スポーツを活用した「まちづくり・地域づくり」をめざして，住民・行政・スポーツ関係団体・各種支援団体等を取り結び，包括的立場から調査研究・施策提言・具体的実践活動に資する組織「スポーツコミッション」の設立の必要性を説いている．それは，競技スポーツの振興，国際的スポーツイベントの誘致・開催・支援の活動だけでなく，地域住民間で盛んになりつつある健康増進活動にも応え，また，経済的効果を中心とする米国型のスポーツコミッションではなく，スポーツツーリズムを推進するだけの組織や，スポーツビジネス，あるいは観光地づくりに専念するだけの組織でもなく，それらを包括して，資源としての「スポーツ」を軸にまちづくり・地域づくりに資する（日本型の）組織であると定義を試みている．あわせて，この組織形成に先進的に取組んでいる2事例，島根県出雲市，新潟県十日町市を紹介し，また，群馬県川場村，千葉県南房総市，三重県いなべ市の活動の途中経過を紹介している．

第4章（福崎）は，豪雪，少子高齢化，過疎，産業衰退などのマイナスイメージで捉えられがちな十日町市を，スポーツを軸に置いて昔の輝きの復活をめざした活動の軌跡を報告している．2002年のFIFAワールドカップ日韓大会の開催に際し，クロアチア代表チームのキャンプを招致した

ことを契機に，果敢にボランティア活動を活用し，さまざまな局面に対応して大会を支援し成功に導いたが，この経験は後の「国民体育大会」でも活かされ，来訪者からそのホスピタリティの質の高さが大いに喜ばれた．以来，数々の他種スポーツイベントにもその対応に成功を収め，「総合型地域スポーツクラブ」，「スポーツ振興基本計画策定」，「十日町市スポーツコミッション地域再生協議会」を発足させ，市民の健康維持増進も目的に含めて，人々の豊かな暮らしと地域活性化のために交通・宿泊・農業・交流・医療・その他の各種業種・機関の組織化を図り，官民一体となって活動する様態を詳らかにしている．「スポーツイベント開催などによる経済的効果は一過性であるが，社会的効果が事後に発揮され，それが新たな経済的効果を生む」という，実践に携わってきた執筆者の言は重い（なお2013年5月29日，「十日町市スポーツコミッション」が設立された）．

第5章（丸田）は，長野オリンピックの招致活動をはじめ，同オリンピックにおけるボランティアコーディネーターとしての活動体験をとおして，また，同大会を契機に発生した諸ボランティアのその後の活動状況を紹介し，ボランティアを中心とした人材の育成の重要性と地域づくりの実践の諸相の報告である．オリンピック開催時のボランティア参加者への「意識調査」からは，社会的効果への期待が，また，ボランティア活用場面の記述からは，ボランティアへの対応にあたっての多くの示唆を読み取ることができる．「オリンピックで培ったスキルやボランティアが流した汗と涙をそのままにしておくのはもったいない」と地域づくりの活力に結びつけた工夫と努力が語られている．「スポーツ」というキーワードで縦割行政に対峙し，地域に根ざした横割りの政策提言や行動を行っていく組織，また，スポーツを文化として暮らしの中に活かすためのまちづくり組織「（仮）NAGANOスポーツコミッション」の設立をめざす現在までの道程が詳らかに述べられている．

第6章（藤口）は，Jリーグ浦和レッズの社長を務めた執筆者が，浦和レッズと浦和市との関係づくりを中心に，新しいスポーツ文化，Jリーグという「地域に根づいたスポーツクラブづくり」をどのように展開したかを紹介する．浦和，静岡（清水・藤枝），広島という日本サッカーの御三

家の1つ，サッカー熱の高い土地柄で，県・市・県サッカー協会・商工会議所・青年会議所・浦和スポーツクラブなど多くの関係団体の協議の下で，はじめて地域密着型のクラブが誕生した．当初，クラブオフィスは商店街の中のビル内に設けられた．サッカー用語のトライアングルパスが示す如く，市民・自治体・クラブの三角形の距離の取り方，また，「参加」に止まらず，「参画」が地域活性化をめざす活動には必要と説く．

　第7章（高畠）は，プロバスケットボールチーム「秋田ノーザンハピネッツ」の専務取締役にある執筆者が，出身地と異なる秋田に定住し，どのようにして秋田の地にプロバスケットボールチームを誕生させ，今日を迎えているか活動の経緯を詳らかにしている．かつて実業団では，秋田いすゞ自動車バスケットボール部が，そして県立能代工業高校バスケットボール部が全国大会で数々の優勝を記録し，「バスケットボールは秋田県民にとって特別な存在である」という風土とのかかわり，地域のイノベーションにかかわる人材に求められる資質，プロチームの経営，選手の年俸，自治体からの支援の様態，地域密着への活動，まちづくりへの経済効果・社会的効果等々，まさに実践の軌跡の開陳である．すでに，スポーツボランティアの組織が形成されたことと，秋田市が「注目度の高いトップレベルのスポーツクラブを重要な都市資源の1つと位置づけて」支援していることの貴重さを指摘している．

　第8章（御園）は，執筆者の自治省，県庁，地方自治体の財務，総務部局等の幹部職員を歴任した経験と2002FIFAワールドカップ日本組織委員会業務局長としてかかわった経験等を背景に，「スポーツ振興法」，「スポーツ振興基本計画」，「スポーツ基本法」の流れと，これまでの教育委員会の学校体育や社会体育（国民体育大会）などの地方自治体のスポーツ政策の展開を概観している．「2007年の『地方教育行政の組織及び運営に関する法律』の改正によって，スポーツ政策を教育委員会ではなく，地方公共団体の首長部局が担当できるようになったことで，スポーツ政策の政策効果を健康福祉政策や経済的な地域活性化の政策と連動して捉えることが可能になった」と指摘する．「スポーツ基本法」の理念を現実化する活動の場の1つとして「スポーツと地域活性化を専門に扱う常設の組織の設

置」(例,スポーツコミッション)の必要を説いている.

　第9章(高橋)は,「スポーツ」を「スポーツ競技だけでなく健康目的のエクササイズも含めた身体運動を含む活動」と捉え,これらが広く地域住民に親しまれ,地域のスポーツ活動が活性化することによる地域経済への影響について学術的,精緻な視点から,実例を駆使して平易な記述で展開している.

　スポーツイベントの経済効果が常にプラスとは言えないとする研究を紹介すると共に,国際的なメガ・スポーツイベントは一過性のイベントである特性を踏まえ,地域の経済効果を単純計算するのではなく,地域の解決すべき課題を前もって明確にし,その課題に対する結果を測定する方法が妥当であり,また,地域住民は残されるスポーツイベントの遺産を事前に理解し,それを将来にわたって活用するための計画づくりや大会前からの準備作業が必要であるとして,住民が主体的に閉幕後の遺産の活用を考えることが大事と指摘している.さらに,スポーツイベントによる地域経済の活性化を実現する際に生じるスポーツ組織と地域社会の検討すべき数々の課題を提示し,「年齢層や社会組織など重層的な地域社会に対する常に高いマーケティングの意識が求められる」としている.

　7編のコラムのうち,6編はスポーツと地域づくりの実践場面を生々と伝えており,最後の1編は,国際的ビッグスポーツイベントが当該国民ならびに地域社会にどのような影響・効果を与えたのかの断面を報告している.

　以上,本書に掲載された各章の概要を説明したが,私の読み違い,微力のための誤解のおそれもあり,紙数の制限から必ずしも論旨を十分に説明できなかったことを執筆者各位にお詫びしたい.

　私の専門分野は建築・都市計画であるが,かつて英国の公園,遊園地の起源を調べていて,忘れがたい書物の一文に出会った.デンマークの建築家S. E. ラスムッセンの『ロンドン物語』の一文である.少々長い引用で

恐縮だが，お許しいただき，お目通しいただければありがたい．

「スポーツという言葉は，多数の国語に借用されてきている．しかし，その言葉の意味はその国民の気風によって少しずつ変わってきている．大陸では『スポーツ』という語は，特に肉体的鍛錬を意味していて，イギリスにおいてはその概念が肉体に関するものであると同様に，精神に関するものであるということが分かると外国人は驚く．その違いは新聞を例にとると鮮やかに説明がつく．すなわち，ドイツの広告は読者に《たくましくなる》方法を教えているが，イギリスのそれは《元気でいる》方法を教える．（中略）最初かれらには，イギリスの〈スポーツ〉という語は，単に身体を発達させる娯楽や競技だけに関連してではなく，チェスやブリッジやポーカーにも関連して使用してもよいのだということを分かろうとしない」（S. E. ラスムッセン著，兼田啓一訳（1987）『ロンドン物語——その都市と建築の歴史』中央公論美術出版，p. 69）

本書のＩ部の座談会でも論じられている「スポーツ」であるが，西欧においてもこのように理解が異なったのである．

また，「健康，健康観」についてであるが，1948年設立の世界保健機関（WHO）憲章の前文に「健康とは，身体的，精神的，社会的に完全に良好な状態であり，単に疾病や虚弱でないことではない」と定義された．しかしその後，「健康」とは一般的に「疾病」に対峙する概念と捉えられてきたが，WHOの定義は抽象的理想像で現実的な概念になりきれていないとする見解や，病気や障害を持っていても元気だし，社会に十分に適応して良好に生活してゆけるのに「健康でない？」と言えるのかという見解も出現してきた．

1979年，WHOオタワ憲章（カナダ・オタワ市）——先進国対象——は，①健康の前提条件として，平和・住居・教育・食料・収入・安定した環境・持続可能な資源・社会的公正と公平をあげ，②健康づくり／健康増進（ヘルス・プロモーション）として，健康づくりとは，人々が自身の健康をコントロールして，自ら健康な状態を達成できるように促すこと．ただし，個人の生活改善に限定して捉えるのではなく，社会環境の改善を含む，としている．

おわりに

　日本でも多くの地方自治体が「健康づくり」を標榜しているが，一例として，東京都世田谷区の場合を取り上げると，「健康は，疾病や障害の有無にかかわらず，健やかに生き生きと暮らすために最も基本となるものであり，心身の健康を確保し，生活の質を高めることは区民の共通の願いである」として，『健康づくり（定義）』を「区民が自ら健康に積極的に関心を持ち，心身の状態をより良くし，もって生活の質の向上を図ることをいい，その実現のために，個人及び地域社会全体が区民を取り巻く環境の向上に取り組まなければならない」（「世田谷区健康づくり推進条例」2006年）としている．さらに，「単に病気を予防するということだけでなく，たとえ病気や障害があっても，こころと身体をできるだけ良い状態に保ち，自分らしくいきいきと暮らすことを目指すもの」（「健康せたがやプラン」2002年～2011年）としている．

　体罰の問題や，暴力的指導方法についての問題も社会問題化してきている昨今である．今日，日本が，あらためて「スポーツ」観を検証してみることは極めて重要であると考える．

　「スポーツ」が健康増進に寄与し，人々の交流に役立つことはこれまで述べられてきたとおりである．明るい，生き生きとした地域社会をつくり続けるためにも，さまざまな努力が成されることを，共に願ってやまない．本書は，「スポーツ」が「地域を拓く」ための理論構築の試みであると共に，実践のためのガイドブックでもある．「まちづくり・地域づくり」に励まれる方々への一助となることを願っている．

　本書の編集・出版にあたっては，一般財団法人東京大学出版会の黒田拓也氏，依田浩司氏には大変お世話になった．心より御礼申し上げる．

　　2013年6月

小嶋勝衛

執筆者一覧（執筆順，*は編者）

木田　悟*	東京大学アジア生物資源環境研究センター共同研究員，一般財団法人日本スポーツコミッション理事長
セルジオ越後	H. C. 栃木日光アイスバックスシニアディレクター
髙橋義雄*	筑波大学体育系准教授
藤口光紀*	広島経済大学経済学部スポーツ経営学科教授
堀　繁	東京大学アジア生物資源環境研究センター長・教授
御園慎一郎	愛知東邦大学人間学部教授
鈴木直文	一橋大学大学院社会学研究科准教授
大平利久	一般社団法人元気クラブいなべ代表理事
白枝淳一	NPO法人出雲スポーツ振興21理事・事務局長
福崎勝幸	NPO法人ネージュスポーツクラブ運営委員長・理事
丸田藤子	21世紀ボランティア研究センター代表
新居彩子	日本スポーツ文化創造協議会副理事長
池田健一	株式会社 La Bandiera dello Sport 代表取締役社長
高畠靖明	秋田プロバスケットボールクラブ株式会社専務取締役
北村　俊	University of Liverpool, Football Industries MBA 卒業生
大前圭一	近畿日本ツーリスト株式会社スポーツ事業部
G・エギャルテ	メキシコ政府観光局駐日代表
小嶋勝衛	一般財団法人建築・まちづくり協力研究所理事長

スポーツで地域を拓く

2013年7月3日　初　版

[検印廃止]

編　者　木田　悟・髙橋義雄・藤口光紀

発行所　一般財団法人　東京大学出版会

代表者　渡辺　浩

113-8654 東京都文京区本郷 7-3-1 東大構内
http://www.utp.or.jp/
電話 03-3811-8814　Fax 03-3812-6958
振替 00160-6-59964

印刷所　中央精版印刷株式会社
製本所　矢嶋製本株式会社

©2013 S. Kida, Y. Takahashi, and M. Fujiguchi et al.
ISBN 978-4-13-053020-0　Printed in Japan

JCOPY〈(社)出版者著作権管理機構 委託出版物〉
本書の無断複写は著作権法上での例外を除き禁じられています。複写される場合は、そのつど事前に、(社)出版者著作権管理機構（電話 03-3513-6969, FAX 03-3513-6979, e-mail: info@jcopy.or.jp）の許諾を得てください。

本書はデジタル印刷機を採用しており、品質の経年変化についての充分なデータはありません。そのため高湿下で強い圧力を加えた場合など、色材の癒着・剝落・磨耗等の品質変化の可能性もあります。

スポーツで地域を拓く

2019年9月17日　　発行　　①

編　者　木田 悟・髙橋義雄・藤口光紀
発行所　一般財団法人　東京大学出版会
　　　　代 表 者　吉見俊哉
　　　　〒153-0041
　　　　東京都目黒区駒場4-5-29
　　　　TEL03-6407-1069　FAX03-6407-1991
　　　　URL　http://www.utp.or.jp/
印刷・製本　大日本印刷株式会社
　　　　URL　http://www.dnp.co.jp/

ISBN978-4-13-009122-0
Printed in Japan
本書の無断複製複写（コピー）は、特定の場合を除き、
著作者・出版社の権利侵害になります。